Die in diesem Buch dargestellten Zusammenhänge, Erlebnisse und Thesen entstammen den Erfahrungen und/oder der Fantasie der Autorin und/oder geben ihre Sicht der Ereignisse wieder. Etwaige Ähnlichkeiten mit lebenden Personen, Unternehmen oder Institutionen sowie deren Handlungen und Ansichten sind rein zufällig. Die genannten Fakten wurden mit größtmöglicher Sorgfalt recherchiert, eine Garantie für Richtigkeit und Vollständigkeit können aber weder der Verlag noch die Autorin übernehmen. Lesermeinungen gerne an feedback@conbook.de

1. Auflage

www.conbook-verlag.de

Projektleitung und Lektorat: Julia Kaufhold
Einbandgestaltung: David Janik, Linda Kahrl
unter Verwendung des Bildmotivs © Dragon30 / photocase.com
Satz: David Janik
Druck und Verarbeitung: Ebner & Spiegel GmbH, Ulm

Printed in Germany

ISBN 978-3-934918-75-7

FETTNÄPFCHENFÜHRER

Lisa Graf-Riemann

SPANIEN

Wie man den Stier bei den Hörnern packt

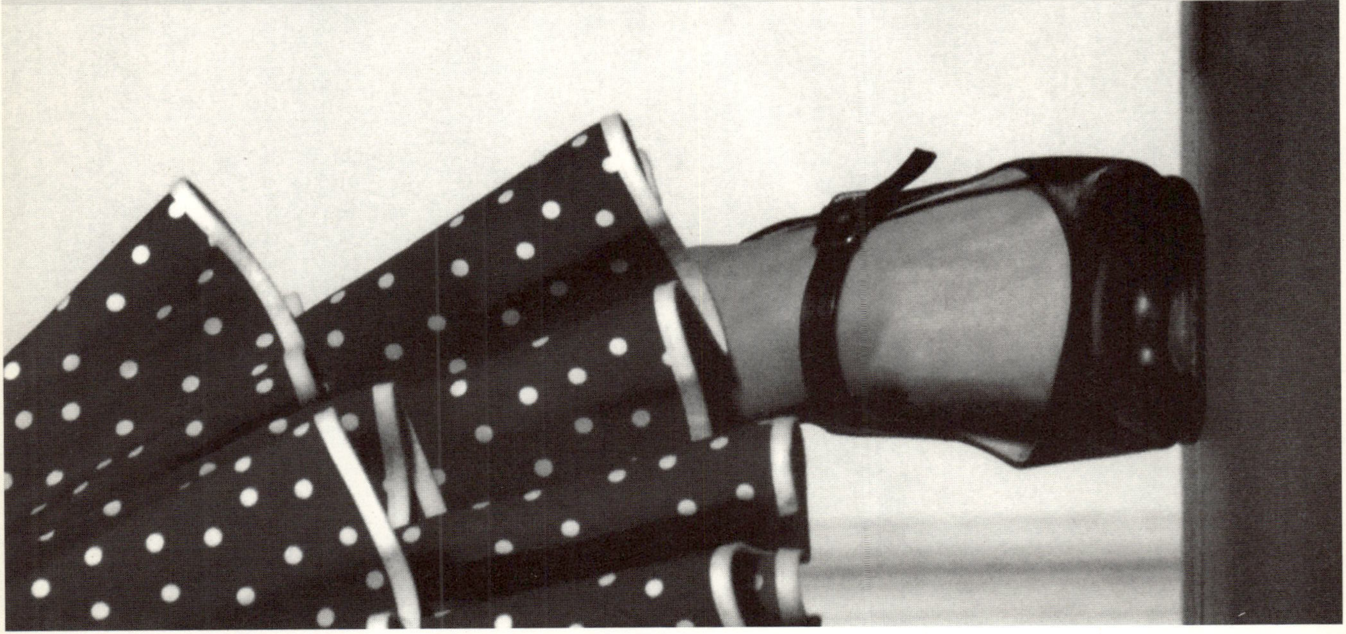

Laut sind die Spanier, ein wenig ruppig, aber meist unkomplizierte Gesellen, die ihr halbes Leben in der Bar verbringen, Tapas in sich hineinschaufeln, dazu Bier aus kleinen Gläsern trinken und Sherry aus noch kleineren copitas. Jeden Tag Fiesta!

Leidenschaftlich, stolz, offen: So stellen wir uns die Spanier vor. Und wundern uns, wenn sie ihre Privatwohnung wie eine Festung gegen Eindringlinge hüten und am Telefon statt ihres Namens ¿Digaaaaa? in den Hörer bellen. Seien Sie nicht überrascht, wenn Ihnen Spanier begegnen, denen Flamenco und Stierkampf ungefähr so fremd sind wie uns selbst. Und wenn Sie in Bilbao oder Barcelona nicht ein Wort verstehen, obwohl Sie doch zwei Semester Spanisch gelernt haben.

Begleiten Sie Lena in ihrer Wohngemeinschaft in Alicante und Tom und seine Kollegen in ihrer Software-Firma in Madrid und tappen Sie mit den beiden in alle bereitstehenden Fettnäpfchen. Lernen Sie dabei die Spanier kennen und erfahren Sie, wie sie wirklich ticken. Sie werden sehen, es macht Spaß und lohnt sich!

Lisa Graf-Riemann, Jahrgang 1958, in Passau geboren, studierte Romanistik und Völkerkunde an der LMU München, in Murcia (Südspanien) und Coimbra (Portugal). Sie war als feste freie Redakteurin bei Kindlers Neuem Literaturlexikon und danach als Autorin und Redakteurin von Lehrwerken und Lernmaterialien für große Schulbuchverlage tätig. Sie spricht fünf Fremdsprachen und kennt sich auf der Iberischen Halbinsel bestens aus. Ihr Traumkontinent ist und bleibt Mittel- und Südamerika.

Sie lebt heute in den Berchtesgadener Alpen und frönt dort ausgiebig ihrer neu entdeckten Berg-Leidenschaft.

Inhalt

Inhalt

Inhalt

Inhalt

Inhalt

Inhalt

Vorwort

Fettnäpfchen? In Spanien? Spanien kennen wir doch alle: Gran Canaria, Teneriffa, die schwarzen Strände von Lanzarote, Malle fest in deutscher Hand, eine eigene Wochenzeitung für die »Mallorca-Deutschen«. Aus *Balneario No. 6* wurde, eingedeutscht und verballhornt, kurzerhand der berühmt-berüchtigte *Ballermann 6*.

Halb Deutschland besitzt bereits ein Ferienhaus in Spanien oder träumt zumindest davon. Unvergessen auch die Forderung des CSU-Politikers Dionys Jobst, Mallorca von Spanien zu kaufen und als 17. Bundesland nach Deutschland zu holen.

Spanisch? Ach, ein paar Brocken reichen doch: *Hola, buenos días* – das kriegen wir doch locker hin!

Spanien, Flamenco und Fiesta, Paella mit Sangría, Gemüselastwägen aus MU(rcia) und AL(mería) auf unseren Autobahnen. Spanien ist doch unser Urlaubsland Nummer eins. Millionen von deutschen Touristen können nicht irren. Fehlanzeige!

Spanien ist, wie die gesamte Iberische Halbinsel, mit seiner Randlage im Südwesten Europas durch die Pyrenäen vom restlichen Europa wie abgeriegelt. Es ist zwar nur wenige Flugstunden von uns entfernt, aber kulturell doch ein gutes Stück weit weg. Nicht umsonst befindet sich das legendäre *Cabo Finisterre*, wörtlich das »Kap am Ende der Welt«, in Spanien.

Wissen wir wirklich so gut Bescheid über dieses europäische Land, dessen Seefahrer die Weltmeere durchkreuzten, einen Kontinent entdeckten und dort ihre Sprache und Religion hinterließen? Etwa 450 Millionen Menschen sprechen Spanisch, davon nur 47 Millionen im Mutterland Spanien, über 400 Millionen in Süd- und Mittelamerika und in den USA.

»Spain is different« hieß der erste Slogan der spanischen Tourismuswerbung in den 60er-Jahren des vorigen Jahrhunderts. Da ist etwas dran, noch immer. Spanien ist ein Land der Regionen, mit fünf bis sechs Amtssprachen. Es ist gerade die kulturelle Vielfalt, die Spanien ausmacht – und darüber nichts oder fast nichts zu wissen, kann allerdings Anlass für eine Fettnäpfchen-Rallye sein. Um diese Rallye zu vermeiden und auf unterhaltsame Weise etwas mehr über die Iberer und ihre Kultur(en) zu erfahren, wurde dieses Buch geschrieben.

Folgen Sie Lena und Tom auf ihren Wegen durch ein bekanntes unbekanntes Land, stolpern Sie mit den beiden, erkennen Sie Fußangeln und Fallen, und, nicht zuletzt, schlemmen Sie sich mit ihnen durch ein Land, in dem gutes Essen und Trinken zur Lebensart gehört. Entdecken Sie ein »anderes« Spanien abseits der Küsten und der Touristenhochburgen: *España es diferente*. Vielleicht stellen Sie tatsächlich fest, dass Spanien anders ist, als Sie es sich immer vorgestellt haben, auf jeden Fall vielfältig und spannend. Lassen Sie sich beim Lesen überraschen!

1 Lena im Anflug auf Spanien

oder: Ein Land, viele Kulturen

Lena sitzt im Flugzeug von Frankfurt nach Málaga. Nebel über dem Rollfeld vor ihr, Regentropfen haften außen am Fenster. Sommer sieht anders aus, findet Lena und zieht den Reißverschluss ihrer Fleecejacke hoch. Bloß weg, denkt sie, genau wie die anderen rund elf Millionen deutschen Spanienurlauber jedes Jahr. »Spanisch in 30 Tagen« verspricht das Buch auf ihrem Schoß. Bis Tag 13 ist sie schon gekommen, hoffentlich bringt das kein Unglück. Lena hat sich an einer Sprachenschule für einen Intensivkurs Spanisch angemeldet, erster Schritt und Sprungbrett in die große weite Welt für Lena, frisch gebackene Sozialwirtin aus Frankfurt mit Berufswunsch Entwicklungshilfe.

»*Señores pasajeros, bienvenidos a bordo* – willkommen an Bord«, begrüßt der Iberia-Flugkapitän die Passagiere. Er sagt noch viel mehr und Lena ist ziemlich geschockt. Sie versteht kein Wort aus diesem schnell abgefeuerten, undeutlichen Wortbandwurm. Erst in der englischen Begrüßung versteht Lena, dass sie in Málaga ein strahlend blauer Himmel und angenehme 28 Grad Celsius erwarten, während sie bei Nieselregen und gefühlten 14, gemessenen 14,5 Grad Celsius in Frankfurt abgeflogen sind. Wunderbar, so soll es sein. Der dunkelhaarige, schlanke Businessman auf dem Gangplatz in ihrer Sitzreihe mit dem markanten Profil lenkt Lena sofort von ihrem Spanischkurs ab. Er ist bestimmt Spanier und bei ihm könnte sie ihre Sprachkenntnisse ja gleich einem Praxistest unterziehen. Als er ihr mit einem sympathischen Lächeln den bestellten Orangensaft aus den Händen der Stewardess weiterreicht, ist es soweit: »*Perdone*, sind Sie Spanier?«, fragt Lena ihn. Und er? Sagt weder Ja noch Nein, sondern: »Katalane«. Und als Lena ihn ansieht wie ein Kälbchen, wiederholt er es auch noch einmal: »Ich bin Katalane.« Ja, aber er spreche doch spanisch?, will Lena wissen und ihre Reisebekanntschaft, die sich als Xavi Creus, gesprochen [**tscha**wi **kre**_us]* vorstellt, erklärt ihr mit Bestimmtheit, dass seine Muttersprache Katalanisch sei. »*Catalán*«, sagt er.

Catalán? Das kennt Lena! Diesen Dialekt hat sie bei ihrem letzten Urlaub auf Mallorca kennengelernt. Es hörte sich manchmal an wie Spanisch und manchmal ein bisschen wie Französisch. Verstanden hat sie so gut wie nichts und sie dachte sich: Müssen die denn jetzt wirklich ihren Dialekt auch im Gespräch mit Ausländern sprechen, die schon froh sind, wenn sie *buenos dias*, *por favor* und *gracias* herausbringen?

»Ja«, sagt Lena, »in Deutschland gibt es auch ziemlich viele Dialekte: hessisch, schwäbisch, bayrisch ... Und manche kann man kaum verstehen, selbst wenn man Deutsche ist. Aber

* Die Aussprache des Spanischen ist nicht schwierig, aber manche Wörter werden doch anders geschrieben als ausgesprochen. Daher haben wir in diesen Fällen eine ganz einfache Umschreibung, zugeschnitten auf deutsche Sprecher, als Aussprechhilfe verwendet. Was zwischen eckigen Klammern gefettet erscheint, sind die betonten Silben. Der Unterstrich bedeutet hier, dass Sie ein spanisches »eu« nicht wie ein deutsches »oi«, z.B. in »Euro«, sprechen, sondern e und u getrennt, und das e eher wie ein ä: euro [**e**_uro], Creus [**kre**_us]. (Siehe hierzu auch den Wissenskasten »Spanische Aussprache« in Kapitel 2.)

zum Glück bemühen sich die meisten, hochdeutsch zu sprechen, besonders ausländischen Touristen gegenüber. Bis auf ein paar Almbäuerinnen, aber bei denen gehört das dazu zum Klischee, wie die lila Kuh zur Schokolade«. Xavi, der fesche Katalane, hört Lena interessiert zu, aber auf seiner Stirn bildet sich eine steile Zornesfalte. Lena hat sogar den Eindruck, als käme plötzlich ein wenig Farbe in seinen hellen Teint, der auffällig mit dem tiefschwarzen Schatten am Kinn kontrastiert. Was hat er denn?, überlegt Lena. Flugangst? Er nippt von seinem stillen Mineralwasser.

»Sie sprechen aber doch auch hochspanisch – oder wie nennt man das bei Ihnen?«, setzt Lena noch einmal nach. »*Castellano* [kaste**j**ano]«, sagt er. »*Castellano*, also Spanisch, war die erste Fremdsprache, die ich in der Schule gelernt habe. Dann Englisch, ein wenig Französisch und ein wenig Deutsch.«

Moment, die Landessprache Spanisch als erste Fremdsprache? Wie krass ist der denn drauf?, denkt Lena. »Sie sprechen aber wirklich super deutsch. Ich wäre ja froh, irgendwann so gut spanisch babbeln zu können.« Irgendwie scheint ihr Sitznachbar aber die Lust an der Unterhaltung verloren zu haben, holt eine Zeitung aus seinem Aktenkoffer und verschanzt sich dahinter. *El País* heißt seine Zeitung. Das ist Spanisch, meinetwegen auch *castellano*, freut sich Lena und versteht sogar, was *El País* bedeutet: »Das Land«.

Später, beim Imbiss, erkundigt Xavi sich bei Lena noch nach ihrem Reiseziel und ob sie Urlaub in Spanien mache. Sehr höflich und nett, aber Lena merkt deutlich, dass die Luft raus ist. Xavi wünscht ihr zum Abschied einen schönen Aufenthalt in Spanien und das war's dann auch. Schade eigentlich.

Was ist da schiefgelaufen?

Welche Laus ist Lenas Mitreisendem denn da über die Leber gelaufen? Es war nicht die Flugangst, sondern hatte durchaus etwas mit Lenas freimütig geäußerter Unkenntnis oder der etwas unbedachten Einschätzung der spanischen Wirklichkeit zu tun.

Eine der Grundregeln für das Verständnis Spaniens und der Spanier lautet: Verwechsle nie die Regionalsprachen mit Dialekten! Zum einen weil sie keine Dialekte sind, zum anderen weil man mit dieser Fehleinschätzung die stolzen Katalanen, Basken und Galicier direkt ins Mark trifft und sich damit extrem unbeliebt machen kann.

Katalanisch ist eine eigenständige romanische Sprache, die mindestens so alt ist wie das heutige Spanisch – *español* oder auch *castellano*, Kastilisch, genannt – und von etwa elf Millionen Menschen im Nordosten Spaniens gesprochen wird, von der französischen Grenze bis nach Valencia und Alicante. Außerdem im südfranzösischen Département Pyrénées Orientales, das auch als Nordkatalonien bezeichnet wird, in der Stadt Alghero (katalanisch L'Alguer) auf Sardinien/Italien, auf den Balearen, also auch auf Mallorca, wie Lena richtig erkannt hat, und im Zwergstaat Andorra*, einem unabhängigen Fürstentum in den östlichen Pyrenäen. Katalanisch

* Das Principat d'Andorra (Fürstentum Andorra) gibt es schon seit über 700 Jahren. Es ist der größte unter den sechs Zwergstaaten Europas und liegt in einem Hochtal der Pyrenäen. Es wird von zwei Fürsten regiert: dem Bischof von Urgell in Katalonien und einem Kofürsten, dem Präsidenten von Frankreich, im Moment also von Nicolas Sarkozy. Andorra ist bekannt als Steueroase, aber auch als Wintersportregion. Die Hauptstadt heißt Andorra la Vella. Alleinige Amtssprache ist Katalanisch.

wird auch als Brückensprache zwischen Spanisch und Französisch bezeichnet. Manchmal ist es näher am Spanischen (katalanisch: *bon dia*, spanisch: *buenos días*), manchmal näher am Französischen. So heißt *blau* auf Spanisch *azul*, auf Katalanisch aber *blau* von französisch *bleu*. (Siehe hierzu auch den Wissenskasten »Die katalanische Sprache« in Kapitel 19.) Und wie ist es nun mit den Dialekten?, werden Sie jetzt vielleicht fragen. Gibt es in Spanien auch noch Dialekte? Ja, die gibt es, aber sie spielen praktisch keine Rolle. Am bekanntesten ist das Andalusische, das sich vor allem durch das Weglassen von Buchstaben auszeichnet. Zum Beispiel wird das Schluss-s im Süden des Landes und auf den Kanaren gerne verschluckt, sodass aus der Bestellung »dos cafés« schon mal »do café« wird. Aber nur gesprochen! Geschrieben werden auch alle verschluckten Buchstaben.

Ansonsten gilt, dass Dialekte eher auf dem Land verbreitet sind. Städter bemühen sich meist um eine akzentfreie Schriftsprache. Ein anderes Thema ist wiederum die Umgangssprache, der Slang, der in Spanien auffällig viele »schmutzige« Wörter enthält. Darüber erfahren Sie später in Kapitel 19 noch mehr.

Ein Land, fünf Sprachen

Fünf? In Spanien sollten doch alle spanisch (*español*) oder kastilisch (*castellano*), wie es auch genannt wird, sprechen, denken Sie. Und so ist es ja im Grunde auch. In den Regionen gibt es aber weitere Amtssprachen neben dem Kastilischen. Das sind: Katalanisch (*català*) vor allem im Osten Spaniens, Baskisch (*euskara*) im Baskenland und Galicisch (*galego*) in Galicien, im äußersten Nordwesten des Landes.

Während Galicisch und Katalanisch romanische Sprachen sind (wie Spanisch, Französisch, Italienisch etc.), ist das Baskische mit keiner anderen europäischen Sprache verwandt, also eine sehr alte, isolierte Sprache, die sich da im gebirgigen Grenzland an den Ausläufern der Pyrenäen erhalten hat und heute etwa 800.000 Sprecher zählt. Wenn Sie Baskisch hören oder lesen, verstehen Sie kein Wort.

Galicisch, das 3,5 Millionen Menschen sprechen, ist mit dem Portugiesischen verwandt und hat selbst auch Sprachenstatus, ist also kein Dialekt.

Katalanisch zählt 9,7 Millionen Sprecher unter anderem in Katalonien, Andorra und auf den Balearen – wo *mallorquí*, mallorquinisch, gesprochen wird, eine Unterart des Katalanischen. Auch die Provinz Valencia spricht eine Varietät des Katalanischen, das *valencià*, Valencianisch, das in Valencia ebenfalls den Status einer Amtssprache hat. (Zum Valencianischen folgt ein Wissenskasten in Kapitel 26.)

Wenn Sie bis hierher gut mitgezählt haben, haben Sie erst vier Sprachen gezählt. Und die Nummer fünf? Ist Aranesisch, *aranès*, gesprochen im Val d'Aran, dem Aran-Tal in den Pyrenäen, von gerade mal 2.700 Seelen.

Und wenn Sie sich jetzt fragen: *¿Están locos, los españoles?* (Ja, spinnen die Spanier denn?), dann heißt die Antwort: Nein. Die Sprachenvielfalt auf der Iberischen Halbinsel ist einfach eine Realität, nur nimmt der Rest Europas davon wenig Notiz. Die eiserne Unterdrückung durch den diktatorischen Zentralstaat während der Franco-Ära, die 46 Jahre dauerte (1939–1975), hat den Wunsch nach politischer und kultureller, auch sprachlicher Eigenständigkeit nicht kleiner, sondern größer werden lassen.

Was können Sie besser machen?

Akzeptieren, dass Spanien ein Land der Regionen ist, in dem es eine große kulturelle und sprachliche Vielfalt gibt. Katalanen fühlen sich in erster Linie als Katalanen, Basken als Basken, Galicier als Galicier und Andalusier als Andalusier. Und erst in zweiter Linie als Spanier. Wenn Sie das verstanden haben und Ihren Respekt vor den Regionalsprachen und -kulturen zum Beispiel durch ein paar Brocken in der jeweiligen Sprache zum Ausdruck bringen, dann haben Sie viel von der »spanischen« Mentalität und Lebensart verstanden.

Und sie werden auf Basis dieses Grundverständnisses keinen Ressentiments mehr begegnen, wenn Sie das Gespräch mit Ihrem Gegenüber dann doch lieber auf Spanisch oder Englisch fortsetzen wollen. Man erwartet von Ausländern nicht, dass sie Katalanisch oder gar Baskisch sprechen. Man möchte lediglich in seiner eigenen kulturellen Identität wahrgenommen werden.

2 Tom spricht kein Spanisch. Wozu auch?

***oder:* »Ist hier noch frei?«**

Mit Englisch kommt man auf der ganzen Welt gut zurecht. Das haben die Spanier bestimmt auch schon gemerkt, denkt Tom. Er hat sich vor ein paar Wochen einen Spanischkurs als MP3 heruntergeladen und kurz reingehört. Und dann gedacht, dass das sowieso nicht nötig sein wird. Er ist Programmierer und die Computerleute verständigen sich überall auf Englisch. Problemlos. Das wird in Madrid nicht anders sein, wo er in einer Woche seinen neuen Job bei einer Softwarefirma antreten wird.

Im Augenblick bummelt er durch Nerja, einen Küstenort in der Nähe von Málaga, wo er noch eine Woche Urlaub macht. Madrid ist so weit weg vom Meer, und so schnell wird er an seiner neuen Stelle auch keinen Urlaub bekommen.

Gestern Abend hat er Lena kennengelernt, eine sympathische Frankfurterin, die schon etwas spanisch spricht und ihm an der Hotelrezeption geholfen hat, als sich herausstellte, dass seine Reservierung per Internet nirgendwo auffindbar war. Lena ist nett und sie haben sich für nachmittags in einem Café verabredet.

Ah, da ist sie ja! Mist! Alle Tische in dem Straßencafé sind belegt. Drinnen sitzt kein Mensch, ist ja auch viel zu heiß und stickig.

»Na, dann suchen wir uns eben ein anderes Café«, schlägt Lena vor. »Quatsch«, meint Tom. »Ich bin jetzt schon genug in der Hitze herumgelaufen. Schau, da vorne am Tisch sind doch noch zwei Stühle frei, wir setzen uns einfach mit dazu. Du kannst doch Spanisch. Du fragst einfach nett, ob da noch frei ist, und schon haben wir unseren Platz.« »Meinst du wirklich? Ich weiß nicht, ob das so eine tolle Idee ist.« Aber Tom sagt, sie solle sich nicht so anstellen. »Das weiß man doch, dass Spanier kommunikative Menschen sind, wie alle Südländer. Gastfreundlich und immer zu einem Schwätzchen aufgelegt.« Tom sieht Lena an, dass er sie nicht überzeugt hat. »Was heißt denn *frei*?«, will er wissen. Und als Lena *libre* sagt, beschließt er, ihr zu zeigen, wie man das macht. Dass Frauen immer so kompliziert sein müssen!

Mit dem charmantesten Lächeln, zu dem er imstande ist, fragt er das einheimische Paar am Tisch etwas, was wie *¿está libre?* klingt. Die beiden sehen Tom und Lena betreten an. Haben sie nicht verstanden, was Tom von ihnen will? Doch, sie haben verstanden und zeigen auf die beiden freien Stühle, allerdings eher verlegen als richtig begeistert. Tom scheint es nicht zu bemerken und setzt sich mit einem lauten *thank you, äh gracias*.

Keine Getränkekarte auf dem Tisch. Tom hat großen Durst und springt rasch zum Nebentisch, schnappt sich, wieder freundlich lächelnd und sich mit *excuse me* entschuldigend, die dort vorhandene Karte, um sie gleich an Lena weiterzureichen. Lena sagt, sie wisse schon, was sie nehme, nämlich zuerst einmal einen Kaffee. Tom schließt sich an, und als der Kellner kommt, bestellt Lena *dos cafés*. Das Paar an ihrem Tisch, das aufgehört hat, sich zu unterhalten, seit Tom und Lena mit am Tisch sitzen, gibt dem Kellner ein Zeichen. Nanu, wollen die etwa schon gehen? Der Mann hat doch sein Glas Bier noch gar nicht ausgetrunken und die merkwürdige aufgeschäumte Milch, die seine hübsche Freundin trinkt, ist auch noch halb voll.

Als der Kellner ihren Kaffee bringt, ist Tom enttäuscht. Er hat Kaffee bestellt, aber nur einen Espresso bekommen, klein, stark und bitter, von der Menge her nicht mehr als ein Fingerhut voll. Er studiert noch einmal die Karte. Währenddessen bezahlt das Paar nebenan, lässt die halb vollen Gläser stehen und verabschiedet sich mit einem unterkühlten Nicken. Und das sind nun die kontaktfreudigen Spanier? Die beiden sahen eher aus, als seien sie auf der Flucht. Na, vielleicht hatten sie Streit.

»Was heißt denn *hielo*?«, fragt Tom Lena. Sie meint: »Eis«. Also bestellt Tom sich einen *café con hielo*. Er braucht einfach mehr Flüssigkeit und auch mehr Kalorien. Langsam bekommt er Hunger. Er hatte mittags nur ein Sandwich. Tom traut seinen Augen nicht, als der Kellner den »Eiskaffee« bringt: ein Glas, höchstens zu einem Drittel gefüllt mit schwarzem Espresso, Zucker und dazu ein Extraglas, in dem sich aber kein Vanilleeis, keine Sahne, nur Eiswürfel befinden. Lena sieht, wie dem Sonnyboy Tom das Lächeln gefriert. Da fällt ihr ein, dass sie da etwas verwechselt hat, nämlich *hielo* [jelo], gefrorenes Wasser, und *helado* [elado], Speiseeis. »Sieht aber sehr erfrischend aus, dein eisgekühlter Kaffee!«, versucht Lena Tom aufzumuntern. »Ist doch eigentlich genau das Richtige bei dieser Hitze, oder?«

Ein bisschen frustriert und mit kaltem, saurem Magen bezahlt Tom, und die beiden flanieren über die Strandpromenade. Ein kleiner Spaziergang vor dem Abendessen, mit knurrendem Magen. Es ist angenehm warm, vom Meer her weht eine leichte Brise. Lena stößt Tom ihren Ellenbogen in die Seite. Ein Déja-vu-Erlebnis! Sind das nicht die beiden, die vorher im Café bei ihnen am Tisch saßen? Der Mann trinkt Bier und die Frau ein Glas Milch*, genau wie zuvor. Hm, ziemlich unhöflich, diese Spanier, denkt Tom. Wollten die etwa nicht mit uns zusammen am Tisch sitzen? Lena sieht seine krause Stirn und zieht ihn rasch weiter. »Schau, dort gibt es *helado*, wie du es von zu Hause kennst: *vainilla* [bai**ni**ja], *chocolate* [tschoko**la**te], was du willst. *Una bola = 1 euro.* Komm, ich lade dich ein!«

Kleine Kaffeekunde

Wenn Sie in Spanien *café* bestellen, bekommen Sie einen Espresso serviert. Er heißt auch *café solo*, weil er schwarz, ohne Milch, serviert wird. Ein *cortado* [kor**ta**do] ist ein Espresso, der mit einem Schuss Milch »verschnitten« wird. *Café con leche* [ka**fe** kon **let**sche] ist Milchkaffee, zubereitet aus Espresso mit Milch. Er wird im Glas oder in einer großen Tasse serviert.

Die süße Variante des *cortado* ist der *café bombón* [ka**fe** bom**bon**], die spanische »Kaffee-Praline«. Er ist unten weiß und oben schwarz: Unten im Glas befindet sich gesüßte Kondensmilch, oben ein Espresso. Beide Schichten werden mit dem Löffel vermischt. Diese Variante gibt es vor allem in Andalusien.

Die Kanaren setzen mit ihrem *café cortado leche y leche* noch eins drauf. Er besteht aus Espresso, heißer normaler Milch plus gesüßter Kondensmilch.

Die eisigen Kaffees: Beim *café con hielo* wird warmer Espresso gezuckert und dann in ein separat gereichtes Glas mit Eiswürfeln gekippt. Der *granizado de café* ist Kaffee mit gecrashtem (Wasser-)Eis, beim *café del tiempo* in Valencia kommt noch Zitrone mit ins Glas. Eiskaffee mit Speiseeis (*café con helado*), wie wir ihn kennen, gibt es in Spanien eigentlich nur in Touristenorten.

* Was wie Milch aussieht, ist ein erfrischendes, rein pflanzliches Sommergetränk und heißt *horchata* [or**tscha**ta]. Das ist der Extrakt der Knolle einer Riedgraspflanze, die Erdmandel (*chufa* [**tschu**fa]) heißt und wie eine schrumpelige Mandel aussieht. Der Geschmack lässt sich nicht beschreiben. Die *horchata* muss man einfach probiert haben. Aber immer frisch zubereitet und gut gekühlt. Pasteurisierte *horchata* aus dem Supermarkt schmeckt nicht.

Der berühmte *carajillo* [karachijo] ist ein Espresso mit einem Schuss Brandy, Rum, Whiskey oder Anislikör. Der Alkohol wird dabei manchmal flambiert und der Espresso direkt in die brennende Tasse gebrüht. In Spanien wird er von seinen Fans zu jeder Tageszeit getrunken, sogar zum Frühstück.

Möchten Sie Filterkaffee, dann verlangen Sie *café americano* oder *café filtrado*. Entkoffeiniert heißt *descafeinado* [deskafe_inado].

Was ist da schiefgelaufen?

Dass ein *café con hielo* kein Eiskaffee, wie wir ihn aus der Eisdiele kennen, ist, das weiß Tom nun. Damit ist er schon um eine Erfahrung reicher. Das dicke Fettnäpfchen, in das er an seinem ersten Tag in Spanien getreten ist, war, dass er sich zu Unbekannten an einen Tisch gesetzt hat. Für die sehr deutsche Frage »Ist hier noch frei?« brauchen Sie gar keine spanische Übersetzung zu lernen. Denn Sie sollten es einfach nicht tun. In Spanien setzt man sich nicht zu Leuten, die man nicht kennt, an einen Tisch. Das gehört sich nicht. Warum? Weil man die Privatsphäre der Menschen, in unserem Beispiel die des Paars am Cafétisch, nicht stören will. Sie wollen sich unterhalten und dabei für sich sein. Sie wollen nicht von anderen am Tisch beobachtet oder belauscht werden.

Und wieso sagen sie nicht einfach Nein, wenn so ein deutscher Tourist fragt, ob er sich dazusetzen darf? Dazu sind Spanier viel zu höflich. Einfach Nein zu sagen, den anderen mit seinem Wunsch oder Begehren ins Leere laufen zu lassen, das gehört sich nicht. Und Fremden gegenüber schon dreimal nicht. Spaniern kommt ein direktes *no* nur in den seltensten Fällen über die Lippen. Das gilt für das Privatleben ebenso wie für das Berufsleben. Dort ist man sogar besonders vorsichtig damit.

Was können Sie besser machen?

Auch wenn an einem Tisch nur zwei Personen sitzen, widerstehen Sie! Warten Sie zum Beispiel an der Bar eines Lokals, bis ein Tisch frei wird, oder gehen Sie eben in das nächste Café oder Restaurant in der Straße. Wo eines ist, gibt es meist auch noch andere, und irgendwo wird auch ein Tisch frei sein.

Was allenfalls möglich ist, ist, sich einen freien Stuhl auszuleihen, wenn man Freunde im Lokal trifft und die Stühle am Tisch nicht ausreichen. Dann können Sie höflich fragen, ob Sie einen Stuhl nehmen dürfen: *¿Puedo coger la silla?* [**pue**do ko**cher** la **si**ja]

Respektieren Sie die Privatsphäre der anderen, kommen Sie ihnen nicht unaufgefordert allzu nahe. Natürlich dürfen Sie sich mit an einen Tisch setzen, wenn Sie ausdrücklich dazu aufgefordert werden. Aber gehen Sie nicht zu forsch vor, warten Sie zunächst einmal ab, wie offen oder reserviert man Ihnen begegnet, und passen Sie sich einfach an.

Ein paar Kniffe für die richtige Aussprache des Spanischen

b	wird wie b gesprochen: Barcelona [barthe**lo**na]*, in der Wortmitte wie w: Roberto [ro**wer**to]
c	vor a, o, u wie k: Carmen [**kar**men], vor e, i wie englisches »th« in *thing*: cinco [**thin**ko] (fünf)
ch	wie tsch: coche [**ko**tsche] (Auto)
d	ist am Wortende schwach, wie »th«: Madrid [ma**drith**]
e	immer offen, wie e in *Ecke*: España
g	vor a, o, u wie g: Málaga, vor e, i wie ch in *Dach*: Gibraltar [chibral**tar**]
h	ist immer stumm: hola [**o**la] (hallo)
j	wie ch in *doch*: Rioja [ri**o**cha]

ll	wie j in *Joghurt*: Mallorca [ma**jor**ka]
ñ	wie nj: España [es**pan**ja]
o	immer offen wie in *Koffer*: sol [sol] (Sonne)
q	wie k: quiosco [**kios**ko] (Kiosk)
r	wird immer gerollt; am Wortanfang oder bei rr stärker: perro [**pe**rro] (Hund), sonst schwächer: pero [**pe**ro] (aber)
s	immer wie scharfes s: casa [**ka**ßa] (Haus)
v	wie b: Valencia [ba**len**thia], in der Wortmitte wie w: Javier [cha**wier**] (Xaver)
z	wie englisches »th« in *thing*: Zaragoza [thara**go**tha]

Doppellaute immer getrennt sprechen: a_eropu_erto *Flughafen*, ve_inte *zwanzig*, E_uropa, di_ez *zehn*

---

* Die meisten spanischen Wörter enden auf -o oder -a und werden auf der vorletzten Silbe betont. Wir zeigen die Betonung in der Lautschrift gefettet an. Das »th« ist der Lispellaut, den Sie aus dem Englischen kennen (*thin, thick, gothic* usw.). Es handelt sich um diesen für das europäische Spanisch charakteristischen Lispellaut, bei dem die Zunge innen gegen die Schneidezähne stößt, zum Beispiel in Barcelona [barthe**lo**na]. In Andalusien, auf den Kanaren und in ganz Südamerika wird nicht gelispelt. Das »th« wird durch ein scharfes s ersetzt [barße**lo**na].

3 Tom hat Hunger, aber zur falschen Zeit

oder: Andere Länder, andere Essenszeiten

Tom und Lena haben ihr leckeres Eis in der Waffel mittlerweile weggeschleckt und sogar Tom gelingt es, die relaxte spätnachmittägliche oder vorabendliche Stimmung an der Strandpromenade zu genießen. Die Hitze hat zwar nachgelassen, doch es ist immer noch sehr warm. Gut, dass ich im Hotel noch die kurze Hose angezogen habe und in die bequemen Badeschlappen geschlüpft bin. Nur die weißen Sportsocken muss ich noch loswerden, sie sind einfach zu warm für diese Gegend, denkt Tom.

Außerdem hat Lena im Café immer wieder so merkwürdig auf diese Socken gestarrt. Tom versteht gar nicht, wie die Spanier das aushalten in ihren langen Businesshosen mit dunklen Socken und geschlossenen Lederschuhen. Die müssen doch tierisch schwitzen. Und alle im Hemd, manche haben sogar noch das Jackett anbehalten. Auf der Strandpromenade! Schick sehen sie schon aus, auch die Frauen in ihren Kleidern oder Kostümen und den Absatzpumps. Doch, das ist elegant, aber auch ein bisschen konventionell, oder? Außerdem sehen die alle so gepflegt aus, wie direkt vom Friseur, was man von seiner Struwwelmähne nicht gerade behaupten kann. Aber Tom ist ja auch im Urlaub – und außerdem in einem kreativen Beruf tätig. Ein bisschen Understatement gehört da schon dazu.

»Sag mal«, meint Tom zu Lena, »findest du nicht, dass die Spanier hier ziemlich herausgeputzt rumlaufen? Das wirkt ja fast steif, total uncool.« Lena bleibt stehen. »Finde ich gar nicht. Steif sagst du? Wieso? Ich finde, sie wirken einfach attraktiv mit ihrem gepflegten Äußeren.« Dabei fällt ihr sofort der schnuckelige Katalane aus dem Flugzeug wieder ein. Was hätte das für eine nette Reisebekanntschaft werden können! »Also, was soll daran schlecht sein?«, fragt sie und mustert Tom vom verwehten Scheitel bis zu den Plastik-Badelatschen, wobei die weißen Socken wieder einmal den längsten Blick auf sich ziehen.

»Warte mal«, sagt Tom, streift sich schnell die Socken von den Füßen und stopft sie in die Hosentaschen. Lena sieht währenddessen aufs Meer hinaus. Tom ist nicht sicher, ob sich seine Aktion nun wirklich gelohnt hat. In puncto Wärme ja, aber in puncto Ästhetik? Er mustert seine nackten Zehen. Na ja. Er ist schließlich nicht in Spanien, um einen Schönheitswettbewerb zu gewinnen.

Nach einer weiteren halben Stunde des Flanierens bekommt Tom mächtig Hunger. Es ist ja auch schon halb acht, Zeit fürs Abendessen. Sie biegen Richtung Altstadt ab und schlendern durch Gassen mit Straßencafés, aus denen laute Musik dringt oder das elektronische Piepsen der Spielautomaten. In fast allen Bars und Cafés gibt es riesige Fernsehbildschirme an der Wand, auf denen bevorzugt synchronisierte amerikanische Serien laufen oder Videoclips mit raschen Schnitten und nervenden Rhythmen. Dazwischen Tante-Emma-Läden, die sich *minimercados* nennen, ein großes Sortiment und zivile Preise haben. *Panaderías*, Bäckereien, mit diesem eher trockenen spanischen Weißbrot, das, was die Knusprigkeit angeht, nicht mit einem französischen Baguette verwandt ist. »Gibt's in Spanien eigentlich auch Vollkornbrot?«, fragt Tom. »Na, vielleicht nicht gerade das, was du dir darunter vorstellst«, sagt Lena. »Es gibt so eine Art Weißbrot mit Kleie, das nennt sich *pan integral*. Vollkornbrot, wie du es aus Deutschland kennst, habe ich bisher nur abgepackt im Supermarkt gefunden.«

»Schau, *Rincón de Paco*, das ist doch ein Restaurant. Mann, habe ich einen Kohldampf!« Oh, Mist, das Lokal ist geschlossen. Und auch das nächste Restaurant ist zu. Im übernächsten schließlich fuchtelt der Kellner, der gerade die Tische deckt, mit den Armen, als Lena und Tom näher kommen. *Cerrado*, sagt er, *closed*. Na, aber wieso denn? Für wen deckt er dann die Tische? Der Kellner bewegt sich auf den Eingang zu, wo Tom und Lena immer noch unschlüssig herumstehen, und deutet auf ein kleines Schild mit den Öffnungszeiten. Hätten sie auch mal selbst drauf kommen können, da nachzusehen.

»21:30 bis 24:00 Uhr geöffnet? Bis dahin bin ich verhungert!« Tom fühlt sich wirklich schon ganz schwach. »Komm, wir suchen uns ein anderes Lokal«, sagt er und zieht Lena weiter. »Halb zehn! Das ist doch nicht normal.«

Was ist da schiefgelaufen?

Das Problem liegt eindeutig bei Tom, denn für Spanier ist es tatsächlich absolut normal, erst um 21:30 oder 22 Uhr zu Abend zu essen. Die Essenszeiten, und damit der ganze Tagesrhythmus, sind in Spanien anders als bei uns. Und zwar ganz anders.*

* Wobei, wenn man berücksichtigt, dass Spanien zwar in derselben Mitteleuropäischen Zeitzone liegt wie wir, sich de facto aber viel weiter westlich befindet, dann ist der Unterschied, wenn man allein vom Sonnenstand ausgeht, auch wieder nicht so groß. Spanien hat dieselbe Uhrzeit wie Deutschland, die Kanaren dagegen Westeuropäische Zeit. Sie sind also eine Stunde zurück, im Winter wie in der Sommerzeit. Im spanischen Radio wird die Uhrzeit so angesagt: *Son las 8 horas en España, una hora menos en Canarias* – es ist 8 Uhr in Spanien, eine Stunde weniger auf den Kanaren.

Ein Frühstück in unserem Sinne, mit verschiedenen Brotsorten oder Brötchen, Butter, Marmelade, Honig, Ei, nehmen die wenigsten Spanier zu sich, schon gar nicht zu Hause. Wer keine Kinder zu versorgen hat, trinkt auf dem Weg zur Arbeit einen *café con leche* (Milchkaffee) im Café an der Ecke. Dazu nimmt man eventuell ein Hörnchen, es heißt *cruasán* und ist ein verballhorntes »Croissant«, oder eine *magdalena*, die Franzosen nennen dieses Küchlein »Madeleine«, oder ein anderes süßes Gebäckstück, und damit ist es dann aber gut.*

Am Vormittag gibt es dann noch einmal einen *café solo*, also einen Espresso. Mittagspause ist gegen 13:30 oder 14 Uhr. Dann gehen alle zum Essen ins Restaurant, in die Kantine oder, wer es sich zeitlich leisten kann, nach Hause. Gegessen wird gegen 14 Uhr, dann aber ein vollständiges Menü, das mindestens aus einer Vorspeise, einer Hauptspeise, meist auch aus Nachspeise und, obligatorisch, wieder *café* besteht.

Auch am Nachmittag gibt es eine Kaffeepause ohne Kuchen. Das Abendessen wird dann zwischen 21:30 und 22 Uhr eingenommen, und zwar im Restaurant wie zu Hause. Und da es wieder eher üppig ist und aus mehreren Gängen besteht, kann es auch schon mal bis Mitternacht dauern.

Wann gehen Spanier denn eigentlich schlafen?, werden Sie jetzt fragen. Später als wir, das ist klar. Selten vor Mit-

* Deshalb ist es übrigens auch keine Tragödie, wenn Sie in einer Pension oder einem kleinen Hotel übernachten, das kein Frühstück anbietet, was in Spanien gang und gäbe ist. Sie können sich das Frühstück leicht in der Bar an der Ecke selbst zusammenstellen. Wenn Sie zum Beispiel eine *tostada* oder *media tostada* bestellen, bekommen Sie ein getoastetes Baguette, oder ein halbes Baguette (*media*), und können dazu *mantequilla* [mante**k**ija] *y mermelada* (Butter und Marmelade) bestellen. Wahlweise wird auch *aceite* (Olivenöl) statt Butter auf das Toastbrot geträufelt. *¡Que aproveche!* [ke apro**w**etsche] – wohl bekomm's!

ternacht. Die späten Essenszeiten wirken sich natürlich auch auf die Anfangszeiten von Veranstaltungen, Kino- und Theatervorstellungen aus. Wenn eine Vorstellung erst um 22 Uhr beginnt, kann es sein, dass Sie erst nach Mitternacht aus dem Kino oder Theater kommen.* Das wird Ihnen aber gar nicht auffallen, denn um diese Zeit ist, natürlich vor allem am Wochenende, auf den Straßen sowieso noch die Hölle los. Alle anderen kommen auch jetzt erst aus den Kinosälen, den Theatern, den Restaurants oder machen sich gerade auf zu einer Kneipenrunde.

Noch ein Wort zu Toms, na ja, Kleidungsstil: An diesem Aufzug erkennt man in Spanien wie in anderen südlichen Ländern todsicher den *guiri* [**gi**ri], wie ein Tourist in Spanien ein wenig abschätzig genannt wird. Einem spanischen *caballero* würde es nicht einfallen, eine Strandpromenade, DIE Flaniermeile, in Shorts, Sandalen und hellen Socken zu betreten. Außer es handelte sich um Designershorts, von Balenciaga oder Adolfo Domínguez zum Beispiel. Aber weiße Socken? *Jamás* [cha**mas**] – niemals!

Was können Sie besser machen?

Die Lösung für Toms Bärenhunger zur falschen Zeit wäre folgende gewesen: Tom und Lena betreten die nächste nette Eckkneipe und nehmen dort einen *aperitivo* ein. Damit ist in Spanien nicht nur ein Cocktailgetränk gemeint, sondern auch eine Kleinigkeit zu essen *und* zu trinken. Das kann zum

* Kleine Anekdote zum Thema: Der FC Barcelona lädt jedes Jahr einen Verein zum Spiel um die »Trofeo Gamper« ein. 2006 war das der FC Bayern. Dem war die Anstoßzeit wohl einfach zu spät (22:24 Uhr), denn er verlor das Spiel 0:4.

Beispiel ein kleines Glas Bier sein, *una caña* [una **kan**ja], 0,2 Liter, und dazu eine Handvoll Mandeln oder Kartoffelchips. Oder auch ein Glas Sherry, *un jerez* [un che**reth**], mit einem Tellerchen Oliven. Das machen viele Spanier, wenn sie von der Arbeit kommen, oft zusammen mit den Kollegen aus der Abteilung. Der gemeinsame *aperitivo* beschließt den Arbeitstag, festigt die sozialen Bindungen unter den Kollegen und dient natürlich der Entspannung.

Man kann den *aperitivo* natürlich auch in einer Tapas-Bar einnehmen, wenn sie denn auf dem Weg liegt oder besonders leckere Tapas anbietet, für die sich auch ein kleiner Umweg lohnt. Tapas, das sind die kleinen, kalt oder warm servierten, einfachen bis raffinierten Appetithäppchen, die in den meisten Bars an der Theke hinter Glas zur Auswahl stehen, wie in Italien die Antipasti. Von der Paprikawurst bis zum feinsten rohen Schinken über Muscheln, Garnelen bis zu Jakobsmuscheln hat jedes Lokal seine besonderen Tapas. Es soll Leute geben, die sich daran satt essen.

Verhungern muss in Spanien wirklich niemand. Spanier essen gern, gut und reichlich. Beim Essen werden Beziehungen geknüpft und Geschäfte gemacht. Da hat Tom wirklich einen ganz falschen Eindruck von Spanien bekommen, als er am ersten Tag Angst bekam, er müsste auf der Stelle verhungern.

Tapas – Fingerfood, Fast Food, Stehimbiss?

Was unterscheidet eine Tapa von einer Currywurst? Sie macht weniger satt und ist womöglich teurer. Was ist eine Tapa? Ein Häppchen, ein Gaumenkitzler, der zu einem Getränk (Bier, Wein, Sherry ...) gereicht wird und zwischen 11 und 14 Uhr die lange Durststrecke bis zum späten Mittagessen überbrückt oder am Vorabend zwischen 20 und 22 Uhr als *aperitivo* eingenommen wird. In der Regel im Stehen, am Tresen, und, ganz wichtig, unter Freunden oder Kollegen. Tapas können auch ein Abendessen ersetzen, wenn eine Gruppe von Leuten mehrere *raciones* [ra**th**j**o**nes] (Portionen) bestellt und sich gemeinsam durchprobiert. Das nennt man dann *tapeo* [ta**pe**o].

Was als Tapa gereicht wird, ist von Region zu Region und Lokal zu Lokal verschieden. Das geht von einfach und preiswert – ein Tellerchen Oliven, gesalzene Mandeln, ein Stück Weißbrot mit *chorizo* [tschor**i**tho] (Paprikawurst) oder ein paar Fleischbällchen, *albóndigas*, – bis raffiniert: frittierte Babytintenfische, *puntillitas* [punti**ji**tas], oder *vieiras* [**bjä**iras], Jakobsmuscheln. Und es kann schnell teurer werden als ein einfaches *menú del día* (Tagesmenü), wenn man sich hier durchprobiert.

Tapa heißt wörtlich »Deckel«. Man sagt, dass schlaue Wirte früher die Gläser ihrer Gäste mit Brotscheiben abdeckten, die mit salziger Wurst oder Käse belegt waren. Das war einmal als Schutz vor Insekten gedacht, vor allem aber zur Ankurbelung des Getränkeumsatzes. Nach einer anderen Legende wurden die Wirte zu Zeiten von König Alfonso X von Kastilien angewiesen, den Kutschern zum Wein auch etwas zu essen zu servieren und damit für mehr Sicherheit auf den Wegen und Gassen zu sorgen. Diesen Zweck erfüllen Tapas übrigens noch heute. Bei jeder nächtlichen Kneipentour dienen die kleinen Leckereien auch ganz praktisch als Alkoholbremse. Basken nennen ihre Tapas übrigens *pintxos* oder *pinchos* [**pin**tschos], was im Spanischen eigentlich »Spießchen« bedeutet.

4 Tom und Lena gehen essen

oder: ¡Hola, camarero!

»Okay, okay, Lena«, sagt Tom, »ich muss dir Recht geben. Jetzt so im noch von Mama gebügelten Hemd, schicker Hose und geputzten Halbschuhen fühle ich mich fast wie ein Minister, und es ist ein gutes Gefühl, nicht wie der letzte Ballermanntourist auf Restaurantsuche zu gehen. Aber nun wird es auch wirklich Zeit, dass ein feines Lokal am Horizont auftaucht.« Tom hat sich mit einer Packung Kartoffelchips, die *patatas fritas* heißen, genauso wie die Pommes frites, über seinen Heißhunger hinweggerettet. Lena hat ihn überreden können, sich noch schnell umzuziehen, denn wenn die Spanier sich schon für die Strandpromenade so herausputzen, dann erscheinen sie im Restaurant bestimmt nicht in Shorts und Sandalen. Es ist mittlerweile fast 22 Uhr, da kehren Hunger und Durst zurück. Die beiden entscheiden sich für das Restaurante Casa Pepe, in dem sie zuvor den Kellner beim Tischdecken gestört hatten. Es sah sehr angenehm aus. Nun ist es fast voll. Die Stimmung scheint gut, die Gäste unterhalten sich lautstark, Gelächter, Geschirr- und Gläserklappern. Alles fröhlich, alles lustig. Das ist ganz nach Toms Geschmack, denn »hier rührt sich was!«.

»Da hinten ist noch ein Tisch frei. Los, den nehmen wir, bevor ihn uns noch jemand wegschnappt!« Und schon stürmt Tom los. Lena bleibt gar nichts anderes übrig, als ihm hinterherzulaufen. Tom winkt ihr vom eroberten Platz aus zu, als habe sie auf dem Weg die Orientierung verloren. Na ja, denkt sie, dann ist bestimmt auch der Kellner schon auf uns aufmerksam geworden.

Sie sitzen nun beide am Tisch, der Kellner hat alle Hände voll zu tun in dem gut besuchten Lokal. Sie warten.

»Also die Karte könnte er uns aber schon langsam mal bringen.« Tom beginnt schon wieder ungeduldig zu werden. Er hat Durst, er hat Hunger und er fühlt sich übersehen. »Wie ruft man denn den Kellner?«, fragt er Lena, aber die zuckt nur mit den Achseln. Das habe sie noch nicht herausgekriegt und in ihrem Spanischbuch stünde nichts darüber, das wüsste sie. Dezente Handzeichen zeigen keine Wirkung, denn der Kellner kommt selten in ihre Nähe, und wenn, wirkt er äußerst beschäftigt. Als er das nächste Mal vorbeihastet, ruft Tom laut und etwas unwirsch *¡Hola!*, denn das heißt doch »Hallo«. Der Kellner dreht sich kurz zu ihm um, ruft ebenfalls *¡Hola!* und hastet weiter. Einige Gäste lachen über die Szene. Tom und Lena fühlen sich unbehaglich. Der Kellner kommt nun doch mit der Karte zurück und nimmt die Getränkebestellung auf. Lena bestellt ein Viertel Rotwein und Tom bestellt ebenfalls Rotwein, ebenfalls ein Viertel.

Die Speisekarte ist umfangreich und Tom sucht vergeblich nach einem englischen oder deutschen Teil. Schon die Einteilungen erscheinen ihm seltsam: *Primeros, Segundos*. Heißt das nicht »erster, zweiter«? Ach so: erster Gang, zweiter Gang! Aber das ist Tom für den ersten Abend alles zu kompliziert. Als der Kellner einen halben Liter Rotwein in einer Glaskaraffe bringt – zwei Viertel macht ein halbes, der Mann kann rechnen –, bestellt Tom kurzerhand das *menú número uno (1)*, das erspart ihm die beschwerliche Auswahl, und Lena nimmt *menú número dos (2)*. Die beiden lassen sich von den Gerichten, die sie bestellt haben, ohne sie zu kennen, einfach überraschen. Und die Überraschung ist durchaus angenehm. Das Essen ist lecker, ebenso der Wein. Tom isst seinen Teller bis auf den letzten Krümel leer, die Vorspeise, den Hauptgang und den Nachtisch, da pickt er sich sogar noch ein paar Rosinen aus Lenas Schälchen. So, alles aufgegessen, dann scheint morgen wenigstens die Sonne. Ob's den Spruch hier im Sonnenstaat Spanien auch gibt? Egal, Tom ist endlich satt und bestellt zufrieden noch einen halben Liter Wein nach. Nur das Mineralwasser, das er bestellt hat, schmeckt ihm überhaupt nicht. Es hat aber auch jeden Rest von Kohlensäure eingebüßt und schmeckt schal und abgestanden. Aber sonst ist Tom mit der Welt nun wieder einigermaßen im Reinen.

Was ist da schiefgelaufen?

Der erste Fauxpas war, in einem gut gefüllten Lokal auf den letzten freien Tisch zuzurennen und ihn selbst zu erobern. Wenn Sie als Gast ein Lokal betreten, wird der Ober oder Kellner – in Spanien sind es meist Männer – Ihnen gern einen Tisch zuweisen, wenn Sie ihm sagen, wie viele Personen Sie sind. Im Fall von Tom und Lena: *dos personas*. Sind alle Tische belegt, und Sie rechnen damit, dass demnächst einer frei wird, weil die Herrschaften schon bei Eis und Karamellpudding sitzen, dann wäre es sehr unhöflich, sich neben diesen Tisch zu stellen und abzuwarten, bis er frei wird. Sie wissen ja jetzt, wie wichtig den Spaniern die Privatsphäre ist.

Mit Fettnäpfchen Nummer zwei sorgte Tom im Restaurant zwar für Heiterkeit, erzielte aber nicht den erwünschten Effekt. *¡Hola!* ist ein Gruß und sonst nichts. Einen Ober locken Sie damit nicht an den Tisch.

Nummer drei: Teller leer essen, damit auch am nächsten Tag die Sonne scheint. In Spanien gibt es nicht nur kein ähnliches Sprichwort – wahrscheinlich, weil die Sonne sowieso öfter und kräftiger scheint, als von den meisten Spaniern gewünscht. Es ist auch keine Tugend, seinen Teller so spiegelglatt zu putzen wie eine Katze, die ihr Lieblingsfutter bekommen hat. Damit hinterlässt man in Spanien eher einen kleinlichen, pedantischen, leicht zwanghaften Eindruck.

Ein *menú del día* (Tagesmenü) ...

... besteht aus einem ersten Gang (*Primero; 1º*), z.B. einer Suppe, einem Salat, einer warmen oder kalten Vorspeise, einem Hauptgang (*Segundo; 2º*) und einer Nachspeise (*Postre*). Achten Sie auch auf das Kleingedruckte am Ende der Karte. Das erklärt nämlich, was im Preis inbegriffen ist und was nicht. Wenn da steht: *Incluye pan y vino*, dann sind Brot und ein Glas Hauswein inklusive. Die All-inclusive-Variante heißt: *Incluye bebida, pan, postre y café*. Sie bekommen also ein Getränk Ihrer Wahl (Wasser, Limonade, Wein), Brot, Nachtisch und Kaffee zum Pauschalpreis.

Apropos Kaffee: Mit *café* ist immer *café solo*, Espresso, gemeint. Wenn Sie etwas anderes haben wollen, *cortado* [kor**ta**do] etwa, Espresso mit Milch, oder den großen Milchkaffee, *café con leche* [ka**fe** kon **le**tsche], den Spanier nur morgens trinken, dann müssen Sie das dazusagen.

Das *menú del día* wird meistens mittags angeboten und ist übrigens kein spezielles Touristenmenü, sondern das, was auch die Spanier in der Mittagspause gerne bestellen. Weil es einfacher und preiswerter ist, als *à la carte* zu essen, schneller geht und trotzdem schmeckt.

Was können Sie besser machen?

Statt wie Wilhelm der Eroberer einen Tisch zu kapern, an dem noch jemand sitzt oder den Belagerungszustand durch aufdringliches Warten neben dem Tisch zu demonstrieren: Setzen Sie sich lieber ganz entspannt an die Theke, nehmen Sie ein Getränk, einen *aperitivo*, zu sich oder warten Sie im

Eingangsbereich des Lokals, wenn dort Platz ist. Nur keine Hektik. Es wird alles gut werden.

Wie ruft man denn nun den Kellner? Mit *¡Hola!* erntet man allenfalls einen Gegengruß, denn es heißt tatsächlich »Hallo« im Sinne von »Guten Tag«. *¡Camarero!* zu rufen, wäre auch nicht sehr fein. Am besten Sie rufen: *¡Por favor!* (Bitte!), dann ist klar, dass Sie auf sich aufmerksam machen möchten und offensichtlich einen Wunsch haben. Natürlich können Sie dem Kellner flankierend dazu noch ein Handzeichen geben, sollte er gerade in Ihre Richtung sehen. Wundern Sie sich auch nicht über Gezischel oder Pfeifen im Speiseraum, wenn es gerade einmal heiß hergeht. Sind die Kellner gestresst und überfordert und die spanischen Gäste sehr ungeduldig oder hungrig, dann versuchen sie schon einmal mit einem *¡Pssssst!* oder einem Pfiff den Ober auf sich aufmerksam zu machen. Achtung: Sie sollten diese Methode, die Herrn Knigge niemals gefallen hätte, nicht nachahmen!*

Noch ein Wort zu den Getränken. Wein können Sie offen als halben (*medio litro*) oder ganzen Liter (*un lïtro*) bestellen, natürlich auch eine 0,75-Liter-Flasche (*una botella* [**u**na bo**te**ja]). Spanier sind meist Weinkenner und bevorzugen zu einem guten Essen auch einen guten Wein, oder mehrere, je nach Speisenfolge.

* In einigen Restaurants und Lokalen in Spanien, vor allem in Madrid, findet man runde Döschen auf den Tischen installiert, auf denen *Pulsayvoy* steht, was so viel wie »Drückundichkomme« heißt. Darauf sind drei Knöpfe, die man drücken kann: Nummer eins ruft den Kellner, Nummer zwei bestellt Getränke nach und Knopf drei fordert die Rechnung an. Diese Wünsche kann der zuständige Kellner auf einer Art Armbanduhr an seinem Handgelenk ablesen und einem bestimmten Tisch zuordnen. Vielleicht gehören das »Psssst!« und die Pfiffe in den (weniger feinen) Restaurants also bald der Vergangenheit an.

Sind Sie zu mehreren, dann ist es üblich, die Getränkewünsche untereinander abzusprechen. Also: Wer trinkt Weißwein, wer möchte lieber Roten? Dann wird ein Liter bestellt oder auch zwei, mit entsprechend vielen Gläsern. Auch Mineralwasser wird als Liter- oder Halbliterflasche bestellt. Es ist in Spanien übrigens immer automatisch ein stilles Wasser (*agua mineral sin gas*). Möchten Sie ein kohlensäurehaltiges Wasser, müssen Sie dies extra bestellen: agua mineral con gas. Da die Trinkwasserqualität nicht überall gleich gut ist, ist eine Bestellung von Leitungswasser (*agua del grifo*) nicht unbedingt empfehlenswert.

An dieser Stelle auch noch etwas zum Brot (*pan*). Weißbrot wird in Spanien unaufgefordert zu jedem Essen gereicht. Es muss auch nicht extra bezahlt werden, was manche deutschen Reisenden richtiggehend euphorisiert und zu übermäßigem Brotkonsum animiert. Worüber sich die Spanier dann wieder wundern.

Wie macht man das mit dem Brot am Tisch nun richtig, wenn man in Spanien is(s)t? Man bricht mit der Hand kleinere Stücke davon ab und isst diese wie eine (trockene) Beilage zu den Speisen. Was man mit dem Brot nicht tun sollte: es mit Essen, mit Käse etwa, belegen. Wenn Sie Käse bestellt haben, zum Beispiel eine Tapa mit *manchego*, einem Hartkäse aus Schafmilch, der aus der Region Castilla-La Mancha* stammt,

* Die Region La Mancha ist Ihnen wahrscheinlich noch von einem anderen *manchego*, nämlich dem fahrenden Ritter Don Quijote de La Mancha, der gegen Windmühlen kämpfte, bekannt. Die wohl bekannteste spanische Literaturfigur stammt von Miguel de Cervantes, dem spanischen Nationaldichter. Er ist mit Goethe vergleichbar, aber viel lustiger zu lesen. Nebenbei hat Cervantes mit dem »Quijote« den ersten Roman der Weltgeschichte geschrieben. Wenn Sie einmal durch die weiten Ebenen von Castilla-La Mancha reisen, treffen Sie heute noch auf die historischen Windmühlen und ihre Hightech-Verwandten, die modernen Windkraftanlagen.

essen Sie den Käse mit Messer und Gabel und dazwischen, separat und stückchenweise, etwas Brot. Nicht zusammen wie ein belegtes Brot. (Mehr zum spanischen Käse in Kapitel 23.)

Sie sollten sich auch nicht schon zur Vorspeise mit dem gesamten Brotvorrat auf dem Tisch vollstopfen. Anders als zuweilen in Deutschland bleibt das Brot hier bis zum Nachtisch auf dem Tisch stehen.

Was man außerdem in Spanien mit Brot nicht tun sollte: es mit Messer und Gabel zerschneiden, ganze Scheiben in den Mund schieben oder von einer ganzen Scheibe oder einem größeren Stück abbeißen. Das Brotkörbchen oder -tellerchen steht übrigens links neben dem Essteller, in Höhe der Gläser. Wenn überhaupt Soße auftunken, dann dafür ein Brotstück auf eine Gabel spießen und die Soße kosten, nicht den Teller damit blank wischen! Übrige Brotstücke, Krümel oder harte Rindenstücke immer ins Brotkörbchen zurücklegen, nicht auf den Tisch legen. Soweit zum Brot.

Und noch ein letzter Tipp in diesem Kapitel: Nicht immer alles bis zum letzten Krümel aufessen, vor allem nicht, wenn Sie privat eingeladen sind. Denn dann denken Gastgeber und Gastgeberin, dass Sie nicht satt geworden sind – oder, schlimmer, dass Sie nicht satt zu kriegen sind! Sie werden also angesichts eines blanken Tellers immer genötigt werden, noch ein bisschen mehr zu nehmen, noch einen Teller und noch einen. Wenn Sie das NICHT möchten, lassen Sie einfach einen kleinen Rest auf Ihrem Teller liegen und versichern Sie auf Nachfrage, es habe sehr fein geschmeckt, aber nun seien Sie wirklich satt: *Gracias, estaba delicioso, pero estoy satisfecho* (wenn sie ein Mann sind)/*satisfecha* (wenn Sie eine Frau sind) [**gra**thias, es**ta**wa deli**thjo**so, **pe**ro es**toi** satisfet-scho/satis**fe**tscha].

Mit Getränken läuft es ganz genauso. Sobald Sie Ihr Weinglas ausgetrunken haben, wird Ihnen Ihr Gastgeber oder Ihre Gastgeberin nachschenken oder eine neue Flasche Bier aufdrängen. Vermeidungsstrategie ist auch hier: einfach einen Rest im Glas belassen.

Und auch im Restaurant gilt es als unfein, alles bis auf den letzten Rest aufzuessen. Das wirkt gierig und ausgehungert. Eben so, wie niemand gerne wirken möchte.

5 *La cuenta, por favor*

oder: Wie geht das nun mit dem Bezahlen?

Wir haben gesehen, dass für Tom nach dem Drei-Gänge-Menü im Restaurante Casa Pepe nun die Welt wieder in Ordnung ist. Die zweite Karaffe Rotwein (*vino tinto*) ist geleert, der hausgemachte Karamellpudding (*flan casero*) ist gelöffelt. *¿Café?*, ruft ihm der mittlerweile ausnehmend nette und sympathische Kellner im Vorübergehen zu. Natürlich, jetzt ein Espresso als krönender Abschluss. Lena möchte um diese Uhrzeit keinen Kaffee mehr, sonst kann sie nachts nicht schlafen. Aber wer denkt denn jetzt schon ans Schlafengehen? Ach so, es ist schon 23 Uhr vorbei. Das hat Tom gar nicht gemerkt. Das Lokal ist immer noch voll, manche Gäste sind noch mit dem Hauptgang beschäftigt, sogar Kinder sitzen noch mit am Tisch und schlürfen Limonade oder bekommen von den Kellnern Lollis geschenkt. Ältere Kinder sitzen mit ihren Gameboys am Tisch und tippen völlig versunken darauf herum. Zwei Schulkinder spielen hinten bei den Toiletten Fangen, es ist ein ziemliches Remmidemmi, aber keiner scheint sich daran zu stören. »Ganz schön laut, das Jungvolk«, bemerkt Tom. »Aber die dürfen hier wohl alles.*«

* Ob sie alles dürfen, darf bezweifelt werden. Aber Spanien ist ein sehr kinderfreundliches Land. Und eines, das lange eine der niedrigsten Geburtenraten in Europa hatte. Nun steigt sie in den letzten Jahren wieder an, vor allem dank der Immigrantinnen und Immigranten aus Nordafrika, insbesondere aus Marokko, die in Spanien leben und arbeiten.

»In Spanien sind Sommerferien, du Miesepeter. Die Kinder müssen morgens nicht aufstehen und zur Schule gehen«, weiß Lena. »Weißt du eigentlich, dass ein Spanier, pardon, ein Katalane, den Lolli erfunden hat?« Nein, das weiß Tom nicht. »Es war 1958, als Eric Bernat ein Bonbon am Stiel erfunden hat. Er nannte es Chupa Chups [**tschu**pa tschups] und hat bis 2005 jährlich Milliarden von Lollis in die ganze Welt verkauft. Dann hat er die Firma verkauft. Und weißt du, wer das Chupa-Chups-Logo entworfen hat? Der katalanische Maler Salvador Dalí, der mit dem gezwirbelten Schnurrbart und den brennenden Giraffen.«

Salvador Dalí

Salvador Felipe Jacinto Dalí i Domènech (1904–1989) war Katalane, Exzentriker, surrealistischer Maler und als Künstler regelrecht eine – nicht unumstrittene – Marke. Er zwirbelte seinen Schnurrbart und hielt sich einen zahmen Ozelot als Haustier.

Mit seiner Frau Gala, die zugleich seine Muse war und für viele Gemälde Modell stand, lebte er in einem Haus in der Bucht von Portlligat in Katalonien und auf Schloss Púbol, das er mit Kitsch und Kunst ausstattete. 1982 wurde ihm vom spanischen König eine Ehrung zuteil, die zum Exzentriker Dalí passte: Er verlieh ihm den (Fantasie-)Titel eines »Marquis von Púbol«.

Bekannt wurde der Maler Dalí für seine surrealistischen Bilder mit zerrinnenden Uhren, brennenden Giraffen und anderen alptraumhaften Visionen. Dass Dalí die Fähigkeit und technische Meisterschaft besaß, wie die alten Meister zu malen, erkennt man in Bildern wie der »Madonna von Portlligat« (die das Gesicht seiner Frau Gala hat) oder dem »Bahnhof von Perpignan«.

Den spanischen Bürgerkrieg und die ersten Jahre der Franco-Diktatur verbrachte Dalí in den USA. Seine Haltung zum Faschismus und zur Diktatur war nicht ganz eindeutig. Kritiker bezeichneten ihn als »Francos Hofnarren«.

Salvador Dalí hat auf jeden Fall sehr viel Geld mit seiner Kunst verdient. Und er ist einer der wenigen, wenn nicht der einzige Maler, der sich zu Lebzeiten bereits sein eigenes Museum in seiner Geburtsstadt Figueres einrichtete: das Teatre-Museu Dalí. Figueres liegt wenige Kilometer hinter der französischen Grenze, direkt an der Autopista del Mediterráneo. Wenn Sie dort, z.B. auf dem Weg nach Barcelona, vorbeikommen, sollten Sie es sich unbedingt ansehen.

»Ach den meinst du«, sagt Tom, »den kenne ich! Was du übrigens alles weißt! Sag mal, weißt du jetzt eigentlich auch, wie das mit dem Bezahlen geht? Oder bist du in deinem schlauen Buch noch nicht soweit?«

Lena schüttelt den Kopf. »Ich weiß nur, dass zahlen *pagar* heißt.« Tom findet das wunderbar. Und als der Kellner seinen Espresso bringt, sagt er prompt: »*Pagar.*«

»*¿La cuenta?*« Der Mann versteht offenbar, worauf Tom hinaus will.

»*Sí, sí, la cuenta, por favor.*« Lena erinnert sich plötzlich, dass sie das doch schon mal irgendwo gehört oder gelesen hat, wahrscheinlich in ihrem Spanisch-in-30-Tagen-Lehrbuch, kurz bevor sie den Katalanen im Flugzeug zum Verstummen brachte.

Ach so, die Rechnung, *la cuenta*, denkt Tom und leert sein Zuckertütchen in die Espressotasse. Der Kellner kommt zurück und stellt ein Tellerchen auf ihren Tisch. Tom denkt, er bekommt vielleicht einen Keks, ein Bonbon oder einen Lolli zum Kaffee. Aber nein, auf dem Teller liegt nur die Rechnung. Tom trinkt seinen Espresso aus und winkt den Kellner mit dem Tellerchen an den Tisch. Tom und Lena sitzen beide mit gezückter Brieftasche am Tisch, aber der Kellner hat seine Geldbörse anscheinend gar nicht mitgebracht, starrt den leeren Teller mit der Rechnung an, dann Lena, dann Tom. Doch dann scheint er zu begreifen: »*¿Por separado?*«, fragt er und die beiden können sehen, wie ihm der Schweiß auf der Stirn steht.

»*Sí, sí, separado.* Getrennt, genau!«, antwortet Tom. »Er hat's geschnallt!«

Der Kellner hastet davon und ward für lange Zeit nicht mehr gesehen.

Was ist da schiefgelaufen?

Sie ahnen es bestimmt schon: In Spanien ist es absolut unüblich, getrennt zu bezahlen. Und das hat nichts mit Machismo zu tun. Es ist nicht so, dass der Mann immer seine Begleiterin einladen müsste. Genauso gut könnte Lena Tom einladen. Oder sie könnten zusammenlegen und den Rechnungsbetrag untereinander teilen, wenn sie unbedingt möchten. Aber damit wird in Spanien nicht der Kellner behelligt! Der möchte einfach die Rechnungssumme von wem auch immer beglichen haben, und sonst gar nichts. Und er möchte auf keinen Fall auflisten und zusammenrechnen müssen, wer was gegessen und getrunken hat. Auch nicht, wenn mehr als zwei Menschen am Tisch sitzen, die weder miteinander verwandt noch verschwägert sind. Eine Rechnung, eine Summe, die auf das Tellerchen gelegt wird. Der Kellner holt das Tellerchen ab und bringt das Wechselgeld. Das ist alles. Komplizierter sollte es nicht sein.

Nachdem der Kellner nicht mehr wiederkommt, fällt Tom schließlich doch die richtige Lösung ein. Er erinnert sich daran, was Großzügigkeit bedeutet, und dass er auch mal Gentleman sein könnte. Wenigstens im Urlaub. Er bricht den Rechenvorgang ab, der bei Lena schon in vollem Gang ist, nimmt ihr die Rechnung, deren Beträge sie gerade dabei ist aufzuteilen, aus der Hand, sagt gönnerisch »du bist eingeladen« und kramt einen Schein aus der Geldbörse. Als hätte der Kellner diesen Sinneswandel aus dem Augenwinkel von der Theke aus beobachtet, kommt er auch gleich angeschossen und will Teller und Geldschein mitnehmen. Da sagt Tom: »Forty.« Der Kellner erstarrt. Was will dieser Gast nun schon wieder von ihm? Der Rechnungsbetrag lautet 37,50 Euro, der *guiri** legt einen 50-Euro-Schein hin und sagt 40? Was um Himmels Willen meint er?

Um die leidige Diskussion abzukürzen, nimmt der Kellner ihm den Fünfziger aus der Hand, legt ihn auf den Teller und verschwindet damit Richtung Tresen. Tom sieht ihm mit offenem Mund hinterher. Als er zurückkommt, liegt das komplette Wechselgeld auf dem Teller. »Ich habe doch gesagt 40«, wundert sich Tom. Er steckt zehn Euro ein, den Rest lässt er als Trinkgeld liegen. Dann warten Lena und er, bis der Kellner seinen Teller abholt, und Tom ruft ihm ein »it's okay, for you« nach. Was den Kellner noch einmal zusammenzucken lässt.

»Was hat er denn schon wieder?«, wundert sich Tom und schüttelt den Kopf. Diese Spanier sind aber auch komisch!

Was können Sie besser machen?

Hätte Tom seinen Mund gehalten, dann wäre alles korrekt über die Bühne gegangen. Wo ist das Problem? Das Problem ist, dass man in Spanien beim Zahlen nicht über das Geld spricht. Man bittet um die Rechnung, sie wird auf einem Tellerchen gebracht, man legt das Geld darauf, der Kellner nimmt es mit, bringt das Wechselgeld, man lässt das Trinkgeld, das man geben möchte – etwa zehn Prozent, wie bei uns – darauf liegen und geht. Und das alles ganz OHNE WORTE.

Was steckt dahinter? Irgendwie widerspricht es der Berufsehre eines Kellners, sich über Geld allgemein und Trinkgeld

* *Guiri* [giri], Sie erinnern sich vielleicht, ist die nur leicht abschätzige Bezeichnung für den Touri, also den Touristen, in Spanien.

im Besonderen zu unterhalten. Er ist für das Bestellen, das Bringen von Getränken und Speisen und die Zufriedenheit der Gäste zuständig. Aber er will nicht mit ihnen über Geld diskutieren.

Natürlich freut sich auch ein spanischer Kellner über Trinkgeld, ja, er erwartet es sogar. Aber er will nicht darüber reden (müssen). Damit wird auch ein gönnerhaftes »stimmt so« im Grunde nicht nur als überflüssig, sondern sogar als peinlich empfunden.* Wenn Sie mit Kreditkarte bezahlen, dann legen Sie dem Kellner am besten beim Unterschreiben des Belegs das Trinkgeld mit dazu.

Noch ein Tipp: Wenn Sie in einer größeren Runde zum Beispiel Tapas essen gehen, dann wird der gesamte Rechnungsbetrag einfach intern durch die Anzahl der Anwesenden geteilt und jeder gibt seinen Teil. Sollten Sie dreimal so viel wie die anderen gegessen oder getrunken haben, so geben Sie eben dreimal so viel. Ansonsten: Seien Sie nicht zu pingelig. Sie würden sich sehr unbeliebt machen, wenn Sie anfingen, die Rechnung zu zerpflücken und Ihren eigenen Anteil mit dem Taschenrechner zu ermitteln, und sich weigerten, auch nur einen Cent mehr zu bezahlen. Werden Sie in einer Kneipe von Freunden, Bekannten oder Kollegen eingeladen, so achten Sie darauf, dass Sie im Gegenzug in der nächsten Kneipe die nächste Runde oder an einem anderen Tag die Rechnung

* Ganz auf das Trinkgeld zu verzichten, ist ziemlich unhöflich, weil die Menschen in den Serviceberufen sehr schlecht verdienen und auf Trinkgeld angewiesen sind. Ausnahme: Sie waren mit dem Service völlig unzufrieden und haben z.B. das Essen reklamiert. Auch Zimmermädchen, Gepäckträger und Taxifahrer freuen sich über Trinkgeld. Beim Friseur ist es dagegen in Spanien ganz unüblich, Trinkgeld zu geben. Sie können natürlich eines geben, aber es wird nicht erwartet.

übernehmen. Spanier sind meist wirklich sehr großzügig, man lädt Sie gern ein, gerade als Gast im eigenen Land. Aber es sollte für Sie selbstverständlich sein, dass Sie sich nicht nur aushalten lassen, sondern auch selbst die anderen einladen, um sich nicht den Ruf eines Schnorrers zu erwerben. Wenn Sie sich verbal gegen die üblichen »Heute bezahle ich«-«Nein, ich«-Spielchen Ihrer spanischen Freunde oder Kollegen nicht durchsetzen können, dann regeln Sie das direkt mit dem Kellner, an der Theke, ohne dass die anderen es mitbekommen und weiter protestieren können. So spielen Sie das Spiel mit und werden als vollwertiger Mitspieler anerkannt.

Hoy pago yo – heute zahle ich

Dieses Spiel ist ein regelrechtes Ritual in Gruppen, in der Regel ein Männerspiel. Wenn es ans Zahlen geht, fängt einer an und sagt: *Hoy pago yo* [oi **pa**go jo] (Heute zahle ich). Ein anderer protestiert lautstark, das käme überhaupt nicht in Frage: *¡No, yo pago!* (Nein, ich bezahle.) Dann drängelt sich ein Dritter vor: *Chicos, yo pago la cuenta* [**tschi**kos jo **pa**go la **kuen**ta] (Leute, ich übernehme die Rechnung). Usw. usf.

Der Kellner drückt dann dem Hartnäckigsten irgendwann die Rechnung in die Hand. Er ist der »Sieger«. Was für die anderen, die »Verlierer«, heißt: Beim nächsten Mal ist einer von ihnen an der Reihe.

6 *Hola, soy Lena Roth*

oder: Wer schüttelt wem die Hand?

Nach ihrem wunderbaren Abendessen haben sich Lena und Tom bei einem letzten Absacker in der Bar voneinander verabschiedet. Tom wird noch ein paar Tage in Nerja bleiben und dann nach Madrid weiterreisen. Lena ist am nächsten Tag mit dem Bus nach Alicante gefahren. Dort hat sie sich für einen Intensivkurs an einer renommierten Sprachenschule angemeldet. Über die Schule hat sie eine Adresse für eine Wohngemeinschaft zusammen mit anderen Studentinnen bekommen.

Piso compartido – die WG

WGs heißen in Spanien *pisos compartidos* (geteilte Wohnungen). Sie sind nicht nur für Studierende oder Sprachstudenten ideal. Wenn die Mitbewohner Spanier sind, ist es die beste Art, sich mit der Sprache, den kulturellen Eigenheiten, dem Tagesrhythmus und der Kochkunst Spaniens vertraut zu machen. Anzeigenportale für WGs und Mitbewohner im Internet sind: www.segundamano.es und www.pisocompartido.com.

Nun ist Lena auf dem Weg zu der Wohnung, um sich das freie Zimmer anzusehen und die *chicas* (Mädels) der WG kennenzulernen. Sie geht durch Straßen, die von Palmen gesäumt sind. Altbauten stehen neben neueren Gebäuden, aber alle Fassaden sind hell, gepflegt, mit hübschen kleinen Balkonen. Sie genießt das südliche Flair und überhört fast den Lärm des Straßenverkehrs, der Busse, der Mopeds in den Gassen. Aha, da ist es: *Calle de Colón número 79.* Wie? Lena zögert. Hier stehen ja gar keine

Namen an den Klingeln, nur irgendwelche Abkürzungen. Lena ist ein bisschen ratlos. Sie sieht noch einmal auf den Zettel, den die nette Dame in der Schule ihr gegeben hat. Moment, was steht hier, *3º izda.*? *3º* wird wohl dritter Stock heißen, aber was heißt denn *izda.*? Egal. Genau diese Abkürzung findet Lena jedenfalls unter einer der Klingeln in der dritten Reihe und deshalb klingelt sie dort. Und wirklich summt gleich darauf der Türöffner und Lena fährt mit dem Aufzug in den dritten Stock. Als sich die Aufzugstür öffnet, entdeckt sie auf der linken Seite eine geöffnete Wohnungstür, in der eine Frau in Jeans und Trägertop steht und ihr ein freundliches *hola* zuruft. Lena gibt ihr die Hand und stellt sich vor: »*Hola, soy Lena Roth*«. »Abi«, antwortet die Frau mit dem dunklen Pferdeschwanz und erwidert Lenas Gruß mit unangenehm laschem Händedruck und grinst dabei ein wenig verlegen. Jedenfalls kommt es Lena so vor. Sie folgt Abi in die Küche, wo auch die beiden anderen Frauen sitzen, die in der WG wohnen. Abi stellt sie vor und Lena gibt wieder jeder die Hand – Mensch, haben die hier alle einen schlaffen Händedruck! – und hat irgendwie den Eindruck, dass sich die Mädels nicht so richtig wohl fühlen mit ihr. Sind die Spanierinnen etwa schüchtern? Oder hat es etwas mit ihr zu tun?

Abi zeigt Lena das freie Zimmer, das mit seinem Bodenbelag aus Steinfliesen sehr kühl wirkt.* Das kleine Zimmer ist

* Steinfliesen mögen uns auf den ersten Blick nicht sehr wohnlich erscheinen. In einem Land mit sehr warmem Klima sind sie jedoch, vor allem im Sommer, kein Nachteil. Auch Fensterläden oder Rollläden übrigens nicht, mit denen man zumindest die ärgste Mittagshitze aussperren kann. Traditionell werden Häuser in den heißen Gegenden, vor allem am Land, ganztägig verdunkelt. Zusammen mit den Steinfußböden wirkt das manchmal fast gespenstisch, wenn man sich in so einem Haus bewegt. Tritt man dann jedoch über die Schwelle hinaus in die Hitze, trifft einen schier der Schlag und man versteht, warum so konsequent verdunkelt wird.

möbliert, das Bett schmal, aber es hat einen kleinen Schreibtisch, ist hell, geht nicht auf die Straße hinaus und der Preis ist okay. Außerdem kann Lena von hier aus zu Fuß zur Schule gehen. Ja, das wird sie nehmen. Wenn die drei Mädels nur nicht so zurückhaltend und reserviert wären.

Was ist da schiefgelaufen?

Das Auffinden der richtigen Wohnung hat ja noch geklappt. Es ist nämlich tatsächlich so, dass an spanischen Häusern keine Namen stehen. Dabei geht es vor allem um den Schutz der Privatsphäre. Lena wusste glücklicherweise – zumindest verriet es ihr der Zettel, den sie in der Sprachenschule erhalten hatte –, in welchem Stock sich die WG befindet. Wichtig ist bei Adressen außerdem, ob das Appartement eine Nummer oder einen Buchstaben (A, B, C) hat, nach dem Sie dann auf dem Klingelschild suchen müssen. *1º*, *2º*, *3º* usw. bezeichnen das Stockwerk. Das Erdgeschoss heißt *piso bajo* [**pi**so **ba**cho] oder *planta baja* [**plan**ta **ba**cha]. *Izda.* steht für *izquierda* [ith**kjer**da], links, *dcha.* steht für *derecha* [de**re**tscha], rechts.

Auch dass Lena sich vorgestellt hat, war prima. Allerdings hätte der Vorname völlig ausgereicht, sie befand sich ja nicht auf einer Behörde oder an einer neuen Arbeitsstelle. Unter jüngeren Leuten gibt es in Spanien sowieso kein »Sie« und so gut wie keine Nachnamen. Und außerdem mehr Kosenamen als vollständige Vornamen, aber davon im nächsten Kasten mehr.

Das war aber nicht das eigentliche Problem. Was die Verlegenheit unter den Mitbewohnerinnen hervorgerufen hat, war das Händeschütteln, zu dem Lena sie genötigt hat. Dabei haben sie sich sehr unwohl gefühlt und das mit ihrem laschen Händedruck auch zum Ausdruck gebracht. Mit Schüchternheit hat das nichts zu tun. Eine Begrüßung mit Handschlag wirkt in Spanien sehr steif und kommt im Grunde nur in formellen Situationen vor. Im Geschäftsleben zum Beispiel oder wenn man einer »Chef«-Person vorgestellt wird, die sich in der Hierarchie über einem selbst befindet. Unter Freunden, im privaten Umfeld, unter jungen Leuten, unter Gleichaltrigen und Gleichgestellten überhaupt kommt es praktisch nicht vor, dass man sich die Hand zur Begrüßung gibt. Das schafft nur eine Distanz, in der man sich unbehaglich fühlt, und erschwert das Warmwerden miteinander.

Was können Sie besser machen?

Was macht man denn nun bei einer lockeren, freundschaftlichen Begegnung mit Leuten? Auf jeden Fall nicht Händeschütteln. Aber was dann?

Das erfährt Lena, als es klingelt und Abis Freundin Pili in der Tür steht. Das gibt ein großes »*Hola, hola*«, alle springen auf und umringen Pili, dann wird sie reihum begrüßt, aber nicht per Handschlag, sondern per Umarmung und Küsschen links und Küsschen rechts. Und in ihrem Überschwang landet Pili zum Schluss auch bei Lena, erfährt, dass sie die neue Mitbewohnerin ist, und: Küsschen, Küsschen. Und auf einmal ist nur noch Lena ein wenig verlegen. Ein bisschen mehr Distanz fände sie jetzt gar nicht schlecht. Sie kennt Pili ja gar nicht. Aber alle anderen plappern munter drauflos und fühlen sich ganz offensichtlich so wohl wie Fische im Wasser.

> **Abkürzungen und Kosenamen**
>
> *Abi, Pili* ... vielleicht wundern Sie sich über diese lustig klingenden Namen, die natürlich Abkürzungen sind. *Abi* kommt von *Alba*, was übrigens Morgendämmerung bedeutet, und *Pili* kommt von *Pilar*, was Pfeiler bedeutet. Pfeiler? Das kommt wiederum von *Santa María del Pilar*, Heilige Maria vom Pfeiler. Klingt für uns merkwürdig, ist im katholischen Spanien ein üblicher und ganz normaler Frauenname. Und für jeden Namen gibt es eine Kurz- oder Koseform: Trini = Trinidad, Maria Trinidad (»Dreifaltigkeit«), Loli = Lola = (Maria) Dolores (»Schmerzen«), Merche = Mercedes (»Gnaden«), Paco = Francisco (Franz), Nacho = Fernando (Ferdinand), Quique = Enrique (Heinrich), Chema = José María (Josef Maria) usw.

Später dann, als die ganze Meute beschließt, in die Bar nebenan zu gehen und noch etwas zu trinken, beobachtet Lena, dass nicht nur Frauen untereinander, sondern auch Männer und Frauen sich freundschaftlich mit Küsschen (*besitos*) begrüßen. Das erste Küsschen wird links (also auf die rechte Wange des Gegenübers), das zweite rechts (also auf die linke Wange) gegeben. Wobei die Küsschen eigentlich gar nicht richtig auf der Wange landen, sondern in die Luft gehaucht werden. Zwei Männer dagegen küssen sich nicht zur Begrüßung, sondern umarmen sich und klopfen sich auf die Schulter. Überhaupt fällt Lena auf, dass Spanier sich viel mehr berühren als wir in Deutschland. Zur Begrüßung, wie gesehen, aber auch beim Reden. Wenn man jemanden unterbricht, legt man ihm die Hand auf den Arm, oder man stellt sich zu einer Gruppe dazu und berührt den Nächststehenden an der Schulter. Das wirkt alles ganz natürlich und unverkrampft.

Und so ist es auch. Vornehme Distanz ist eventuell etwas für Businessmeetings oder Bälle in Adelskreisen, jedenfalls nichts für die Eckkneipe, in der man sich mit Freunden trifft.

Tipp: Eilen Sie nicht mit ausgestreckter Hand auf Menschen zu, sondern warten Sie ab, welche Art von Begrüßung das Gegenüber für passend hält. Und sollten Sie sich scheuen, Küsschen zu verteilen, dann werden Sie es in Spanien bald schaffen, diese Scheu zu überwinden. Sie müssen ja nicht »echt« küssen, sondern lediglich Ihre Wange in die Nähe der Wange Ihres Gegenübers bringen. Also die Küsschen nur andeuten, nicht wirklich küssen! Das dabei entstehende Geräusch wird lautmalerisch mit *muamua* umschrieben, nicht mit »schmatz, schmatz«. Nur nicht den steifen Deutschen auspacken, der einen Stock verschluckt hat und mit ausgestrecktem Arm Distanz herstellt. Das mögen Spanier nicht so gern.

Und wenn Sie sich mit dem Du schwer tun, dann warten Sie einfach ab, was die anderen tun. Wenn man Sie duzt, dürfen, ja sollen Sie ebenfalls duzen. Auch hier gilt: locker werden. Das rasche Duzen ist eher ein Angebot an Nähe und Sympathie, keineswegs eine Respektlosigkeit. Manche meinen sogar, das spanische *tú* (du) würde irgendwann die Funktion des englischen *you* erfüllen und das *usted* (Sie) irgendwann ganz überflüssig machen.

7 *Buenos días* oder *buenas noches*?

oder: Wo ist denn da die Logik, bitteschön?

Während Lena ihr WG-Zimmer bezieht, macht Tom immer noch Urlaub in Nerja. Vormittags geht er an den Strand, natürlich in Shorts und Badeschlappen, mittags zieht er sich ins Hotel zurück, macht ein Mittagsschläfchen während der heißesten Stunden des Tages, und nachmittags geht er am liebsten shoppen. Die kleinen Läden mit ihrem großen Warenangebot haben es ihm angetan. Er liebt es, Haushaltswarenläden zu durchstöbern, Fotogeschäfte, auch Elektronikläden. Besonders begeistern ihn die *chinos* [**tschi**nos]. Das sind Billigläden und Ein-Euro-Shops*, die von Asiaten, Chinesen, Vietnamesen, so genau kann Tom das nicht erkennen, geführt werden. Manche sprechen ungefähr so schlecht spanisch wie Tom, vielleicht hält er sich deshalb gern dort auf. Überall blinkt und glitzert es und die Neonfarben sind schrill bis schockierend, es riecht nach Plastik und Chemie, aber Tom freut sich über all die kleinen Entdeckungen, die in diesen Läden möglich sind. Der Nachtportier in seinem Hotel hat ihn zwar ausdrücklich gewarnt, als Tom ihm von

* Früher, vor Einführung des Euro, hießen die Ein-Euro-Läden »Todo a cien«, also »Alles für 100«, und gemeint waren *cien pesetas* (100 Peseten). Seit 2002 ist die Pesete als Zahlungsmittel abgeschafft, übrigens auch in Andorra. Folglich ist der langjährige Trinkspruch *Salud, amor y pesetas* (Gesundheit, Liebe und Peseten) veraltet. In der Form *Salud, amor y dinero* (Gesundheit, Liebe und Geld) gilt er heute genauso wie vor der Währungsunion.

seiner Leidenschaft für die *chinos* erzählte. Er solle gut aufpassen, in diesen Läden geschähen seltsame Dinge. Kunden würden in Hinterzimmer verschleppt und später fände man sie irgendwo mit einer dicken Narbe und allenfalls einer einzigen Restniere. *Increíble* das Ganze, wirklich unglaublich!

Chino oder nicht, woran sich Tom langsam gewöhnt, ist, dass alle kleineren Läden am Nachmittag geschlossen haben, und zwar sehr lange. Die meisten machen gegen 14 Uhr zu und dann erst um 16:30 oder 17 Uhr wieder auf. Das findet er nun wiederum wirklich unglaublich. Natürlich haben sie dann abends mindestens bis 20 oder 21 Uhr auf, aber dieser Rhythmus ist schon sehr gewöhnungsbedürftig. *Siesta* nennt sich das, und Tom hat eigentlich gedacht, das hätte es vielleicht vor ungefähr hundert Jahren gegeben. Aber heute? Andererseits, die Hitze ist ja mittags wirklich mörderisch. Zumindest wenn man Urlaub hat, kann man sich glatt dran gewöhnen, sich dann aufs Ohr zu hauen, und erst gegen Abend langsam anfangen, wieder lebendig zu werden.

Nur mit den Grußformeln kommt er irgendwie noch nicht richtig zurecht. Er geht nachmittags in den *minimercado*, sagt *buenos días* und wird mit *buenas tardes* zurückgegrüßt. Das merkt er sich. Am nächsten Tag geht er um 13 Uhr, also eindeutig Nach-Mittag, in die Bar auf einen schnellen Kaffee, sagt *buenas tardes*, und wenn der Kellner ihn überhaupt grüßt, dann mit *buenos días*. Wo ist denn da die Logik bitteschön? Und abends, wenn er – wohlgemerkt um halb zehn – in ein Restaurant zum Essen geht, heißt es beim Hineingehen *buenas tardes* und erst beim Hinausgehen *buenas noches* [**bue**nas **no**tsches]. Verstehe einer diese Spanier!

Und das Beste passierte dann gestern Vormittag, als er sein Hotel verließ. Er grüßte den Portier mit *buenos días*. Und was sagte der? *Adiós* [**adjos**], sagte er, und *hasta luego* [**asta luego**]! Pffft!

Was ist da schiefgelaufen?

Eigentlich ist es ganz einfach. Wegen der Grußformeln muss man sich nun wirklich nicht verrückt machen. Sie wechseln mit den Essenszeiten. Also: bis 14 Uhr (Mittagessen) sagt man *buenos días*. Das bedeutet sowohl »Guten Morgen« als auch »Guten Tag«. Danach *buenas tardes**, »Guten Tag« oder auch »Guten Abend«, und zwar wiederum bis zum Abendessen, also bis etwa 21:30, 22 Uhr. Wenn Tom abends das Restaurant betritt, sagt er *buenas tardes*. Beim Rausgehen, wenn das Abendessen in Verdauung übergehen kann, heißt es *buenas noches*, »Guten Abend« und »Gute Nacht«. Der Gruß wird, anders als das deutsche »Gute Nacht«, nicht nur vor dem Schlafengehen verwendet, sondern kann auch so etwas wie »einen schönen Abend noch« heißen.

Und wie ist das nun mit den Abschiedsformeln wie *adiós* und *hasta luego* (bis bald)? Wieso werden sie als Grußformeln verwendet?

Vielleicht ist die beste Erklärung diese: Spanier sind sehr kommunikativ und in der Regel immer bereit für eine kurze Unterhaltung. Ein freundliches *hola*, *buenos días* oder *buenas tardes* ist quasi schon eine halbe Aufforderung zu einer Unterhaltung. Besteht aber gar keine Zeit für eine Unterhaltung, weil jemand weg muss, schnell irgendwohin muss oder ein-

* Manche Leute sagen übrigens nur *buenos* am Vormittag oder *buenas* nachmittags, abends oder nachts. Das ist einfach eine Kurzform, denken Sie an *Moin* oder *Tach*. Dabei fehlt schließlich auch die Hälfte.

fach nur gerade beschäftigt ist, dann blockt er ein potenzielles Gespräch ab und beugt einem beginnenden Pläuschchen vor, indem er nicht eine Gruß-, sondern eine Abschiedsformel als Gruß benutzt. Will heißen: »Hallo und tschüss, bin eigentlich auch schon wieder weg, bald mehr.«

Was können Sie besser machen?

Ganz einfach: an die späten, im Vergleich zum Rest Europas um etwa zwei Stunden verschobenen Essenszeiten denken und die Grußformeln daran anpassen. Grobe Formel: Um 14 und 22 Uhr ist jeweils ein Gruß-Wechsel fällig. Das wär's auch schon.

Natürlich können Sie sich darauf beschränken, immer nur *hola* zu sagen, zu jeder beliebigen Tages- oder Nachtzeit, ohne etwas falsch zu machen. Nur für den Fall, dass Ihnen das irgendwann langweilig wird, haben Sie nun die entsprechenden Mittel an der Hand.

Noch ein Wort zur *siesta*: In heißen Gegenden hat eine lange Pause in der größten Mittagshitze natürlich Sinn. Es ist einfach gesünder, sich zwischen 14 und 17 Uhr nicht im Freien aufzuhalten, wenn man nicht muss. Die langen Schließungszeiten der kleineren Geschäfte sind Tradition, jeder weiß es, jeder ist daran gewöhnt und hat sich darauf eingestellt. Und wer unbedingt mittags einkaufen gehen will, kann das ja in den großen, klimatisierten *supermercados* tun. Sie haben durchgehend geöffnet, meist bis 22 Uhr abends. Ebenso die Shoppingmalls, in Spanien heißen sie *hipermercados* oder *grandes superficies* (wörtlich: große Oberflächen), sie befinden sich meist in Gewerbegebieten außerhalb der Innenstädte und haben oft geradezu gigantische Ausmaße. Viele

Spanier erledigen hier den Wocheneinkauf, manche machen auch ein Samstagsvergnügen aus der Shoppingtour: Ein Tag mit der Familie im *híper* [iper], was kann es Spannenderes geben! Aber während der Woche kaufen Spanier immer noch bevorzugt in den kleineren Läden im Viertel ein, Brot in der *panadería*, Fisch in der *pescadería* [peskaderia], Fleisch in der *carnicería* [karnitheria], Obst in der *frutería* etc. Oder auch auf den Märkten, die meistens in festen Hallen untergebracht sind und vormittags geöffnet haben. Die *mercados* sind ein Augen-, Ohren- und Gaumenschmaus, den Sie sich als Spanientourist auf keinen Fall entgehen lassen sollten. Meistens gibt es im Markt und um den Markt herum auch gute Restaurants, die mittags die marktfrischen Zutaten zu leckeren Gerichten verarbeiten.

Im Arbeitsleben spielt die *siesta* dagegen heute keine große Rolle mehr. Die wenigsten privaten Firmen sperren mittags zwei bis drei Stunden zu. Das ist ein Relikt aus früheren Zeiten und allenfalls noch in Behörden auf dem Land oder in kleineren Städten anzutreffen. Und das ist den allermeisten Spaniern auch recht so. Stellen Sie sich das vor: Die lange Mittagspause teilt den Arbeitstag in zwei völlig voneinander getrennte Einheiten. Deshalb nennt man einen Tag mit langer Mittagspause auch *jornada partida* (zweigeteilter Arbeitstag). Und wenn Sie an Aspekte wie Familienfreundlichkeit, Feierabend etc. denken, ist klar, warum die meisten Menschen einen kompakten Arbeitstag mit kurzer Mittagspause bevorzugen. Was natürlich Auswirkungen auf kulturelle Eigenheiten wie etwa das typisch spanische dreigängige Mittagsmenü hat. Die *siesta* ist sozusagen der natürliche Feind von Hektik und Stress. Ihre Abschaffung macht Platz für Fast Food, Übergewicht und Herzinfarkt. Okay, das ist jetzt ein bisschen übertrieben. Und außerdem: Der Trend zur Abschaffung der *siesta* ist, zumindest im Berufsleben, sowieso nicht aufzuhalten. Spanier sind EU-Bürger, sie können nicht drei Stunden Mittag machen und in der Zeit unerreichbar sein, während alle anderen EU-Angestellten in ihren Büros sitzen und schwitzen, oder auch frieren, je nach Gegend und Jahreszeit.

Und um den Bogen zum Thema »Grußformeln« zurückzuschlagen: Einen Büro-Mittagsgruß wie das deutsche »Mahlzeit« existiert in Spanien nicht.*

* In Spanien ist es auch nicht üblich, sich vor dem Essen »guten Appetit« zu wünschen. Es gibt diese Floskel und Sie können sie auch verwenden, wenn Sie möchten. Sie ist aber nicht obligatorisch: *¡Que aproveche!* [ke_aprowetsche] oder *¡Buen provecho!* [bwen prowetscho] – es möge munden!

8 *Damas y Caballeros*

oder: Señora, señorita oder *doña*?

Als Lena die Tür zur Sprachenschule öffnet, ist sie dankbar für die angenehme Klimatisierung der Räume. Die Schule belegt ein ganzes Stockwerk in einem sechsstöckigen Gebäude in der Innenstadt, unweit der Kathedrale. Am Empfang sitzt eine etwa 50-jährige Dame, Celia Rodríguez steht auf dem Schildchen, das vor ihr auf dem Tresen steht.

»Hola, señora Rodríguez«, grüßt Lena liebenswürdig. »Soy Lena Roth.« »Celia«, verbessert die Damen sie und bietet auch sofort das Du an.

Also, diese Spanier, denkt Lena, für das Du gibt es anscheinend keine Altersgrenze. Die Dame könnte ihre Mutter sein. Wenn zu Hause in Frankfurt die Patienten der Arztpraxis, in der ihre Mutter arbeitet, sie duzen würden, dann wäre sie aber ziemlich überrascht. Und zwar unangenehm. Aber Lena ist offen und anpassungsfähig. Kein Problem für sie, die Dame Celia zu nennen und sie zu duzen.

Celia schickt Lena zur Anmeldung in das Zimmer nebenan. Dort erwartet sie eine noch etwas ältere, elegant gekleidete Dame. An der Tür steht ihr Name: Amelia López de Almodóvar. Lena fasst sich ein Herz und spricht die freundlich lächelnde Dame als Amelia an und geht auch gleich zum Du über. Die Dame sieht sie über den Rand ihrer schicken Designerbrille prüfend an. »*¿Alemana?*« (Deutsche?), fragt sie. Lena nickt. Amelia klärt sie über das Kursangebot auf und stellt ihr auch die Freizeitkurse vor, die die Schule anbietet: Flamenco, Tapas kochen, spanischer Film. Am Ende ist die Dame noch mit dem berühmten Regisseur Pedro Almodóvar* verwandt, schießt es Lena durch den Kopf, und sie entscheidet sich spontan für den Filmkurs. »Bist du mit Pedro Almodóvar verwandt, Amelia?« »*¿Eeeeeeh?*«, fragt Amelia und wirkt sehr irritiert. »Nein«, sagt sie knapp und dann ist das Gespräch beendet. Sie begleitet Lena zur Tür, gibt ihr zum Abschied sogar die Hand und ruft ihrer Kollegin Celia zu, dass »*señorita Roth*« nun Schülerin an ihrer Sprachenschule sei. Rumms, fällt die Tür hinter Lena ins Schloss. Nanu, was hat sie denn? Sie ist der zweite Mensch in Spanien, nach Xavi im Flugzeug, der nicht ausgesprochen liebenswürdig zu ihr ist. Was ist denn da schon wieder passiert?

Was ist da schiefgelaufen?

Lena ahnt, dass sie selbst etwas mit der Unfreundlichkeit von Amelia zu tun hat. Aber was?

Wir haben über das Duzen gesagt, dass es in Spanien sehr verbreitet ist. Unter jungen Leuten, unter Gleichaltrigen, unter »Gleichrangigen« ist es die übliche Anrede. Bei *señora López de Almodóvar* ist das nun aber etwas anderes. Lena konnte es nicht wissen, aber Frau Almodóvar ist die Che-

* Pedro Almodóvar Caballero (*1950) ist der aktuell bekannteste und erfolgreichste spanische Regisseur, mit Filmen wie *Todo sobre mi madre* (Alles über meine Mutter, 1999), *Hable con ella* (Sprich mit ihr, 2002) oder *La mala educación* (Schlechte Erziehung, 2004). (Siehe hierzu auch den Wissenskasten »Almodóvar« in Kapitel 20.) Spanier sind übrigens Europas begeistertste Kinogänger. Kinopremieren sind meist große Ereignisse und in der Regel schnell ausverkauft. Deshalb: frühzeitig Karten reservieren!

fin und Inhaberin der Sprachenschule. Und wahrscheinlich hätte selbst Frau Rodríguez, Celia, die Angestellte, ihre Chefin weder geduzt oder mit ihrem Vornamen angesprochen noch hätte sie sie *señora López* genannt, sondern *doña Amelia*. Die Bezeichnung *doña*, männlich *don*, vor dem Vornamen ist eine Art Ehrenbezeichnung und man verwendet sie entweder bei älteren, angesehenen und/oder in der geschäftlichen Hierarchie über einem stehenden Personen. Es ist die richtige Anrede für Chefs und Chefinnen. Achtung: Diese Bezeichnung steht immer mit dem Vornamen, nicht mit dem Nachnamen. Also *doña Amelia*, *don Alberto*. Das wäre die absolut richtige Anrede gewesen und Lenas Duzen war in dem Fall komplett fehl am Platz. Natürlich hat die Dame Lena nicht zurechtgewiesen und diesen Mangel an Respekt sicher ihrem Unwissen zugeordnet. Dass sie sie Celia gegenüber als *señorita Roth* bezeichnet hat, war gar nicht herabwürdigend oder verniedlichend gemeint, sondern neutral. Eine junge, unverheiratete Frau mit *señorita* anzusprechen, hat in Spanien keinen negativen Touch.*

In der formellen Briefanrede (»Sehr geehrte Damen und Herren«) verwendet man in Spanien meist *Estimados Señores* – bei den *señores* sind die Frauen mit eingeschlossen – oder man differenziert: *Estimados señoras y señores*. Wenn man den Namen des Angesprochenen kennt, schreibt man: *Estimado señor Cano* bzw. *Estimada María Carmen*. Auf die Anrede folgt übrigens ein Doppelpunkt, kein Komma, und der Brieftext beginnt danach mit einem Großbuchstaben.

* Was allerdings einen negativen Beigeschmack hat, ist die Bezeichnung *señorito*. Sie wird verwendet für Söhne reicher Leute oder Adeliger, die von Berufs wegen vorwiegend Söhne sind und nicht selbst für ihren Lebensunterhalt sorgen müssen.

Noch ein Wort zu *Damas y Caballeros*. So lauten die Bezeichnungen für die Damen- respektive Herrentoiletten, abgekürzt »*D*« und »*C*«. Oder auch *Señoras (S) y Caballeros*. Und wo wir schon einmal dabei sind: Die Toiletten selbst heißen *servicios* oder *lavabos*, manchmal auch *aseos*.

Doña und Don

Die respektvolle Anrede mit *don/doña* kommt vom Lateinischen *dominus* (Herr, Hausherr)/*domina* (Herrin, Hausherrin). Das Königspaar wird in Spanien so angesprochen: (*Su Real Alteza* – Ihre Königliche Hoheit) Don Juan Carlos I. und seine Gemahlin Doña Sofía.

Sie kennen den *don* bestimmt von den bekanntesten *dons* der Weltgeschichte, auch wenn sie »nur« literarische Figuren sind: Der erste ist *Don Quijote de la Mancha* (geschrieben 1605 von Miguel de Cervantes). Der zweite *Don Juan* (italienisch *Don Giovanni*), der Archetypus des Frauenhelden (geschrieben 1630 von Tirso de Molina).

Was können Sie besser machen?

Gehen Sie, insbesondere wenn Sie nicht genau um die Stellung ihres Gesprächspartners im jeweiligen Kontext wissen, nicht zu forsch mit der vertraulichen Anrede um. Warten Sie zunächst ab und überlassen Sie es Ihrem Gegenüber, Ihnen das Du anzubieten. Halten Sie sich einfach zu Beginn zurück, und wenn Sie nicht sicher sind, dann bleiben Sie so lange beim *usted* (Sie), bis Sie ein klares und deutliches Du hören. Die Anrede *usted*, abgekürzt *ud.*, *Ud.* oder *Vd.*, ist übrigens die Kurzform der alten Anrede *Vuestra merded* (Euer Gnaden).

9 Lena telefoniert

oder: Wieso ist das eigentlich so furchtbar kompliziert?

Lena hat sich mittlerweile gut eingelebt in Alicante oder Alacant, wie die Stadt mit ihren 300.000 Einwohnern, den *alicantinos*, auf *valenciano* heißt. *Valenciano*? Alicante gehört zur Autonomen Region Valencia und dort ist *valenciano*, eine Variante des Katalanischen, zweite Amtssprache.

Valenciano – Valencianisch

Valenciano ist eine Varietät des Katalanischen und wurde früher hauptsächlich auf den Dörfern, weniger in den Großstädten Valencia und Alicante, gesprochen. Während der Franco-Diktatur war es genauso wie das Katalanische verboten. Heute ist das Valencianische in der Comunidad Valencià zweite Amtssprache. An den Schulen wird vermehrt auf Valencianisch unterrichtet, Spanisch ist ein Unterrichtsfach wie jedes andere auch. Wer Beamte oder Beamter werden will, hat Vorteile, wenn er Valencianisch spricht und korrekt schreibt. Im Radio laufen valencianische Programme, bei denen aber von Studiogästen genauso oft Spanisch wie Valencianisch gesprochen wird. Lebendige Zweisprachigkeit kann man das nennen. Oder auch: geordnetes Durcheinander. (Siehe zum Status der Regionalsprachen in der EU auch den Wissenskasten »Valencià« in Kapitel 26.)

Auch wenn zwei von Lenas Mitbewohnerinnen untereinander *valenciano* sprechen, so schalten sie doch mit ihr sofort auf Spanisch (*castellano*) um. Darüber ist Lena sehr froh.

Oh, da klingelt in Lenas Wohngemeinschaft das Telefon. Mist, außer ihr ist niemand im Haus. Also rangehen, obwohl Lena das Telefonieren in Spanien hasst wie die Pest. Zum einen reden die Leute immer so furchtbar schnell und undeutlich. Zum anderen ist es IMMER so schrecklich umständlich und kompliziert, bis sie erfährt, wer eigentlich dran ist, wen der- oder diejenige sprechen will und weshalb.

Ring ring.

Na gut, ich komme ja schon! »*Lena Roth, ¿hola?*«

Lena spricht ihren Nachnamen schon so aus wie die Spanier, also mit englischem Lispel-th am Ende, um die ewigen Nachfragen zu vermeiden.

»*¿Ehhhhhhhhhh?*«, kommt es aus der Leitung. Nein, so kann niemand heißen.

»*Hola, aquí Lena Roth*«, wiederholt Lena geduldig.

Noch einmal dieses lang gezogene »*¿Ehhhhhhhhhh?*«, als habe Lena chinesisch gesprochen. Oder deutsch. Dabei war es ganz eindeutig Spanisch.

Oh Mann! Lena merkt, dass das Telefonat schon wieder kompliziert wird, noch bevor es eigentlich angefangen hat.

»Mit wem wollen Sie denn sprechen?«

»Mit Cristina.«

»Die ist im Moment nicht da.«

»Okay, dann rufe ich später wieder an. *Adiós.*«

»*Adiós.*«

Uff! Sch...telefon! Nun weiß Lena weder, wer angerufen hat, noch, was er wollte. Wenn Cristina aus der Uni kommt, kann sie ihr nur sagen: Da hat jemand für dich angerufen, nein, ich weiß nicht, wer, und ich weiß auch nicht, warum. Aber er ruft später wieder an.

Wahrscheinlich versucht er sie auf dem Handy zu erreichen. Das heißt in Spanien übrigens *móvil* (vom englischen *mobile phone*). Außer natürlich, Cristina hat ihr Handy wieder mal verlegt oder der Akku ist leer.

Auf den Stress hin muss Lena erst einmal einen Schluck Wasser trinken. In der Küche trifft sie auf Rafa, Abis Freund. Also war doch jemand da! Warum ist der eigentlich nicht ans Telefon gegangen? Ach so, er wohnt ja streng genommen gar nicht hier.

Was ist da schiefgelaufen?

Rafa ist sehr nett. Und er sieht Lena sofort an, dass sie unglücklich ist.

»Was ist denn los?«, fragt er.

»Ach, ich hasse es, in Spanien zu telefonieren.«

»Warum denn?«

»Zu kompliziert! Ich kann nicht verstehen, wie ihr damit zurechtkommt.«

Rafa lacht. »Lena, darf ich dir etwas beichten?«

»Aber immer! Nur raus damit.«

»Ich habe hier in der Küche gesessen, die Tür stand offen, und ich musste einfach mithören, als du ans Telefon gingst.«

»Ja, und was ist daran so lustig, dass du von einem Ohr zum anderen grinst?«

»Also, ich habe gehört, wie du dich am Telefon gemeldet hast.«

»Und? Das war doch korrekt, oder?«

»Habe ich das richtig verstanden, dass du deinen Namen genannt hast? Vorname und Nachname?«

»Vorname, Nachname, und dann hab ich sogar noch *hola* gesagt. War doch supernett von mir!«

»Ja, du meinst es bestimmt nett. Aber es ist sooooo ungewöhnlich, dass den Anrufern wahrscheinlich die Spucke wegbleibt. Was hat denn der Anrufer daraufhin gesagt?«

»Er hat *¿ehhhhhhhhhh?* gesagt«, äfft Lena den Anrufer nach.

»Hätte ich auch«, sagt Rafa.

»Aber wieso denn?«

»Weil wir Spanier uns nie, nie, nie mit Namen melden.«

»Warum denn nicht? Dann weiß ich, wenn ich irgendwo anrufe, doch gar nicht, ob ich die richtige Nummer gewählt habe.«

»Ja, Risiko! Ha, ha. Nein, im Ernst. Ich nenne doch nicht meinen Namen, wenn ich überhaupt nicht weiß, wer mich da anruft. Da könnte doch jeder kommen. Zum Beispiel jemand, der sich verwählt hat, der gar nicht zu mir wollte.«

»Ja, und? Was ist so schlimm daran, wenn Herr Soundso hört, dass Lena Roth den Hörer am Ohr hat? Hast du Angst, dass jemand einen Voodoo-Zauber über deinen Namen ausspricht oder so was?«

»Hm, nein. Wie soll ich dir das erklären? Wir tun es einfach nicht. Wir betrachten das als unsere Privatsphäre und kommen erst aus unserer Deckung, wenn der andere seinen Namen preisgegeben hat und gesagt hat, was er eigentlich will. Verstehst du das?«

»Na ja, ich höre, was du mir da zu erklären versuchst, aber begreifen kann ich es nicht so richtig, warum ihr so eine Staatsaffäre draus macht, statt einfach euren Namen zu nennen. Aber Moment mal!«

Lena überlegt. Ist das vielleicht derselbe Grund, warum Spanier ihre Namen nicht ans Klingelschild ihrer Häuser und Wohnungen schreiben? Dieses Um-Himmels-Willen-die-Anonymität-Wahren? Aha, okay. Das wird es wohl sein. Also keinen Namen nennen. Und der Anrufer hat ja auch seinen Namen nicht genannt.

»Rafa«, bettelt Lena. »Kannst du mir das nicht einmal ganz ausführlich und in allen Einzelschritten erklären, wie das funktioniert mit dem Telefonieren in Spanien? Bitte, bitte, Rafa, bring mir das bei, ja? Dann lade ich dich hinterher auch auf einen Kaffee oder eine *caña** ein. Willst du?«

»Okay, okay. Überredet, Lena. Das mache ich. Und es ist mir ein Vergnügen: *Es un placer.*«

Was können Sie besser machen?

Wir überlassen jetzt Rafa die Erklärung, lehnen uns entspannt zurück und hören einfach zu.

»Schritt 1: Wie meldest du dich am privaten Telefon? Du sagst auf keinen Fall deinen Namen.«

»Sondern?«

»*¿Diga?* oder *¿Dígame?*, was so viel heißt wie ›Sprechen Sie!, Schießen Sie los!‹. Manche sagen auch nur *¿Sí?* (Ja?), das ›Bitte‹ musst du dir selbst dazudenken. Alles klar?«

Lena nickt. Das kann sie sich merken.

»Schritt 2«, fährt Rafa fort. »Die Person, die anruft, grüßt nun, sagt also *hola, buenos días, buenas tardes* etc.«

»Der Anrufer sagt also auch nicht seinen oder ihren Namen, richtig?«

»Richtig.«

»Was sagt er dann nach dem *Hola*?«

»Er sagt, mit wem er sprechen möchte. Also zum Beispiel: *¿Está Isabel?* (Ist Isabel da?) oder *¿Podría hablar con Manolo?*

* Eine *caña* ist ein kleines Bier vom Fass, meist 0,2 Liter, und etwas leichter als das deutsche Bier. Wenn Sie *cerveza*, Bier, bestellen, bekommen Sie in der Regel Flaschenbier: San Miguel, Cruzcampo oder Estrella Damm sind die bekanntesten spanische Biermarken.

(Kann ich mit Manolo sprechen?).«

»Und ich weiß immer noch nicht, wer da anruft?« Lena kann es nicht glauben.

»Nein«, meint Rafa. »Aber jetzt kannst du danach fragen.«

»Und wie mache ich das? Ich kann doch nicht fragen: Wer sind Sie überhaupt?«

»Nein, natürlich nicht. Du fragst zum Beispiel: *¿De parte de quién?* [de **par**te de kjen] (Wer ist denn dran?).«

»Und dann erfahre ich den Namen?«

»Genau! Dann sagt er: *De Miguel* oder *De Pablo Ruiz*. Hihi.«

»Was ist jetzt daran so lustig?«

»Ach, Pablo Ruiz, das ist der Maler, Picasso*, weißt du. Er hieß mit erstem Nachnamen Ruiz. Kleiner Scherz, lass dich davon aber nicht ablenken.«

»Okay. Also, jetzt hole ich dann zum Beispiel diese Isabel, die Pablo Ruiz gern sprechen möchte. Was sage ich denn da?«

»Du sagst zum Beispiel: *Un momento, ahora se pone* [un mo**men**to a**o**ra se **po**ne] (Einen Augenblick, er/sie kommt gleich).«

»Und wenn Isabel nicht da ist? Wie frage ich denn dann, ob ich ihr etwas ausrichten soll oder ob dieser Pablo später noch einmal anrufen will?«

* Pablo Ruiz Picasso (*1881 in Málaga, †1973 in Frankreich) ist einer, wenn nicht der bedeutendste Künstler des 20. Jahrhunderts und Begründer des Kubismus. Sein bekanntestes Gemälde heißt *Guernica* und hat die Bombardierung der baskischen Stadt Gernika durch die deutsche Legion Condor (1937) zum Thema. (Siehe Kapitel 28.) Bilder von Picasso hängen in allen großen Museen der Welt. In Spanien gibt es ein *Museu Picasso* in Barcelona und ein *Museo Picasso* in Málaga. In Madrid ist er besonders im *Museo Reina Sofía* präsent.

»Also zum Beispiel so: *¿Quiere dejar un mensaje?* [**kj**ere de**char** un men**sa**che] (Möchten Sie eine Nachricht hinterlassen?). Oder: *¿Quiere llamar más tarde?* [**kj**ere ja**mar** mas **tar**de] (Möchten Sie später noch einmal anrufen?).«

»Aha! Und wenn der Anrufende nicht mit Isabel, sondern zufällig mit mir sprechen will? Er fragt also *¿Está Lena?* und ich will antworten: am Apparat. Was sage ich da?«

»Du sagst: *Soy yo* [soi jo] (Das bin ich). Dann wird der andere antworten: *Hola, Lena, soy Roberto.* Und schon ist geklärt, wer mit wem spricht! Jetzt kann das Gespräch also beginnen.«

»Na toll! Ich hoffe, ich kann mir das alles merken.«

»Noch was, bevor wir in die Bar gehen? Ich habe gehört, du lädst mich ein?« Rafa grinst.

»Ja, klar, mach ich. Eine Frage noch: Wenn ich jetzt bei einer Firma anrufe, sagen die dann auch nur *¿Diga?* und dieses ganze Pingpong-Spiel läuft genauso ab, wie du es beschrieben hast?«

»Nein, keine Angst. Wenn du bei einer Firma anrufst, erfährst du, wie bei euch in Deutschland wahrscheinlich auch, den Namen der Firma und des Mitarbeiters, mit dem du sprichst. Etwa so: *Empresa de construcción Miramar, buenas tardes. Le habla Emilio Sánchez.*« (Baufirma Miramar, guten Tag. Mein Name ist Emilio Sánchez.)

»Ach, da bin ich aber froh!«

»Weißt du was?«, fragt Rafa im Treppenhaus. »Ich glaube, ich nehme beides. Zuerst einen *café solo* und anschließend dann die *caña*. *¿Vale?*«

»*¡Vale!*« sagt Lena. »In Ordnung!«

10 Tom geht mit Geschäftspartnern essen (1)

oder: »Wollen wir nicht lieber eine Pizza bestellen?«

Tom ist jetzt seit einem Monat bei der Firma Softpro S. L. in Madrid angestellt. Er hat ein Apartment im quirligen Viertel La Latina gefunden und ist dabei, sich einzuleben. Er ist mit seinem Arbeitsplatz im Zentrum der spanischen Hauptstadt sehr zufrieden und kommt gut mit den Kollegen klar. Die meisten sind ziemlich cool drauf und sprechen gut englisch. Heute sind Geschäftspartner seiner Firma aus dem südspanischen Murcia zu Gast. Die Arbeitsgespräche beginnen um, na ja, eigentlich gegen elf Uhr vormittags und verlaufen sehr konstruktiv. Es sieht gut aus für Toms Firma. Tom kann seine Ideen und Vorschläge für ein neues gemeinsames Projekt einbringen. Die Atmosphäre ist locker, aber sehr fokussiert auf die künftige Zusammenarbeit.

Um 13:30 Uhr kündigt Toms Kollege Javi das gemeinsame Mittagessen im Restaurant Mesón El Madrileño an.

Das *Mesón*

Ein *Mesón* ist ein Restaurant der gehobenen Gastronomie mit traditioneller spanischer Küche. Die spanische Küche ist regional sehr unterschiedlich ausgeprägt. Ein *Mesón* in Madrid bietet kastilische Küche an, mit vielen Eintopf-, Fleisch- und Wurstgerichten. Ein typisches Madrider Gericht ist zum Beispiel der *cocido madrileño*, ein Eintopf mit Fleisch, Wurst und Kichererbsen. Ein *Mesón* in Galicien, also ein *Mesón gallego*, hat vor allem Fisch und Meeresfrüchte auf der Speisekarte.

Das bekannteste Gericht Spaniens, das auch in den *Mesones* angeboten wird, ist die *paella*. Sie stammt aus Valencia. Das wichtigste bei der Paella ist der mit Safran gelb gefärbte Paella-Reis (*arroz bomba*), dazu kommen traditionell Fleisch und Gemüse. Es gibt sehr viele verschiedene Paella-Rezepte, natürlich auch welche mit Fisch und Meeresfrüchten. Einig sind sich alle Paella-Köche aber darin, dass man eine Paella mittags essen muss, denn abends liegt sie etwas schwer im Magen.

Jetzt sollen sie schon essen gehen? Tom ist entsetzt. Nun sitzen sie gerade erst zwei Stunden zusammen, denn die Geschäftspartner kamen nicht um Punkt elf, wie vereinbart, sondern mit 20 Minuten Verspätung an, und bis die Vorstellungsrunde und der Smalltalk über das Wetter und den Flug beendet waren, war es bereits 11:50 Uhr. Nicht einmal volle zwei Stunden sitzen sie zusammen, sind gerade im intensiven Gespräch und da soll nun schon wieder unterbrochen werden? Tom hat einen besseren Vorschlag. Vielleicht kann man ja etwas zu essen bestellen. So ist die Mittagspause möglichst kurz und es bleibt mehr Zeit für die weiteren Verhandlungen. »Ein paar belegte Brötchen tun es doch auch«, sagt Tom und lächelt in die Runde. »Ich könnte dann, während Sie es sich schmecken lassen, die von mir vorbereitete PowerPoint-Präsentation zeigen.« Er bietet sich sogar an, frischen Kaffee zu machen und ein paar süße Teilchen aus der Konditorei zu holen. Vielleicht könnten sie auch eine Pizza bestellen? Das haben sie in seiner deutschen Firma auch immer gemacht, wenn keine Zeit für ein richtiges Mittagessen war.

Nanu? Was haben die denn plötzlich? Was sehen die mich denn so komisch an?, denkt Tom. Ist doch eine Spitzenidee. Und nun dieses seltsame Schweigen. Die Geschäftspartner aus Murcia, umgängliche, sympathische Kunden, sehen sich an, als habe man sie soeben wieder ausgeladen. Toms Kollege Javi wirkt ziemlich nervös. Sein Gesicht bekommt eine ungesund rote Farbe und er fährt sich wiederholt über das tiefschwarze, mit Gel geglättete Kurzhaar. Was hat er denn? So hat Tom seinen Kollegen ja noch nie gesehen.

Javi stottert ein bisschen herum und dann erklärt er, dass es sich bei Toms Vorschlag wieder einmal um einen wirklich originellen Witz seines neuen deutschen Kollegen handle, der seine spanischen Freunde immer wieder gern auf die Schippe nehme. So sei er eben, der deutsche Humor. Fast so schlimm wie der britische. Pizza, Brötchen und süßes Gebäck! Ha, ha, wirklich köstlich! Die Geschäftspartner zögern noch ein bisschen, aber dann lachen sie doch mit.

Javi sieht Tom so an, als müsste er jetzt irgendwie dazu beitragen, dass es lustig bleibt, und deshalb entscheidet sich Tom dafür, auch mitzulachen. Guter Witz, sagt Javi. Und jetzt gehen wir richtig fein und lecker essen, *¿vale?* Und damit scheint wenigstens für den Augenblick die Kuh vom Eis.

Was ist da schiefgelaufen?

Eigentlich alles. Nummer eins: Die meisten Spanier sind stolz auf die hervorragende spanische Gastronomie und halten sie für ein schützens- und genießenswertes Kulturgut. Wer auf sich hält, lehnt belegte Brote und alle Arten von Imbiss, Pizza oder Fast Food ab. Das passt zu jungen Leuten, zu Schülern und Studenten, die sparen müssen, aber auf keinen Fall zu einem Businessmeeting. Da geht es eher traditionell zu. Es wird auf Etikette und gutes Essen geachtet. Das Mittagessen wird also mit Sicherheit aus mehreren Gängen – Minimum: Vorspeise, Hauptspeise, Nachspeise, Wein und Kaffee – bestehen. Und das braucht natürlich seine Zeit. Spanisches Mittagessen ist absolutes Slow Food.

Nummer zwei: Eine Firma, die auf sich hält, wird – wie ein Privatmensch übrigens auch, wenn es irgendwie geht, – seine Gäste nicht in ein billiges Schnellrestaurant einladen, sondern in ein gediegenes, im besten spanischen Sinne gut bürgerliches Restaurant. Geiziges Auf-die-Preise-Schielen wäre hier unangebracht und käme auch nicht gut an.

Denn, Nummer drei, das gemeinsame Essen ist keine Verköstigung, da könnte man ja auch gleich in eine Kantine gehen, sondern erfüllt wichtige soziale Funktionen. Die Partner lernen sich persönlich besser kennen bei einem umfangreichen Menü, erfahren, mit welchem Menschen sie es zu tun haben, wie jeder einzelne so tickt und wie man am besten an ihn herankommt. Das geht beim Essen leichter als im Büro.

Viertens und letztens ist das Essen selbst für Spanier ein wichtiges Thema. In der Regel sind sie Feinschmecker und Kenner von guten Gerichten, guten Zutaten, den Spezialitäten der Regionalküchen und der spanischen Weine. Und sie lieben es, beim Essen übers Essen zu reden. Man empfiehlt gern Speisen, wenn man ein Lokal bereits kennt, man erklärt Ausländern die verwendeten Zutaten, woher das Gericht ursprünglich kommt, wie und wo und von wem es am besten zubereitet wird etc. Spanier sind stolz auf ihre Küche, wie beispielsweise den luftgetrockneten Schinken (*jamón*), der heute in die ganze Welt exportiert wird. Besonders in Japan sind die feinen spanischen Schinken übrigens derzeit gefragt. In Madrid gibt es sogar ein *Museo del Jamón**, ein Schinkenmuseum.

* Das *Museo de Jamón* liegt an der *Puerta del Sol* im Zentrum Madrids. Es ist eigentlich kein Museum, sondern eine große Bar, in der unzählige Schinkenkeulen dekorativ von der Decke hängen, mit einem Restaurant im Obergeschoss. Auf den ersten Blick erscheint es wie eine typische Touristenfalle. Dagegen sprechen allerdings die vielen Einheimischen, die hierherkommen und sich die verschiedenen Schinkensorten schmecken lassen.

Und man fragt beim Essen wiederholt nach, ob es den Gästen schmeckt, ob es gut ist, ob es wirklich frisch ist, ob es nicht zu salzig, scharf etc. ist. Das kann sehr viel Zeit in Anspruch nehmen und Ihnen vielleicht übertrieben erscheinen. Aber so ist es nun mal.

Jamón Serrano, Jamón Ibérico, Bellota – luftgetrockneter Schinken aus Spanien

Charakteristisch für Serranoschinken (*Jamón Serrano*) ist sein mageres, kaum faseriges Fleisch mit mild-aromatischer Geschmacksnote, am ehesten vergleichbar mit dem italienischen Parmaschinken. Er wird aus dem Fleisch hellhäutiger Hausschweine gemacht, weshalb er auch *pata blanca* (Weißfuß) genannt wird.

Der wesentlich teurere *Jamón Ibérico* [cha**mon** iwe**ri**ko] wird aus dem schwarzen iberischen Schwein hergestellt, deshalb nennt man ihn auch *pata negra* (Schwarzklaue oder Schwarzfuß). Während der Trocknungszeit wird der rohe Schinken mehrfach mit Salz eingerieben. Danach reift er in kühlen Kellern, je nach Güteklasse zwischen 12 und 38 Monaten.

Noch edler und teurer ist der *Jamón Ibérico de Bellota* [be**jo**ta] (*Bellota*-Schinken oder Eichelschinken). Er stammt von Schweinen, die unter den Steineichen Andalusiens und der Extremadura weiden, vorwiegend Eicheln fressen und allem Anschein nach bis zum Tag X ein herrliches Leben führen.

Nach der Schlachtung des Schweins wird die Keule im Ganzen, mit Klaue, zugeschnitten. So hängt der ausgereifte Schinken dann von der Decke unzähliger Bars und Restaurants und so wird er auch in die *jamonera* eingespannt, mit deren Hilfe Köche und Kellner mit einem scharfen Messer dünne Scheiben von der Schinkenkeule absäbeln.

Was können Sie besser machen?

Auch wenn Sie kein Fan von mehrgängigen Mittagsmenüs und einem Gläschen Wein zum Essen sind – solche Menschen soll es ja auch geben –, geben Sie sich ein bisschen Mühe, Ihre spanischen Geschäftspartner nicht mit sauertöpfischer, asketischer Arbeitsmoral, die keinen Genuss und wenig Geselligkeit und Spaß kennt, zu enttäuschen. Auch wenn während des Ihnen vielleicht viel zu lang erscheinenden Essens nicht über Geschäfte gesprochen wird, so werden doch Geschäfte angebahnt, wenn nicht gar zum Abschluss gebracht. Es ist wichtig, dass Sie sich als Persönlichkeit präsentieren, dass man Sie als Mensch kennenlernen kann, erfahren kann, was Ihnen wichtig ist, was Sie interessiert, und zwar auch gerade außerhalb des beruflichen Umfeldes. Spanier wollen auch im Geschäftsleben wissen, mit wem sie es zu tun haben. Also keine unnötige Scheu, Persönliches zu äußern und auch zu erfragen. Welche Themen im Smalltalk eher gemieden werden sollten, erfahren Sie im nächsten Kapitel.

11 Tom geht mit Geschäftspartnern essen (2)

oder: Gute und weniger gute Gesprächsthemen

»Ist doch noch ein bisschen Zeit, bis wir zum Essen gehen, und ich hätte da noch eine Frage zu unserem letzten Tagesordnungspunkt.« Auch Toms dritter Anlauf, die Zeit bis zum Essen zu nutzen, läuft ins Leere, denn jedes Mal, wenn er mit der Tagesordnung anfängt, erntet er peinliche Blicke. Und dann fängt wieder einer zu erzählen an, eine Anekdote aus dem Geschäftsleben, etwas, was damals, vor fünf Jahren, an einem Ort, den Tom nicht kennt, mit Kunden, die Tom auch nicht kennt, passiert ist und offenbar irre lustig war. Alle am Konferenztisch scheinen sich jedenfalls köstlich zu amüsieren und einige klopfen sich sogar die Schenkel und wischen sich eine Träne ab.

»Könnten wir das Essen vielleicht ein bisschen schneller hinter uns bringen?«, fragt Tom seinen Kollegen Javi auf dem Weg zum Restaurant. »Auf der Tagesordnung stehen ja ganze zweieinhalb Stunden fürs Mittagessen, so langsam kann doch keiner essen« – nicht mal ihr Spanier –, aber das verkneift sich Tom zu sagen. »Sonst kommen wir ja niemals mit unserer Tagesordnung durch«, meint er. »Und ich kann mittags sowieso nicht so viel essen.«

Javi ist kurz angebunden, weil er Toms Attacken auf den geplanten Tagesablauf allmählich dicke hat. Weil er aber Tom andererseits auch mag und seine seltsamen Ideen als kulturelle Missverständnisse zu bewerten gelernt hat, und weil er sowieso ein netter Mensch ist, sagt er: »Jetzt entspann dich doch einfach, Tom. Pass auf: Wir werden es so machen, wie wir es immer machen. Und zu einem Meeting, das über einen ganzen Tag geht, gehört einfach ein gemeinsames Mittagessen in einem guten Restaurant dazu, okay? Unsere Geschäftspartner würden alles andere als Affront auffassen. Und bitte, bitte, Tom, versuch die nächsten zwei Stunden nicht auf die Uhr zu sehen. Genieß das Essen, unterhalte dich gut und vergiss das Geschäftliche, okay? Du wirst sehen, es wird alles gut. Glaub es mir.«

»Und unsere Tagesordnung?«, jammert Tom.

»Wie wär's, wenn du einen Flieger daraus bastelst?«, fragt Javi. »Denk nicht, dass wir das Geschäftliche vergessen haben. Oh nein! Wir reden nur nicht die ganze Zeit davon. Verstehst du?«

Nein, Tom versteht eigentlich nicht so richtig. Für ihn ist dieses lange Mittagessen verschwendete Zeit. Aber vielleicht kann man ja beim Essen das ein oder andere noch verbliebene Problem ansprechen?

Tische und Stühle aus dunklem Holz, weiß gedeckte Tische mit weinroten Servietten, blank polierte Weingläser, ein zuvorkommender Ober, der sie zu dem reservierten Tisch führt. Das *Mesón* ist kein Luxusrestaurant, eher traditionell, bodenständig, »gediegen« nennt Tom es für sich. Den Gästen aus Murcia scheint es jedenfalls zu gefallen. Beim Bestellen erkundigen sich alle bei Javier, welchen Wein und welche Speisen er empfehlen kann, und Kollege Javi gibt wort- und gestenreich Auskunft. Als Wein und Wasser serviert sind und jeder einen Teller mit der Vorspeise vor sich stehen hat, macht Tom den ersten Anlauf, über das geplante Projekt zu sprechen, dessen Eckdaten und Meilensteine er am Vormittag nicht mehr dazu kam zu erläutern. Doch sowohl bei seinem Sitznachbarn links wie rechts blitzt er ganz schnell damit ab. Ein Schlag gegen das Schienbein bringt ihn endgültig zum Schweigen. Der Tritt kam von Javi, der Tom gegenübersitzt und mit den Augen rollt, als Tom erschrocken Blickkontakt mit ihm aufnimmt. Er reibt sich das Schienbein und hält erst einmal den Mund.

»Wie lange sind Sie denn schon in Spanien?«, fragt ihn sein rechter Sitznachbar, »und wie gefällt es denn Ihnen bei uns?« Na gut, denkt Tom, dann machen wir eben ein bisschen Konversation. »Oh, es gefällt mir total gut und ich fühle mich hier auch total wohl, habe ja auch wirklich tolle Kollegen hier.«

»Wie kommen Sie denn mit unserer Mentalität zurecht? Unser Temperament ist ja doch ein bisschen anders als das von euch Mitteleuropäern, oder?«, fragt Ramón López links neben ihm, Don Ramón, wie die anderen ihn respektvoll nennen. Er ist der Vertriebschef der Firma aus Murcia.

»Na ja«, meint Tom freimütig. »Mit einigen Dingen komme ich gut zurecht, mit andern noch nicht so gut. Und manches verstehe ich auch einfach nicht.«

»So? Was denn zum Beispiel?« Don Ramón sieht Tom freundlich lächelnd an.

»Na ja«, bekennt Tom und übersieht Javis warnende Blicke. »Solche Spektakel wie den Stierkampf zum Beispiel. Ich kann nicht begreifen, wie jemand sich so eine brutale, barbarische Sache anschauen mag. Ich meine, das ist doch irgendwie archaisch. Total überholt, oder?«

Don Ramón mag Tom da offenbar nicht zustimmen. »Na ja«, meint er, »dazu muss man vielleicht ein bisschen mehr verstehen. Der Stierkampf ist ja eine Kunst ...«

»Nein, da muss ich nichts verstehen«, unterbricht Tom ihn. »Ich finde das einfach nur abstoßend.«

»Aha.« Mehr sagt Don Ramón nicht, weil Javi ihn gerade fragt, wie ihm denn der Meeresfrüchtesalat schmecke. Ob er ihm zu viel versprochen habe. Nein, nein, behauptet Don Ramón, er sei wirklich vorzüglich, und der 2009er Abadía de San Campo passe auch hervorragend dazu.

»Und gibt es noch etwas, was Sie in Spanien nicht verstehen?«, fragt Don Ramón Tom, als der Ober die Vorspeisenteller abräumt.

»Na ja«, setzt Tom abermals an. »Eigentlich verstehe ich auch nicht, warum die ETA mit ihrem Bombenterror nicht aufhört und was die Basken eigentlich wollen.«

Es wird sehr still am Tisch und glücklicherweise fängt der Ober an, den Hauptgang zu servieren. Am anderen Tischende erzählt einer der Madrider Kollegen einen Witz, so laut, dass alle gespannt lauschen, und als das Gelächter wieder abklingt, bringt Javi einen Toast auf die Gäste aus Murcia aus. Don Ramón scheint mit seinem Lammbraten beschäftigt. Toms linker Nachbar ist in eine Unterhaltung mit einer Kollegin vertieft. Also macht Tom sich stumm über sein Steak her und checkt im Kopf noch einmal, welche Punkte der Tagesordnung auf jeden Fall noch besprochen werden müssen, am Nachmittag, und auf welche man zur Not verzichten kann – verzichten muss, wenn das mit dem Mittagessen noch lange dauert.

Was ist da schiefgelaufen?

Beim Essen, auch beim Businessessen, spricht man über alles Mögliche, aber NICHT übers Geschäft. Man muss schließlich auch einmal abschalten können. Man spricht über dies und das, über das Wetter, über das Essen, wie naheliegend, über die Qualität des servierten Weins, über kulturelle Ereignisse, auch über Persönliches. Aber es sollte möglichst etwas Nettes, Unterhaltsames, Interessantes sein, worüber man spricht, keine Tragödien, schlimme Krankheiten, Unglücke oder sehr kontroverse Themen. Besondere Vorsicht ist bei politischen Themen geboten. Themen wie die ETA oder das aktuell rote Tuch, die *corrida* (Stierkampf), sind unangenehm und polarisieren die Menschen.

Was können Sie besser machen?

Erzählen Sie in Situationen wie dieser von sich, woher Sie kommen, wie es Ihnen in Spanien gefällt, erzählen Sie, was Ihnen besonders gut gefallen hat, was Sie alles Schönes, Interessantes, Überraschendes erlebt haben.

Aber Achtung: Wählen Sie keine Gesprächsthemen, mit denen Sie anecken und Ihre Tischnachbarn provozieren oder die ganze Tischgesellschaft in zwei Lager spalten könnten! Ein absolutes No-go-Thema ist der ETA-Terrorismus (um Himmels Willen!), die Zeit der Franco-Diktatur von 1939 bis 1975, die viele Spanier immer noch am liebsten verdrängen, Religion (bloß nicht!) oder das ewig kontroverse Thema Stierkampf (NEIN, tun Sie's nicht!). Seien Sie nett und freundlich und bringen Sie niemanden in Verlegenheit, weil er andere Überzeugungen hat als Sie. Jeder möchte sich von seiner besten Seite zeigen, keiner will als vermeintlicher Barbar (also z.B. Stierkampfanhänger) oder Sympathisant von Terroristen dastehen, nur weil er einen besonderen Bezug zur Frage des Baskenlands hat, die sich nicht mal schnell zwischen Vor- und Hauptspeise klären lässt. In Madrid sollten Sie sich auch nicht unbedingt als Fan des FC Barcelona (*Barça*) outen und in Barcelona nicht als Fan von Real Madrid. Denn zwischen beiden Städten besteht große Rivalität und die bezieht sich nicht nur auf den Fußball, sondern auf alle möglichen kulturellen und wirtschaftlichen Bereiche. Also Vorsicht!

Zeigen Sie etwas von sich, gern Ihre Schokoladenseite, geben Sie sich als Person zu erkennen. Frühestens zum obligatorischen Kaffee, der nach dem Nachtisch eingenommen wird, dürfen Sie dann auch wieder Geschäftliches ansprechen. Auf keinen Fall jedoch vorher!

Heikle Gesprächsthemen – eine Auswahl: ETA, Stierkampf und die Franco-Diktatur

Die ETA: ETA ist die Abkürzung für *Euskadi Ta Askatasuna* (Baskenland und Freiheit), eine im Untergrund agierende baskische terroristische Organisation, die 1959 als Widerstandsgruppe gegen die Franco-Diktatur gegründet wurde. Sie ist berüchtigt für ihre Autobomben-Attentate in ganz Spanien. Die ETA kämpft für einen von Spanien und Frankreich (französisches Baskenland) unabhängigen baskischen Staat. Nach Angaben des spanischen Innenministeriums hat die ETA bis heute 823 Personen getötet, davon 342 Zivilisten (Politiker, Gemeinderatsmitglieder, Richter, Professoren, Unternehmer) und 481 Polizisten und Militärs. Die (vor-)letzte Waffenruhe erklärte ETA 2007 für beendet. Seitdem gab es wieder Bomben statt Verhandlungen. Ob die im September 2010 angekündigte Waffenruhe vorübergehend oder von Dauer sein wird, muss sich erst noch zeigen.

Der Stierkampf: Die Front derjenigen, die die *corrida de toros*, also den Stierkampf, als Teil der kulturellen Identität Spaniens betrachten, bröckelt. Laut einer aktuellen Umfrage haben über 70 % kein Interesse mehr am Stierkampf. Das gilt besonders für die jüngeren Spanier. Das öffentlich-rechtliche Fernsehen überträgt heute keine Stierkämpfe mehr im Vorabendprogramm, wie es Jahrzehnte hindurch üblich war. Auf den Kanarischen Inseln ist der Stierkampf bereits verboten, in Katalonien wird er ab 2012 verboten sein. Schlechte Karten für die *aficionados*, die kleiner werdende Schar der Anhänger.

Die Franco-Diktatur: Francisco Franco y Bahamonde ging 1939 als militärischer Sieger des Spanischen Bürgerkrieges hervor und blieb als Diktator bis zu seinem Tod 1975 im Amt. Viele Spanier mussten während seiner fast 40-jährigen Diktatur das Land verlassen. Erst seit dem Jahr 2000 werden Massengräber aus der Zeit während und nach dem Bürgerkrieg geöffnet. Die Zahl der bislang unidentifizierten Opfer wird auf über 30.000 geschätzt. Die Franco-Zeit ist immer noch eine offene Wunde in der vergleichsweise jungen spanischen Demokratie. Erst langsam und gegen viele Widerstände schreitet die Aufklärung und Auseinandersetzung mit diesen bitteren historischen Ereignissen voran.

12 ¡Feliz cumpleaños!

oder: »Die Geschenke packe ich dann später aus«

Lena hat bald Geburtstag und dieses Jahr feiert sie ihn also in Spanien. Sie hat für kommenden Samstag einige ihrer neuen Freunde und Bekannten zu sich in die WG eingeladen. Die meisten haben zugesagt und einige haben ihr gleich gratuliert, obwohl sie doch erst am Samstag Geburtstag hat. Na, wenn das kein schlechtes Omen ist. Und die, die keine Zeit haben, haben sich auch ein bisschen merkwürdig verhalten. Sie haben sich überschwänglich bei ihr entschuldigt und ihr haargenau und detailliert erklärt, warum genau sie nicht kommen können: weil die Oma ihren Achtzigsten feiert, das Kind krank ist oder die Eltern gerade zu Besuch sind und am Ende noch mitkämen. Lena hat sich nichts draus gemacht, aber die Absagenden schienen geradezu untröstlich, als würden sie ihr damit etwas Schlimmes antun. Lena fand das wirklich ein bisschen übertrieben.

Lenas Mitbewohnerinnen, die natürlich auch eingeladen sind, haben gefragt, ob sie bei den Vorbereitungen helfen können, aber Lena meinte, sie schaffe das schon alleine. So hat sie ausreichend Getränke eingekauft, Bier, Wein, Limonaden und Säfte, und dazu einige Packungen Chips und andere Knabbereien. Das müsste locker für alle reichen.

Samstag abends. Von der nahe gelegenen Pfarrkirche schlägt es acht Uhr. Lena hat die Getränke kalt gestellt, die Chipstüten auf Schüsseln verteilt, aber niemand kommt. Nanu, habe ich einen falschen Tag angegeben, eine falsche Uhrzeit? Auch ihre Mitbewohnerinnen sind immer noch unterwegs. Lena sitzt in der Küche und wundert sich. Was ist denn da los? 20 Uhr war doch ausgemacht! Seltsam. Lena schnappt sich eine Handvoll gerösteter Maiskörner und beginnt frustriert zu knabbern. Es kann doch gar nicht sein, dass alle ihre *fiesta* vergessen haben! Zehn nach acht, zwanzig nach acht, Lena fühlt sich immer mieser. Halb neun. Ihr ist hundeelend. Da klingelt es. Lena springt auf und drückt den Türöffner. Als der Aufzug in ihrer Etage ankommt, strömt die erste Traube von Gästen daraus hervor, alle sind fröhlich und gut drauf, nur Lena muss sich erst noch von ihrem Schock erholen und sieht ein bisschen mitgenommen aus. Sie hatte wirklich Angst, es würde gar keiner mehr kommen.

Lena ist immer noch fast zum Heulen zumute. Gut, dass es keiner merkt, weil die Ankommenden alle auf sie zustürzen und ihr nacheinander um den Hals fallen. Küsschen, Küsschen. *¡Felicidades!* hört sie und *¡Feliz cumpleaños!*, *¡Felicidades, Lena!* Alle haben Geschenke mitgebracht, es ist wirklich rührend. »Für dich«, sagt Marisa, »von mir und Antonio«, und drückt ihr ein hübsches Päckchen in die Hand, das CD-Größe hat und bestimmt auch eine CD ist. Lena bedankt sich und legt das Geschenk zur Seite. »Ich werde die Geschenke dann später in Ruhe auspacken«, sagt sie. Jetzt muss sie ja erst noch alle anderen Gäste begrüßen.

Ihre drei Mitbewohnerinnen schleppen ein riesiges Paket mit roter Schleife an. »Ach, das wäre aber wirklich nicht nötig gewesen«, sagt Lena und stellt es zu den anderen Geschenken ins Regal. Mikel*, den sie vor Kurzem auf der Party einer

* Über spanische Vornamen haben wir bereits an anderer Stelle gesprochen (siehe Kapitel 6). »Mikel« ist ein katalanischer Vorname, →

Freundin kennengelernt hat, hat eine Schachtel Pralinen mitgebracht, hm, dabei mag sie gar keine Süßigkeiten. Und Trini, ihre Lehrerin aus der Sprachenschule, hat ein Päckchen aus der Konditorei dabei. Auch Süßigkeiten, in Papier gewickelt, verschnürt und mit einem Tragegriff versehen. Lena stellt alles ins Regal, bedankt sich rundherum und bietet ihren Gästen Getränke an. Warum sind die denn plötzlich alle so ruhig? Ach so, sie kennen sich ja nicht alle untereinander, fällt es Lena ein. Aber sie kommen bestimmt bald miteinander ins Gespräch. Sie fragt jeden Einzelnen, was er oder sie trinken möchte, schenkt Wein aus und Bier und Wasser und Erfrischungsgetränke. Sie fordert ihre Gäste auf, bei den Knabbereien zuzugreifen. »Nur keine falsche Scheu, es gibt noch mehr«, sagt sie und deutet auf eine Kiste voller bunter Tüten und Tütchen.

»Hast du keinen *champán*«, fragt Mikel, »damit wir auf deinen Geburtstag anstoßen können?«. *Champán?* »Nein«, sagt Lena, »Sekt vertrage ich nicht, davon bekomme ich immer ganz schnell Kopfschmerzen.« »Dann müssen wir eben mit Wein anstoßen!« Mikel lässt sich nicht so leicht von seiner Idee abbringen. Lena füllt alle Gläser und dann singen alle zusammen ihr ein Geburtstagsständchen. Auf Spanisch hört sich das so an: *Cumple-a-ños fe-liz, cumple-a-ños fe-liz, te de-se-a-mos to-dos, cumple-a-ños fe-liz.* Mikel fragt, wie alt sie denn heute werde. »29«, sagt Lena. Daraufhin packt Mikel sie am Ohr und zieht daran: *Uno, dos, tres, cuatro, ...* 29 Mal!

→ die spanische (kastilische) Form wäre »Miguel« [migel]. Seit der Namensrechtsänderung von 1999 (siehe Kapitel 13) können spanische Vornamen von volljährigen Personen auch in die jeweilige katalanische, baskische oder galicische Variante rückübersetzt werden. Im Falle des Katalanischen wird dann José wieder zu Josep, Carlos zu Carles und Javier zu Xavier etc.

Alle anderen zählen laut mit. Lena weiß nicht so recht, wie sie das finden soll. Ist das nett oder macht man sich über sie lustig? Eigentlich tut es sogar ein bisschen weh. Hm, seltsame Sitten sind das. Alle klatschen begeistert, und Lena reibt sich das rot glühende Ohr und kühlt es mit ihrem Weinglas, so gut es eben geht.

Es bilden sich bald ein paar Grüppchen. Diejenigen, die sich kennen, sitzen zusammen, die anderen stellen sich gegenseitig selbst vor. Es wird wieder stiller in der Wohnung, ihre Gäste scheinen gar nicht so viel Hunger zu haben, die Schüsseln mit den Chips bleiben fast unberührt. Mikel erzählt Geschichten aus dem Krankenhaus, in dem er arbeitet. So richtig tolle Stimmung will einfach nicht aufkommen. Lena weiß nicht, was sie machen soll. Vielleicht mögen sich ihre Gäste einfach nicht so besonders. Als sich gegen 22 Uhr die ersten verabschieden, um zum Essen nach Hause zu gehen, ist Lena ein bisschen enttäuscht. Mikel schlägt vor, noch in die Bar an der Ecke zu gehen und Tapas zu essen. Okay, dann geht Lena eben mit.

»Wann machst du denn jetzt endlich deine Geschenke auf?«, fragt Mikel, bevor sie das Haus verlassen. »Na abends, wenn alle Gäste fort sind.«

»Ach so? Und dann weißt du noch, was du von wem bekommen hast?« Nanu, Lena versteht nicht, was jetzt das Problem ist. Gibt es denn ein Problem?

Dann ziehen sie zusammen los. In der Bar ist die Stimmung super, laute Musik, zu der die Leute sogar tanzen. Mikel schmeißt die erste Runde *cañas* und mit einem Mal verstehen sich alle ganz wunderbar. Die Spanier fühlen sich in der Bar anscheinend wohler als in einer Wohnung. Die Mädels aus Lenas WG tanzen Salsa und Mikel fragt Lena nach ihren

Lieblings-Tapas. Da sie sich nicht zwischen *calamares* (Tintenfisch) und *boquerones* (Sardellen) entscheiden kann, bestellt er von beiden *media ración**. Und als serviert wird, sind auch die Mädchen plötzlich wieder an der Theke und futtern mit. Die nächste Runde Tapas und *cañas* geht an Lena und es wird doch noch ein schöner Geburtstag.

Was ist da schiefgelaufen?

Ziemlich viel, das ist sicher. Zunächst einmal: Man darf in Spanien ruhig schon vor dem eigentlichen Geburtstag gratulieren, ohne dass jemand Angst hat, es könnte Unglück bringen. In diesem Punkt sind die Spanier kein bisschen abergläubisch.

Die erste Verzweiflung, die Lena gepackt hat, weil ihre Gäste so unpünktlich waren, war eigentlich völlig überflüssig. Denn obwohl Lena erst kurz in Spanien ist, hätte sie längst bemerkt haben müssen, dass bei privaten Einladungen eine Verspätung von 15 Minuten oder mehr gang und gäbe ist. Das ist natürlich abhängig von der Region: In Andalusien können es auch über 30 Minuten sein und es wird als völlig normal empfunden, in Katalonien dagegen sind es sel-

* *Calamares* sind Tintenfischringe, *fritos* (paniert) oder *a la plancha* (gegrillt), und *boquerones* Sardellen, *fritos* (frittiert) oder *en vinagre* (in Essig eingelegt), zwei typische Tapas. Tapas gibt es warm und kalt und in verschiedenen »Größen«. Eine *tapa* ist wirklich nur ein kleines Häppchen in der Größe einer Untertasse. Die nächste Einheit heißt *media ración* (halbe Portion), das ist etwa ein Kuchenteller voll, nicht etwa eine halbe Tapa. Die *ración* ist eine ganze Portion, von der man, wenn man sie denn alleine isst, satt werden kann. Es ist üblich, dass eine Person verschiedene Tapas bestellt, die von allen zusammen verspeist werden. Dann wird von der nächsten Person nachbestellt.

ten mehr als zehn Minuten. Es ist aber so, dass man lieber einen Puffer einplant. Denn käme man ganz pünktlich, dann könnte es theoretisch sein, dass die Gastgeber noch gar nicht mit den Vorbereitungen fertig sind, der Hausmann öffnete die Tür vielleicht noch in einer lächerlichen Schürze oder die Hausfrau mit rosa Maxi-Lockenwicklern auf dem Kopf. Also kommt man aus Höflichkeit lieber etwas zu spät. Wenn man das weiß und einplant, erspart man sich als Gastgeber unnötigen Kummer.

Bei einer Einladung zu jemandem nach Hause erwarten sich die Gäste schon mehr als Chips und Getränke, dessen war Lena sich aber nicht bewusst. Ein bisschen selbst kochen hätte ihren Freunden nicht nur gefallen, insgeheim haben sie es erwartet. Es hätte nicht unbedingt ein Drei-Gänge-Menü sein müssen. Aber ein paar Tapas vielleicht, kalte und warme, Fisch, Meeresfrüchte, Schinken, Käse, Fleischbällchen, Kroketten ... dazu Weißbrot. Tapas sind zwar Häppchen, aber es gibt Rezepte, die sehr raffiniert und auch relativ aufwendig in der Vorbereitung sind. Aber es gibt auch einfachere Tapas-Rezepte, die sogar Anfänger zustande bringen. Sogar Lena, wenn sie es versucht hätte.

Und dann die Sache mit den Geschenken. Da hat Lena einen dicken Fettnapf erwischt. Geschenke werden in Spanien immer sofort aufgemacht, alles andere gilt als unhöflich und irritiert die Schenkenden. Die Gäste geben sich größte Mühe mit den Mitbringseln und persönlichen Geschenken. Es wird erwartet, dass der Beschenkte sie sofort und vor den Augen aller Anwesenden öffnet, seine Freude und Überraschung zeigt und sich enthusiastisch dafür bedankt. Jeder möchte sehen, was der oder die andere mitgebracht hat und jeder Schenkende möchte sehen, dass das Geburtstagskind sich tatsächlich freut. Es ist ein Ritual, dass der Beschenkte ganz bescheiden sagt: *Ah, no habría sido necesario* [a no a**wria** **si**do nethe**sa**rio]. »Ach, das wäre doch nicht nötig gewesen!« Trotzdem weiß jeder: Wenn man eingeladen wird, bringt man auch etwas mit, und der Beschenkte wird sich darüber freuen und das auch zeigen.

Wenn Wein oder Pralinen mitgebracht werden, dann gehört es sich, dass der Beschenkte sie aufmacht und allen davon anbietet. Ebenso verhält es sich mit diesen wunderbaren kleinen, fest verschnürten Päckchen aus der Konditorei. Die mit den Tragegriffen. Darin sind: *pasteles*, kleine süße Köstlichkeiten, die sehr gern als Nachspeise gegessen werden*. Und zwar *vor* dem abschließenden Kaffee, nicht dazu. Natürlich öffnet man auch die Nachspeisen-Geschenke und bietet seinen Gästen davon an. Ein Geizkragen, wer sie für sich behalten und am nächsten Tag alle alleine aufessen will.

Was können Sie besser machen?

Lena fand es ja ziemlich übertrieben, dass sich die Eingeladenen, die nicht kommen konnten, so wortreich entschuldigten und alle ihre Gründe aufzählten. Für Spanien gilt: Wenn Sie

* Spanische Konditoreiwaren bestehen weniger aus Sahne und Creme, sondern hauptsächlich aus Zucker, Eiern (reichlich!) und Mandeln. Da gibt es jede Menge Spezialitäten mit wohlklingenden Namen, durch die Sie sich wochenlang durchprobieren können. Wie wäre es mit *tocino de cielo* [to**thi**no de **thie**lo] (Himmelsspeckchen), *brazo de gitano* [**bra**tho de chi**ta**no] (dunkle Biskuitrolle), *polvorones* (ein mit Zucker bestäubtes Mandelgebäck), *rosquillas de anís* [ros**ki**jas de a**nis**] (Anisplätzchen) oder *mazapán* [matha**pan**] (Marzipan)? Es lohnt sich unbedingt!
Übrigens: Ein *bombón* ist kein Bonbon, sondern eine Praline. Das Bonbon heißt auf Spanisch *caramelo*.

eingeladen werden und nicht kommen können, sagen Sie auf keinen Fall einfach: »Nein, sorry, ich kann an dem Tag nicht«! Das wäre sehr unhöflich gegenüber dem oder der Einladenden. Begründen Sie genau, warum Sie nicht können, was der Anlass für Ihre Absage ist. Und wenn Sie einfach keine Lust haben, zu einem bestimmten Fest zu gehen? Dann ... lassen Sie sich eine gute Ausrede einfallen und tragen Sie sie möglichst überzeugend vor. Außer, Sie legen Wert darauf, sich einen Ruf als *aguafiestas*, als Spielverderber, zu erwerben.

Pasteles sind, wie gesagt, ein immer gern gesehenes Geschenk, wenn Sie selbst irgendwo zum Essen eingeladen werden. Sie kommen auf dem Weg zum Gastgeber sicher an einer *pastelería* vorbei, und wenn Sie die Anzahl der Gäste wissen, dann lassen Sie sich einfach für jeden Gast eine Leckerei (*una golosina*) einpacken. Und Sie werden der Liebling aller Hausfrauen und -männer sein!* Sie müssen keine Angst haben, Ihre Gastgeber mit diesem Mitbringsel in Verlegenheit zu bringen. Im Gegenteil. In Spanien werden Kuchen und Gebäck als Nachspeisen in der Regel nicht selbst gebacken, sondern in der *pastelería*, also beim Profi, gekauft. Bringen Sie als Gast das Gebäck mit, dann ist alles in Butter. Blumen sind in Spanien dagegen kein sehr weit verbreitetes Mitbringsel. Sie können es natürlich trotzdem machen, dann aber bitte auf keinen Fall Chrysanthemen, denn die gelten als Friedhofsblumen und sind in Wohnungen nicht sonderlich beliebt.

* Jeder hat so seine Lieblingskonditorei in der Stadt. Eine der beliebtesten und besten in Madrid ist beispielsweise »La Mallorquina«, an der Puerta del Sol. Unten im Laden kauft man die Kuchen zum Mitnehmen, oben im Café kann man sie an Ort und Stelle verzehren, zusammen mit *café, té* oder *chocolate* [tschokolate].

Und was, wenn Sie selbst Gastgeber sind? Dann heißt es: Verspätungen der Gäste einplanen, Geschenke immer sofort, in Anwesenheit aller öffnen und sich sehr herzlich dafür bedanken. Zähne zusammenbeißen, auch wenn Sie die CD von Shakira schon längst haben oder ihre Musik scheußlich finden, überhaupt keinen Wein trinken und keine Süßigkeiten essen, weil Sie gerade auf Diät sind!

Wenn Sie abends Gäste einladen, sollte es schon etwas »Richtiges« zu essen geben. Spanier werden spätestens gegen 21 oder 22 Uhr, also zur üblichen Abendessenszeit, hungrig. Wenn Sie kein ganzes Menü kochen wollen oder können, dann könnten Sie zum Beispiel warme und kalte Tapas anbieten (mit Gemüse, Fleisch, Wurst, Fisch, Meeresfrüchten und Käse), dazu unbedingt Weißbrot reichen. Für Getränke haben Sie gesorgt, nette Gäste bringen, wenn Sie Glück haben, eine willkommene Nachspeise mit.

Vergessen Sie, wenn es eine Geburtstagsfeier ist, nicht, Sekt, *champán* oder *cava* genannt, zu besorgen. Sie brauchen ihn zum Anstoßen. *Cava* ist auch ganz wichtig zu Weihnachten und natürlich zu Silvester.

Und denken Sie daran, wenn Sie Gäste haben, die sich untereinander gar nicht oder nicht besonders gut kennen, sie einander vorzustellen: »Das ist Mikel, den ich bei Anas Schwester kennengelernt habe. Er kommt aus Valladolid und arbeitet als Krankenpfleger in der Klinik San Isidro. Und er ist ein sehr sympathischer Mann, der eine Menge lustiger Witze auf Lager hat.« So machen Sie das mit allen ihren Gästen, und jeder wird sich bei Ihnen wohlfühlen.

Halt, eine Sache wäre da noch: Vergessen Sie bei einer privaten Feier nie die Musik! Sie gehört einfach dazu. Wenn Sie selbst nicht viel zu Hause haben, dann bitten Sie eben Ihre

Freunde CDs mit Tanzmusik mitzubringen. Denn eigentlich lieben fast alle Spanier bis auf wenige Ausnahmen Musik und Tanzen. Und die meisten können es auch sehr gut, das Tanzen. Das kann Salsa sein oder eine *Sevillana*, etwas Schwunghaftes, Rhythmisches*. Auf jeden Fall etwas Fröhliches und Mitreißendes. Wenn Sie das schaffen und dazu ein paar wenige Quadratmeter Tanzfläche freischaufeln können, dann wird Ihre *fiesta* ein hundertprozentiger Erfolg werden: *¡Feliz fiesta!*

Geburtstage werden in Spanien übrigens sehr oft nicht zu Hause, sondern in der Bar gefeiert. Das Geburtstagskind lädt die Gäste dann auf eine oder mehrere Runden Getränke und Tapas ein. Oder man trifft sich in der Diskothek. Dann bezahlt jeder seinen Eintritt selbst und das Geburtstagskind lädt zu den Getränken ein.

Cava – spanischer Sekt nach Champagnermethode

Hervorragenden einheimischen Sekt gab es in Spanien immer schon. Bis 1986 hieß er *champán*, also Champagner. Mit dem EU-Beitritt Spaniens war es damit vorbei. Seitdem heißt spanischer Sekt, der nach Champagnermethode gekeltert wird, *cava* [kawa] und kommt wie eh und je zum größten Teil aus Katalonien. Cava wird in unterirdischen Kellern gereift, weil kühle Temperaturen der Hefelagerung am besten zuträglich sind. Die Bezeichnung *D.O.* garantiert die Qualität des echten Cava und unterscheidet ihn von anderen Schaumweinen (*vinos espumosos*).

Insgesamt 159 Gemeinden in Spanien sind für die Produktion von Cava zugelassen. Für ihn gelten vergleichbare Anforderungen wie für den französischen Champagner. Die minimale Lagerdauer auf

* Wenn Sie ein Tango-Fan sind: Behalten Sie diese Vorliebe einfach für sich und leben Sie sie in anderem Rahmen aus. Melancholie und Schwermut sind nicht die passenden Hintergründe für eine fröhliche *fiesta*. Böse Zungen behaupten, dass es bei uns so viele *Tangueros* gibt, weil wir Deutschen von Haus aus zur Schwermut neigen. Wie dem auch sei. Wenn Sie unsicher sind, überlassen Sie einfach Ihren Gästen die Musikauswahl.

der Hefe beträgt für alle Cavas neun Monate, für Cavas mit Jahrgangsangabe zwei Jahre, für Gran Reservas 30 Monate. Letztere erreichen das Preisniveau französischer Qualitätsmarken.

Der Cava ist ein katalanischer Exportschlager. 96 % der Produktion kommt aus der Weinbauregion Penedès südlich von Barcelona. Man kann die großen Kellereien wie Freixenet [fresche**net**] oder Codorníu [kodor**niu**] bei Sant Sadurní d'Anoia auch besichtigen. Der auf Kreidefelsen gebaute Ort ist von unzähligen Reifekellern untergraben. Mehr als 200 Cava-Hersteller haben dort ihre Heimat. Kleine Bahnen transportieren die Trauben und Flaschen auf Schienen unter der Erde. Seit 1941 produziert Freixenet schon sein führendes Produkt, den Cava *Carta Nevada*, und seit 1974 den Cava *Cordón Negro*.

Mit mehr als 200 Millionen Flaschen jährlich ist Spanien nach Frankreich der zweitwichtigste Exporteur für Qualitätsschaumwein weltweit. Die Geschmacksbezeichnungen des Cava beziehen sich auf den Zuckergehalt: *brut – extra brut – brut natural* hat wenig bis gar keinen Restzucker, schmeckt aber nicht sauer, sondern leicht und spritzig. Auch *extra seco* (katalanisch *extra sec*) und *seco* (*sec*) sind trocken. Süßer schmeckt der halbtrockene Cava, *semi seco* (*semi sec*), oder *dulce* (*dolç*), süß.

13 Madrider Büroalltag

oder: »Soll ich dir was mitbringen?«

In Toms Madrider Softwarefirma ist das Betriebsklima gut, der Umgangston locker und freundschaftlich. Alle Kollegen duzen sich, sogar der Junior-Chef wird geduzt und mit Vornamen angesprochen. Nur der Senior – die Angestellten nennen ihn auch den *patrón* – wird mit *usted* (Sie) und *don Alejandro* angesprochen.

Am Vormittag sieht Tom den Junior-Chef mit Loli Sánchez in der Kaffeeküche zusammenstehen. Der Chef hat sogar den Arm um Loli gelegt. Tom sagt nur schnell *¡hola!* und verzieht sich dann schnell wieder.

»Sag mal«, fragt er seine Kollegin Tere später, »hat der Chef was mit Loli?« »Ja, kann man so sagen«, gluckst Tere. Hm, denkt Tom. Das hätte es in seiner deutschen Firma so nicht gegeben. Da sind die Spanier also weniger diskret. Aber wieso findet Tere das eigentlich so amüsant? »Was ist daran eigentlich so furchtbar lustig?«, fragt er Tere. »Die beiden sind miteinander verheiratet«, prustet sie. Jetzt kommt Tom sich schon ein bisschen doof vor. »Warum heißt sie denn dann anders als er?«, will er wissen. Auf dem Schild am Empfang, wo Loli arbeitet, hat er gelesen: Lola Sánchez Olea. Sein Chef heißt aber Álex García González. Wie passt das zusammen? Tere klärt ihn auf, dass Männer wie Frauen in Spanien ihre beiden Nachnamen einfach behalten, wenn sie heiraten. Es gibt also keinen gemeinsamen Ehenamen. »Okay«, meint Tom, »jetzt habe ich das auch kapiert.

Und wie ist das dann mit den Kindern? Wie heißen die denn? Können die sich selbst aussuchen, wie sie heißen wollen?«

»Nein, bist du verrückt?«, lacht Tere. »Dafür gibt es natürlich schon eindeutige Regeln. Die Kinder bekommen auch zwei Nachnamen, und zwar den ersten Namen des Vaters und dazu noch den ersten Namen der Mutter.* Wenn also Loli und Álex Kinder haben, dann ...«

»Warte mal«, unterbricht Tom sie. »Lass mich mal überlegen. Dann heißen die Kinder, Moment, García Sánchez. Stimmt's?« »Genau!« »Und die Geschwister haben alle dieselben beiden Nachnamen?« »So ist es. In dem Fall von Loli und Álex haben sie eben ein wenig Pech.« »Wieso Pech?«, fragt Tom. »Weil García und Sánchez zwei sehr häufige Namen sind, wie ...« »Wie Gómez, Martínez und López?«** »Stimmt!« »Das ist wie bei uns Müller, Meier, Weber. Schuster übrigens auch, so heißt doch euer Ministerpräsident: Zapatero – Schuster.«

»Zapatero ist aber kein häufiger Name in Spanien, weißt du? Deshalb nennt sich der Ministerpräsident auch so und nicht Rodríguez, wie er mit erstem Nachnamen heißt, denn das ist wiederum ungefähr so häufig wie Sánchez, García, González und so weiter. Alles klar?«

»Alles klar!«

* Im Zuge der Gleichstellung wurde 1999 das Gesetz zum Namensrecht in Spanien geändert. Eltern können seitdem bei der Geburt des ersten Kindes die Reihenfolge der beiden Nachnamen frei wählen, also auch den Namen der Mutter an die erste Stelle setzen. Die Reihenfolge ist dann für alle weiteren Kinder verbindlich. Geschwister heißen also auch weiterhin gleich.

** Die Endung »-ez« bedeutet übrigens so viel wie »Sohn von«. Sanchez wäre also in der ursprünglichen Bedeutung »der Sohn von Sancho«, Martínez der »Sohn von Martín«, Rodríguez der »Sohn von Rodrigo« usw.

José Luis Rodríguez Zapatero

Geboren 1960 in Valladolid, Chef der sozialistischen PSOE (*Partido Socialista Obrero Español*; gesprochen [pe_so_e]) und seit 2004 Ministerpräsident Spaniens, ist ein Mann mit spannender Familiengeschichte. Sein Großvater väterlicherseits war Republikaner und wurde 1936, zu Beginn des Bürgerkrieges, von Franquisten getötet. Sein Großvater mütterlicherseits war Offizier unter Franco. Dieser politische oder ideologische »Riss« geht in Spanien durch sehr viele Familien.

»Ach, Tom, ich muss gleich noch rüber, zu Corte Inglés*. Soll ich dir etwas mitbringen? Brauchst du irgendwas?«, fragt Tere.

Tom hat schon mitbekommen, dass die Kollegen das gerne machen. Wenn einer zur Apotheke oder in den Handyladen geht, fragt er vorher die Kollegen, ob er jemandem etwas mitbringen kann. Das findet Tom richtig nett. Er kann sich nicht erinnern, dass er das in Deutschland so erlebt hat. »Na?«, fragt Tere noch einmal. »Ja, wenn es dir nichts ausmacht, heute Morgen in der U-Bahn sind die Batterien von meinem MP3-Player abgeschmiert. So diese kleinen, weißt du?« Tere nickt. »Aber nur, wenn du sowieso in die Elektroabteilung kommst.« »Klar, mache ich. Kein Problem.«

Als Tere zurückkommt, legt sie Tom die Batterien auf den Tisch. »Passen die?« »Ja, super, die passen genau«, freut sich Tom. »Was hast du denn dafür bezahlt?« »Ach, nichts«, sagt Tere. »Quatsch, jetzt sag schon, was haben die gekostet?«

* *El Corte Inglés* (»Der englische Schnitt«) ist die größte Kaufhauskette Spaniens, vergleichbar mit einem gehobenen Karstadt oder Kaufhof. Die Warenhäuser gibt es in jeder größeren Stadt in Spanien, auf den Balearen, den Kanaren und mittlerweile auch in Portugal. Das Kaufhaus lockt mit durchgehenden Öffnungszeiten bis 22 Uhr, mit spektakulären Schlussverkäufen und häufigen Rabattaktionen (*rebajas*).

»Ach, nicht der Rede wert.« Tom findet das irre nett von Tere und bedankt sich bei ihr. Er kramt in seiner Jackentasche nach dem MP3-Player und setzt die neuen Batterien ein. »Läuft wieder!« Als er zu Tere aufsieht, ist die schon auf dem Weg zu ihrem Schreibtisch.

Als er Tere mittags in der Bar nebenan wiedersieht, steuert er auf sie und ihre Freundin Carmen zu. Er organisiert sich einen Hocker, aber als er sich neben sie setzen will, drehen die beiden sich wie auf Kommando weg und gehen mit ihrem Bier und ihren Sandwichs an einen freien Tisch am Fenster. An dem Tischchen haben genau zwei Personen Platz und keiner mehr. Nanu, was ist denn da los? Geht Tere ihm aus dem Weg? Ist was passiert? Hat er irgendetwas falsch gemacht? Schließlich hat *sie* ihm doch angeboten, ihm etwas mitzubringen, nicht er hat sich ihr aufgedrängt. Verstehe einer die Frauen!

Was ist da schiefgelaufen?

Tere ist nicht launisch oder besonders zickig, sondern ein bisschen sauer auf Tom. Warum? Da bietet sie ihm an, die Batterien zu holen, fährt im Corte Inglés auf der elend langen Rolltreppe hinauf in die Elektroabteilung, wo sie eigentlich gar nicht hinmüsste, sucht nach den verdammten Dingern, kauft nicht die billigsten, damit er nicht sagen kann, sie bringe ihm Schrott mit, serviert ihm alles frei Haus und dann bleibt sie auch noch auf den Kosten sitzen.

Aber sie wollte ja kein Geld dafür, würde Tom sagen. Weil er immer noch nicht richtig verstanden hat, wie das in Spanien mit dem Austausch von Geld und dem Bezahlen so läuft. Zuerst wird immer rundherum abgelehnt, dass der andere bezahlen soll, was man selbst ausgelegt hat. Es ist ein gewisses Kokettieren, eigentlich schon ein richtig ausgewachsenes Ritual. Man sagt Ihnen: »Ach, das war doch nichts, hab ich doch gern gemacht, lass mal, war ja gar nicht teuer. Ist schon in Ordnung.«

Was können Sie besser machen?

Sie dürfen nicht darauf reinfallen! Sondern müssen einfach weiter insistieren, die Auslagen zu ersetzen, und Sie müssen sich schließlich durchsetzen. Und wenn eine Widerrede nicht reicht, dann müssen Sie eben zweimal oder dreimal protestieren oder genau so viele Male, wie nötig sind, damit der andere nachgibt und schließlich Ihr Geld annimmt. Denn es wird letztlich durchaus erwartet, dass man den Betrag erstattet, den der andere ausgelegt hat. Nur vorher geht es eben einige Male hin und her, genau wie im Restaurant oder in der Bar, wenn sich zwei oder mehrere um das Bezahlen der Rechnung kabbeln. Zu früh aufgeben, das kommt nicht gut an bei den Spaniern. Wenn das öfter passiert, hat man schnell den schlechten Ruf eines Nutznießers und Schmarotzers.

Vielleicht hilft es Ihnen, wenn Sie versuchen zu verstehen, was hinter diesem »Sich Zieren« eigentlich steckt. Es sieht zwar aus wie ein Spiel, aber es hat auch einen ernsteren Hintergrund. Zum einen haben Sie in den bisherigen Kapiteln vielleicht schon gemerkt, dass die Kommunikation in Spanien grundsätzlich nicht so direkt abläuft, wie wir das eher gewöhnt sind. So wie es in der Regel kein klares Nein in der Kommunikation gibt, so ist auch das Thema Geld eigentlich heikel. Jemandem Geld aufzudrängen – oder einfach jemandem Geld zu geben – für eine Kleinigkeit, wie in Toms Fall die Batterien oder ein Bier in der Kneipe, das ist heikel, weil es eigentlich den Stolz des anderen verletzt, dafür Geld anzunehmen. Andererseits wird aus naheliegenden Gründen schon darauf geachtet, dass das Geben und Nehmen ausgewogen ist. Die Kunst ist also, das Bezahlen, die »Geldübergabe«, so zu gestalten, dass niemand verletzt oder in seiner Ehre gekränkt wird. Und deshalb beginnt automatisch dieses Feilschen: »Hier, nimm das Geld.« – »Nein, behalte es.« – »Jetzt nimm es schon, du hast den Betrag doch nur ausgelegt ...« und so weiter und so fort. Sie müssen so lange mitspielen, bis sie den anderen weich geklopft haben und er oder sie Ihr Geld schließlich annimmt. Dann haben Sie's geschafft. Sie haben Fingerspitzengefühl und interkulturelle Kompetenz bewiesen und Ihr Ansehen wird unter Ihren spanischen Freunden und Kollegen enorm steigen. Also: Nehmen Sie's sportlich! Es lohnt sich in jedem Fall. Langfristig.

14 Zu Gast bei Charo und Luis (1)

oder: Ein Teller Jakobsmuscheln für Lena

Es ist Sonntag, trotzdem sitzt Lena schon um zehn Uhr morgens beim Frühstück, von Abi ist noch nichts zu sehen oder zu hören. Abi hat Lena für heute zum Mittagessen bei ihren Eltern eingeladen. Sie wohnen in einer Kleinstadt etwa eine Stunde von Alicante entfernt. Ein Säuseln dringt durch die angelehnte Tür aus Abis Zimmer. Abi schläft und Lena wundert sich, warum sie sich nicht allmählich auf den Weg zu Abis Eltern machen. Um elf Uhr hält es Lena nicht mehr aus, klopft an Abis Tür und flüstert: »Abi, Abi, aufstehen, sonst kommen wir noch zu spät zum Mittagessen.« Abi murmelt im Halbschlaf: »*Ay alemana, tranquila*, ganz ruhig! Es reicht locker, wenn wir um eins losfahren und um zwei dort sind. Und dass du vorher nichts isst, denn meine Mama ist eine große Köchin!«

Dann dreht sie sich um und schläft weiter.

Gegen zwölf Uhr, bei einem Kaffee in der WG-Küche – Lena war joggen und kommt eben aus der Dusche – sagt Lena: »Ach, ich freu mich schon auf den Ausflug! Und am Nachmittag kannst du mir doch noch ein bisschen die Umgebung zeigen, oder? Ich komme so selten aus Alicante raus.«

»Am Nachmittag?«, fragt Abi. »Na, vielleicht eher am Abend. Aber das Städtchen, in dem meine Eltern wohnen, ist klein, da ist nicht viel los. Nur ein paar Bars um die Plaza Mayor herum und genau eine Diskothek.« Lena dachte ja eigentlich mehr an Landschaft und Ausflug und Sehenswürdigkeiten als an Kneipen und Diskotheken. Na gut, dann wird sie sich eben überraschen lassen.

Lena und Abi kommen kurz nach 14 Uhr in Yecla an und Lena hat jetzt wirklich Hunger. Bei Charo und Luis, den Gastgebern, gibt es Küsschen links und Küsschen rechts zur Begrüßung. Lena hat das ja inzwischen gelernt. Als Mitbringsel hat sie sich für eine Flasche Rioja Gran Reserva entschieden und die Gastgeber scheinen sich auch wirklich darüber zu freuen. Luis studiert fachmännisch das Etikett und nickt anerkennend.

Vino: ¿tinto o blanco? – Wein: rot oder weiß?

Wussten Sie, dass Spanien das Land mit der größten Rebanbaufläche der Welt ist? Und dass Spanien der größte Weißweinproduzent der Welt ist? Viele denken ja, dass aus Spanien vorwiegend Rotweine kommen, tatsächlich werden auf der Hälfte der Flächen aber weiße Rebsorten angebaut. Dass es nicht nur die Menge macht, sondern auch sehr gute Weine aus Spanien kommen, ist mittlerweile international bekannt.

Die Qualitätsbezeichnungen

Es gibt einerseits die einfachen *vinos de mesa* (Tafelweine) und die *vinos de la tierra* (Landweine). Qualitätsweine tragen die Bezeichnung *D.O.* (*denominación de origen*). Das sind Qualitätsweine aus bestimmten Anbaugebieten – derzeit sind es 66 –, ihre Herkunft und Qualität unterliegt der staatlichen Kontrolle und sie werden laufend geprüft. Die besten Weine erhalten das höchste Gütesiegel *Vinos de pago*. Nur sechs Weingüter in ganz Spanien sind bisher mit diesem Siegel ausgezeichnet worden.

Bei den *D.O.*-Weinen gibt es folgende – aufsteigende – Qualitäts- und Reifebezeichnungen: *Cosecha* und *Vino joven* sind leichte, junge Weine, *Crianza* sind Weine mit mindestens sechs Monaten Fasslagerung und zwölf Monaten Flaschenlagerung. *Reserva* heißt Wein mit mindestens einem Jahr Fasslagerung und zwei Jahren Flaschenlagerung (rot) bzw. sechs Monaten Fasslagerung und 1,5 Jahren Flaschenlagerung (weiß). *Gran Reserva:* Wein mit mindestens zwei Jahren Fasslagerung und drei Jahren Flaschenlagerung (rot) bzw. mindestens sechs Monaten Fasslagerung und 3,5 Jahren Flaschenlagerung (weiß).

Kleine Weinkunde

añejo	alt	*pago*	Weingut
barrica	Fass	*rosado*	rosé
blanco	weiß	*seco*	trocken
bodega	Weinkellerei	*semiseco*	halbtrocken
brut	sehr trocken (Sekt)	*tinto*	rot, Rotwein
cepa	Rebe, Rebsorte	*viña*	Weinberg, Weinfeld
dulce	süß	*vino*	Wein

Im ganzen Haus liegen flauschige Teppiche und Lena will höflich an der Garderobe die Schuhe ausziehen, so wie sie das von zu Hause gewöhnt ist. »Nein, nein«, ruft Charo, »lass doch deine Schuhe an!« Sie stößt Luis einen Ellbogen in die Seite, was heißen soll, jetzt sag du doch mal was. »Por favor, Lena ...«, setzt er an, aber Lena sagt, das mache ihr überhaupt nichts aus, bei ihren Eltern daheim sei das so üblich. Und, nein, kalte Füße bekomme sie ganz bestimmt nicht. Charo und Luis starren auf Lenas pink-weiß geringelte Socken mit der durchscheinenden Zehenpartie. Die große Zehe wird den Durchbruch bald geschafft haben.

Luis führt sie an den sehr geschmackvoll gedeckten Esstisch, den auch Lenas Magen mit einem Bernhardiner-Knurren begrüßt. Aber weiter geht es, vorbei in den *salón*, das Wohnzimmer der Familie, das sehr aufgeräumt und elegant wirkt*.

»Bitte, setzt euch doch.« Luis bietet Abi und Lena einen Platz auf dem Sofa und einen Aperitif an. Mit den Getränken bringt er auch kleine Teller mit Mandeln und Oliven zum Knabbern. Lena, deren Magen immer lauter nach »richtiger« Nahrung ruft, erfährt nebenbei, dass man noch

* Der *salón* ist sozusagen die »gute Stube«, die, vor allem auf dem Land, eigentlich nur benutzt wird, wenn man Gästen im Haus hat.

auf Abis Bruder Benito und ihre Tante Ángeles warte, die bereits unterwegs, aber eben noch nicht eingetroffen sind. Lena und vor allem Lenas Magen wünschen sich, dass der Weg für die anderen Gäste nicht sehr weit ist, sie nippt an ihrem Gläschen hellem Sherry, den Luis *Fino* nennt, und hofft, dass sie nicht gleich betrunken wird, wenn sie jetzt Alkohol auf den fast leeren Magen trinkt. Sie ist es überhaupt nicht gewöhnt, tagsüber Alkohol zu trinken, aber es stand nur Alkoholisches als Aperitif zur Auswahl: *jerez* (Sherry), *vermú* (Wermuth), Martini, die anderen Getränke kannte Lena gar nicht.

Jerez – Sherry

Sherry, spanisch *jerez* [che**reth**], ist ein spanischer Weißwein, der einem speziellen Reifeprozess unterzogen wurde. Er gehört zur Kategorie Likörweine. Der Sherry stammt aus Andalusien, wurde aber von englischen Handelshäusern im 18. und 19. Jahrhundert weltweit bekannt gemacht. Sherry wird aus der Palomino-Traube gewonnen und hat ein leichtes Mandel- und Hefe-Aroma, manchmal schmeckt er auch leicht nussig. Er wird nach der Gärung mit Branntwein versetzt, was ihm den Alkoholgehalt von 19,5 Prozent beschert. Dann wird der Wein an der Luft gereift, das macht ihn von Haus aus trocken. Zur Süßung werden z.B. Moscatel-Trauben zugesetzt. Nur Weine aus den drei Städten Jerez de la Frontera, Sanlúcar de Barrameda und El Puerto de Santa María dürfen sich übrigens Sherry nennen.

Die bekanntesten Geschmackssorten sind:

Fino	strohgelb, trocken, mindestens drei Jahre gereift, mit 15–17 % Alkohol
Manzanilla	ausschließlich aus dem Gebiet Sanlúcar de Barrameda; leicht salzig im Geschmack, 15–16 % Alkohol
Amontillado	geschmacksintensiv, bernsteinfarben bis hellbraun, nussig, 16– 22 % Alkohol
Oloroso	dunkel und kräftig, mit einem duftigen Nussaroma, 17–20 % Alkohol

Wie wird eigentlich Wein zu Sherry?

Das Geheimnis ist das Verschneiden im sogenannten *Solera*-Verfahren. Mindestens drei Fassreihen Sherry werden übereinander gestapelt. Die Fassreihe am Boden heißt *Solera*, die darüber *Criaderas*. Sherry wird immer aus der untersten Fassreihe entnommen und zwar maximal ein Drittel des Inhalts. Die entnommene Menge wird aus der Fassreihe darüber nachgefüllt. Die zweite Reihe dann aus der dritten Reihe und so weiter bis zur obersten Fassreihe. Die oben entnommene Menge wird dann mit jungem Wein ersetzt. Der junge Wein wandert also von oben nach unten durch das System und wird dabei mit den älteren Jahrgängen verschnitten. So kommt der besondere Sherrygeschmack zustande und es kann eine über viele Jahre gleichbleibende Qualität garantiert werden, da Schwächen eines Jahrgangs durch den Verschnitt mit anderen Jahrgängen ausgeglichen werden.

Tipp: Probieren Sie sich durch die verschiedenen Sorten, bis Sie Ihre Lieblingssherry gefunden haben. Trinken Sie ihn als *aperitivo* im typischen *Catavino*- oder Sherryglas.

Nach einer halben Stunde kommt Benito, Abis Bruder, und es ist fast 15 Uhr, als endlich auch noch die Tante eintrifft und die Gesellschaft komplett ist und sich an den Esstisch setzt. Wenn Lena das gewusst hätte! Nun ist sie ein bisschen beschwipst und immer noch hungrig wie ein Wolf. Zur Vorspeise gibt es Weißwein, aber Lena hat sich vorgenommen, jetzt beim Wasser zu bleiben. Luis möchte ihr Wein einschenken, aber Lena schüttelt den Kopf. »Wenigstens ein Schlückchen von diesem wunderbaren *Valdepeñas*«, meint Luis, aber Lena bleibt hart, deckt das Weinglas mit der Hand ab und schüttelt beharrlich den Kopf.

Es dauert eine Weile, bis Luis damit aufhört, Lena zu seinem hervorragenden Wein überreden zu wollen. Lena wartet höflich, bis alle ihre Getränke eingeschenkt haben und man also gemeinsam anstoßen könnte. Aber außer ihr wartet keiner. Benito trinkt schon den ersten Schluck aus seinem Bierglas, während sein Vater den anderen noch Wein einschenkt.

Lena kommt das ziemlich unhöflich vor. Dann nippt auch noch Abi an ihrer Cola, und jetzt greift auch Lena zu ihrem Wasser und pfeift auf die Etikette.

Als Charo die Vorspeise serviert, sinkt Lena das Herz in die Hose. Normalerweise isst sie ja so gut wie alles, nur mit einem hat sie Probleme, und das sind Muscheln. Und was da auf den Tellern liegt und in den Schalen der handtellergroßen Jakobsmuscheln serviert wird, sind ganz eindeutig Muscheln. Was soll sie jetzt machen? Einfach ablehnen? Nein, sie spürt, dass das nicht geht. Alle anderen scheinen sich wie verrückt über dieses Gericht zu freuen. Natürlich, es ist ja auch etwas ganz Besonderes. Zum Essen wird Brot gereicht, also nimmt Lena sich zuerst ein Stück und stillt damit zwar nicht ihren Hunger, besänftigt aber wenigstens ihr Magengrimmen etwas. Während die anderen über die köstlichen *vieiras* [**bjäi**ras] herfallen, nimmt Lena noch ein Stück Weißbrot und tunkt es in die Soße. Sie macht Abi ein Zeichen, das soviel bedeutet wie »willst du nicht meine Muscheln haben?«. Aber Abi wehrt ab. »Die musst du unbedingt probieren, Lena.« Das Rezept ihrer Mutter sei stadtbekannt. »Bei den *vieiras* kann Mami es mit allen Haubenköchen aus Katalonien oder dem Baskenland aufnehmen.« Na gut. Lena tunkt wieder ein Stück Brot in die Soße ein. Es ist nun das dritte. Als Charo aus der Küche kommt, um die Vorspeisenteller abzuholen, wird sie von ihren Gästen mit so viel Lob überhäuft, dass es fast schon peinlich ist. Auf Lenas Teller fehlt außer ein bisschen Soße nichts. »Willst du nicht wenigstens einen Bissen probieren? Wer weiß, vielleicht schmeckt es dir am Ende ja doch noch.« Doch Lena schüttelt den Kopf. Sie möchte einfach keine Muscheln essen. Sie habe noch nie welche gegessen. »Wenigstens probieren«, ermuntert Abi sie. Als Lena hart bleibt, nimmt Charo ihren Teller mit in die Küche. »Hoffentlich schmeckt unserem Gast wenigstens der nächste Gang«, versucht Luis zu scherzen. »Lass aber die Muscheln weg, Charo, oder versteck sie im Reis, damit Lena sie nicht sieht.« Doch Charo kann nicht so richtig mitlachen, man sieht ihr ihren Kummer an. Beim nächsten Gang übernehmen Luis und Abi das Servieren.

Was ist schiefgelaufen?

Zunächst hat Lena sich in der Zeitplanung etwas verschätzt. Das Mittagessen wird ja sowieso sehr spät eingenommen in Spanien, wir würden das gar nicht mehr Mittag, sondern mitten am Nachmittag nennen. Lena kam hungrig wie ein Wolf an und dachte, es ginge sofort los mit dem Essen, sobald sie sich die Hände gewaschen hätte. Da hat sie sich geirrt.

Dass sie ihre Gastgeber Luis und Charo dann auch noch in größte Verlegenheit brachte, weil sie in der Diele ihre Schuhe ausgezogen und Muster und Tragezustand ihrer Ringelsocken der allgemeinen Anschauung preisgegeben hat, war ihr überhaupt nicht bewusst. In ihren Augen wäre es unhöflich gewesen, die Schuhe anzubehalten und den Straßenstaub über alle Teppiche zu verteilen.

Dass sie dann auch noch den von Luis mit Bedacht und extra für diese Gelegenheit ausgesuchten Spitzenwein verschmähte, war schon fast eine Kränkung des Gastgebers. Und die Jakobsmuscheln? Tja, damit war der Tritt in den Fettnapf perfekt.

Was können Sie besser machen?

Was Sie in Spanien nicht machen sollten, egal, ob es stürmt oder schneit, regnet oder trocken und staubig ist: Ziehen Sie nie am Haus- oder Wohnungseingang Ihre Schuhe aus, denn man wird Sie für einen Außerirdischen halten. Ein barfüßiger oder bestrumpfter Gast ist in Spanien ein unvorstellbares Ereignis, das nichts als Entrüstung und Kopfschütteln auslösen kann. Man würde diese Art der Entblößung nie von einem Gast verlangen. Denn stellen Sie sich die ungeheure Peinlichkeit vor, wenn der Gast ein Loch im Socken oder gar zwei verschiedenfarbige Strümpfe erwischt hätte. Dieser Lächerlichkeit soll niemand ausgesetzt werden. Das gilt übrigens auch anders herum: In Ihrem Haus sollten Sie spanische Gäste auf keinen Fall dazu auffordern, die Schuhe auszuziehen. Das gehört sich in Spanien einfach nicht.

Bei einer privaten Einladung gibt es das Mittagessen selten vor 15 Uhr, darauf sollten Sie vorbereitet sein. Das gilt auch, wenn Sie für 14 Uhr eingeladen wurden. Sehr hungrig ankommen und denken, das Essen wird serviert, sobald man den Fuß in das Haus oder die Wohnung gesetzt hat, muss fast schiefgehen. Man trifft sich eigentlich immer vorher an einem anderen Ort als dem Esszimmer, meist ist es der *salón*, manchmal auch die *terraza*. Dort pflegt man ein bisschen Konversation und stimmt sich mit einem Aperitif auf das bevorstehende Essen ein. Das gehört zu einem gepflegten mehrgängigen Menü einfach dazu. Man trinkt selbstverständlich nicht viel, ein Gläschen trockenen Sherry, Wermut oder Martini, nicht mehr. Außerdem muss man ja mit dem Essen auf alle eingeladenen Gäste warten. Und da die gerne eine Viertel- bis halbe Stunde zu spät kommen, kann sich der Aperitif also schon einmal auf eine Stunde ausdehnen.

Bevor man mit dem Essen beginnt, wartet man, bis alle Personen am Tisch ihren Teller vor sich stehen haben. Beim Trinken gilt das nicht. Sie können trinken, sobald Ihr Glas eingeschenkt ist und müssen nicht auf die anderen Gäste warten. Auch Anstoßen und Zuprosten ist nicht üblich. Ein Toast wird nur zu besonderen Gelegenheiten, wenn jemand Geburtstag hat, heiratet oder den Hauptgewinn in der Weihnachtslotterie gezogen hat ausgebracht. Sie können den Gastgebern und anderen Gästen zwar mit *Buen provecho* [buen prowetscho] oder *Que aproveche* [ke_aprowetsche] einen guten Appetit wünschen. Warten Sie aber nicht unbedingt darauf, dass Ihnen jemand von sich aus einen guten Appetit wünscht. Es ist nicht üblich.

Auch wenn Ihnen bestimmte Speisen oder Getränke nicht schmecken, wird erwartet, dass Sie von allem kosten. Sie können nach dem Probieren dabei bleiben, dass Sie Muscheln nicht so gern mögen, aber Sie sollten sie probiert haben. Und natürlich sollten Sie dabei nicht angeekelt das Gesicht verziehen, sondern die Köchin oder den Koch loben, auch wenn es Ihnen nicht besonders schmeckt. Sagen Sie zum Beispiel, dass die Soße köstlich ist oder das Gericht wirklich herrlich duftet, auch wenn Sie selbst kein großer Fan von Kutteln sind. Oder behelfen Sie sich damit, dass Sie bitten, man möge Ihnen keine große Portion auftragen, Sie seien leider nicht sehr hungrig, auch wenn alle Speisen einfach köstlich aussähen.

Das gilt auch für Getränke. Probieren Sie einen kleinen Schluck und lassen Sie Ihr Glas dann halbvoll stehen. Erst, wenn Sie ausgetrunken haben, wird man Ihnen nachschenken. Vor einem halbvollen Glas oder einem halbvollen Teller sind Sie völlig sicher, wenn Sie nicht mehr möchten. Das stört auch niemanden. Nur nicht brav aufessen, denn dann bekommen Sie gleich einen Nachschlag.

Wenn Sie natürlich gar keinen Alkohol trinken, nie und unter keinen Umständen, dann sagen Sie das am besten von vornherein. Ebenso, wenn Sie unter Allergien leiden und deshalb bestimmte Speisen nicht essen können. Die sehr seltene Jakobsmuschel-Allergie hätte Lenas Rettung sein können.

15 Zu Gast bei Charo und Luis (2)

oder: Digestif inklusive Berieselung

Das wunderbare Mittagsmenü bei Charo und Luis, für das Lena mit ihrer WG-Mitbewohnerin Abi extra aufs Land, nach Yecla, gefahren ist, ist beim ersten Gang zwar noch nicht verunglückt, hat aber zumindest gefährlich Schlagseite bekommen. Es gab Jakobsmuscheln, eine besondere Spezialität – allerdings nicht für Lena, die Muscheln auf dem Teller verabscheut.

Als das Hauptgericht aufgetischt wird, ist sie beruhigt, denn es duftet nach ihrem Geschmack und sieht auch für sie richtig lecker aus. Charo hat in einer großen tiefen Pfanne, der *paellera*, eine *paella* zubereitet. Auf Lenas Teller fehlen die Muscheln, die sich bei den anderen im gelben Reis tummeln*, dafür gibt es Shrimps und kleine Fleischspießchen mit ganz hellem Fleisch, das aber eher kein Geflügel ist. Lena will jetzt lieber nicht nachfragen, um welches Fleisch es sich dabei handelt. Sie isst und lobt die Köchin und alle sind endlich zufrieden mit ihr. Benito hat zwei der Spießchen auf seinem Teller und Abi erklärt Lena auch, warum das so ist: *Conejo* ist nämlich Benitos Leibspeise. *Conejo?* Kaninchen? Lena sieht plötzlich ganz merkwürdig starr aus, mit einem unnatürlichen

* Die gelbe Färbung kommt vom *azafrán* (Safran), der in Spanien eigentlich gar nicht sehr teuer ist. Trotzdem wird stattdessen oft ein Lebensmittelfarbstoff verwendet (*colorante alimentario*). Es gibt aber auch Paella-Würzmischungen, die echten Safran enthalten.

Grinsen um den Mund. Ein Schnappschuss und Lena wäre über sich selbst erschrocken. Sie hat also gerade tatsächlich Kaninchenfleisch gegessen? Sie hofft, dass ihr Magen, der augenblicklich Alarm schlägt und für die Austreibung des Kaninchens plädiert, sich wieder beruhigen wird. Lena versucht sich auf Luis' Erklärung zu konzentrieren: Weißt du, die *paella mixta*, das ist ja nur etwas für Touristen, Fleisch und Meeresfrüchte in einer Pfanne, das hat bei uns keine Tradition! Früher, da gab es Paella nur mit Fleisch, aber inzwischen habe ich mich daran gewöhnt und es schmeckt ja auch, aber es ist auf keinen Fall traditionell, verstehst du?«

Lena nickt und fast hat sie den Hoppelhasen schon vergessen und freut sich auf die Nachspeise, denn die kann ja weder aus Schalen- noch niedlichen Felltieren zubereitet werden, denkt sie. Lenas Hoffnung wird erfüllt. Es gibt *flan*, hausgemachten Karamellpudding, und *tarta de chocolate*. Und Lena überrascht nun alle, die sie für ein mäkeliges deutsches Gör gehalten haben, als sie fragt: Kann ich auch beides haben? Natürlich kann sie, *por supuesto*. Vor Glück, dass wenigstens ein Gang bei ihrem deutschen Gast so richtig gut ankommt, bewegt sich sogar die in ihrer Köchinnenehre schwer gekränkte Charo wieder aus der Küche heraus und serviert höchstpersönlich die Süßigkeiten. Der Kuchen stammt aus der *pastelería*, wie Lena erfährt, und darauf scheint die Hausfrau auch noch stolz zu sein. Ganz im Gegensatz zu Lenas eigener Mutter daheim in Frankfurt, der wäre das oberpeinlich gewesen. Sie hätte sich lieber auf die Zunge gebissen als zuzugeben, dass der servierte Kuchen nicht selbst gebacken, sondern gekauft ist. Aber spanische Hausfrauen überlassen das Kuchenbacken eben gern den Profis, und der Schokoladenkuchen gibt ihnen sogar Recht.

Zum Kaffee, der erst *nach* dem Nachtisch serviert wird, zieht die ganze Gesellschaft wieder vom Esszimmer in den *salón* um. Luis fragt Lena, ob sie auch eine *copita*, ein Gläschen, haben möchte. Ein kleines Bier vielleicht, sagt Lena, worauf sie alle anstarren, als hörten sie das Wort *cerveza* [therwetha] heute zum ersten Mal. Komisch, Benito hatte doch vorhin auch ein Bier getrunken, wo ist denn da der Unterschied? »Deutsche trinken eben immer Bier«, sagt Benito und holt ihr eine Flasche aus dem Kühlschrank. Lena schenkt sich ein und sieht sogleich bei den anderen, was es mit den *copitas* (Gläschen) auf sich hat. Was die anderen trinken, aus kleinen Gläsern, sind schärfere Sachen: Cognac, Brandy, Likör. Aha. Also ist die Verkleinerungsform (*copa – copita*) hier wirklich wörtlich zu nehmen.

Luis schaltet aus einem für Lena unerfindlichen Grund den Fernseher an, aber keiner sieht hin oder lässt sich davon stören. Nur Lena kann sich gar nicht mehr auf das »echte« Gespräch im Raum konzentrieren. Da wird gelacht, erzählt, und daneben lacht und kreischt und knallt es aus dem LCD-Fernsehgerät mit mindestens einem Meter Bildschirmdiagonale. *¿Te molesta?*, fragt Abi, die Lenas Verwirrung bemerkt. Ob es sie störe? Lena entscheidet sich für eine ehrliche Antwort und nickt, worauf Abi aufsteht und den Fernseher leiser stellt. Der Ton ist nun kaum mehr hörbar, aber das riesige Bild ist weiter mitten im Raum präsent. »Mach ihn doch aus«, sagt Lena, »es guckt doch sowieso keiner.« Abi sieht ihren Vater an, dann ihren Bruder. Der zuckt mit den Schultern. Dann schaltet sie den Apparat aus.

Lena ist rundherum satt vom Mittagessen, das – *aperitivo, café* und *digestivo* (Digestif, die *copitas*!), in ihrem Fall Bier, eingeschlossen – nun schon fast drei Stunden dauert. Es geht auf eine Uhrzeit zu, zu der viele Menschen in Deutschland schon wieder ans Abendessen denken. Lena hofft, dass das nicht wieder so üppig wird und vielleicht sogar eine vegetarische Option enthält.

Für einen Ausflug in die Umgebung ist es nun eigentlich schon zu spät, denkt Lena. Aber Benito und Abi finden, es sei genau die richtige Uhrzeit dafür. Endlich nicht mehr so heiß, man kann also wieder entspannt hinausgehen.* Und im Gehen rufen die beiden Geschwister ihrer Mutter noch schnell zu, dass sie nicht zu Hause zu Abend essen, sondern mit Freunden unterwegs ein paar Tapas futtern werden. Sie solle nicht mit dem Essen auf sie warten. Charo sagt, das habe sie sich schon gedacht, und *¡que os divertáis!* [ke os diwer**tais**]. Viel Spaß!

Was ist schiefgelaufen?

Von der Hauptspeise bis zur Nachspeise ist ja nun alles gut gegangen. Nur bei den Getränken hat sich Lena vertan. Bier zum Essen ist völlig okay. Aber dass jemand nach dem Essen Bier trinkt, das haben Charo und Luis wahrscheinlich zum ersten Mal erlebt. Denn nach dem Essen geht es ans Verdauen und dafür ist bekanntlich ein Schnäpschen förderlicher als Bier.

* In Deutschland sind wir ja froh, wenn es einen Tag warm oder auch richtig schön heiß ist. Für uns heißt gutes Wetter Sonnenschein und hohe Temperaturen. Regen bedeutet schlechtes Wetter. Das wird in den heißen Regionen Spaniens oft ganz anders gesehen. Spanier mögen die Sonne gar nicht so gern und vermeiden ein Ausgehen in den Mittagsstunden. Und fast alle Spanier lieben den Regen, den das Land so dringend braucht. Deshalb sind die regenreichen Regionen Spaniens (Galicien im Nordwesten, die Kantabrische Küste im Norden) auch die beliebtesten Urlaubsgebiete der Einheimischen – neben den Mittelmeerstränden natürlich.

Und dass Lena Abi dann auch noch aufforderte, den Fernseher auszuschalten, wird wohl auch ein einmaliges Erlebnis gewesen sein. Die Gastgeber werden erstaunt zur Kenntnis genommen haben, dass jemand sich von einem sowieso schon leise oder stumm gestellten Apparat gestört fühlen kann und dass dieser Gast das auch noch so direkt äußert und Änderung verlangt. Eigentlich, könnten die Gastgeber denken, ist das fast so, als verlangte Lena von ihnen, dass sie einen guten Bekannten aus der Wohnung weisen.

Was können Sie besser machen?

Um es noch mal auf einen Blick zu haben, die Reihenfolge bei jedem Essen ist folgende: *aperitivo – primer plato* (erster Gang/Vorspeise) – *segundo plato* (zweiter Gang/Hauptspeise) – *postre* (Nachspeise: Süßes oder Fruchtiges) – als Abschluss *café* und eventuell eine *copita* (Digestif oder »Verdauungsschnäpschen«). Käse wird übrigens nicht *nach* dem Essen gereicht, wie in Frankreich, sondern wenn, dann als Vorspeise oder, ebenfalls sehr beliebt, als Tapa.* (Siehe Wissenskasten »Spanische Käsesorten« in Kapitel 23.)

Zum Kaffee gibt es traditionell »geistige« Getränke wie Cognac, Brandy, ein Schnäpschen oder Likör, eventuell auch einen Süßwein, z.B. den bekannten Málaga-Wein. Bier gibt es entweder *vor* dem Essen, als Aperitif, oder *zum* Essen, wenn

* Ein »kaltes« Abendessen einzunehmen, wie in vielen Gegenden bei uns das typisch deutsche »Abendbrot«, ist in Spanien ganz unüblich. Kalt kann allenfalls der 1. Gang sein, eine Vorspeise mit Käse oder Schinken, oder etwa ein *gazpacho* [gath**pa**tscho], eine gekühlte Gemüsesuppe aus Andalusien, die im Sommer sehr erfrischend ist. Sie kommt aus dem Kühlschrank. Der Hauptgang dagegen ist immer warm.

man keinen Wein trinken möchte. Aber nie *nach* dem Essen! Das ist für Spanier wahrscheinlich Barbarei. Spanier würden sich auch über die (Un-)Sitte in manchen deutschen Haushalten sehr wundern, zum Essen Wasser, Bier oder Limonade zu trinken und erst hinterher Wein zu Chips und Knabbereien zu reichen. Wein trinkt man in Spanien ausschließlich zum Essen. Aber auf keinen Fall Sangría! Sangría wird zwar mit Wein zubereitet, gilt aber als sommerliches Nachmittagsgetränk, im weitesten Sinn als Aperitif. Wir kämen ja auch nicht auf die Idee, Punsch oder Bowle zum Mittagessen zu servieren.

Sangría & Co.

Sangría, wegen seiner Farbe übrigens vom spanischen Wort *sangre* (Blut) abgeleitet, ist mittlerweile schon eher ein typisch deutsches als ein typisch spanisches Getränk, vor allem in der bei uns bekannten Form mit viel Alkohol, vielen Früchten und in großen Mengen. Stichwort »Eimersaufen« mit Strohhalmen. Das gibt es in Spanien nur in Touristenlokalen oder auf dem Ballermann*. Im übrigen Spanien ist die Sangría ein mit Fruchtsaft verdünnter Wein, der an heißen Sommerabenden als schwach alkoholischer Aperitif getrunken wird. Manchmal auch mit einigen wenigen Orangen-, Pfirsich- oder anderen Obststücken.

Wenn es unbedingt ein Mischgetränk sein muss, könnte es ein *tinto de verano*, ein Sommerrotwein gemischt mit Zitronenlimonade, sein. Im Lokal bekommen Sie beide Getränke meist separat serviert und können selbst das Mischungsverhältnis festlegen. Eiswürfel dürfen im Glas nicht fehlen. Auch der *tinto de verano* wird in Spanien nicht *zum*, sondern *vor* dem Essen, als Aperitif, getrunken.

---

* Was die wenigsten wissen: Die Bezeichnung »Ballermann« ist eine Verballhornung des spanischen Namens für einen Strandabschnitt auf der *Platja (Playa) de Palma* auf Mallorca. Er heißt: *Baleneario número seis*. Aus *balneario* (Strandbad) haben die *guiris*, die deutschen Touristen, kurzerhand den »Ballermann« kreiert.

> Das dritte bekannte Mischmaschgetränke ist der *calimocho*, gesprochen [kalimotscho]. Er ist eine Erfindung der Basken und heißt im Baskenland *kalimotxo*, genauso gesprochen wie die spanische Fassung. Der *calimocho* wird gemischt aus *vino tinto* (Rotwein) und Cola.
>
> Dass in den Mischgetränken nicht der beste Rotwein verbraten wird, versteht sich von selbst. Aber: *Hay gustos para todo*, wie die Spanier sagen – es gibt Geschmäcker für alles.

Und stören Sie sich nicht an den laufenden Fernsehern. Sie werden überall auf sie treffen: in Bars, Cafés, Kneipen und eben auch in den Privathaushalten. Die meisten Familien schauen z.B. zum Abendessen das *telediario*, die spanischen Fernsehnachrichten, die um 21 Uhr beginnen. Das heißt aber nicht, dass es deswegen keine Unterhaltungen bei Tisch gäbe. Ganz im Gegenteil. Unterhaltungen sind in Spanien ja generell lebhafter und lauter als etwa bei uns. Dass der Fernseher dazu auch noch mit ein paar Dezibel beiträgt, wird eher als anregend denn als störend empfunden. Fernseher sind in Spanien überall präsent, zumindest kommt einem das wegen des Lärms und der Größe der Bildschirme, der schnellen Schnitte der Musik-Videoclips oder der synchronisierten amerikanischen Abendserien so vor. Spanier selbst sind so an das ständige Flimmern und den Krach gewöhnt und ihre Schwelle von akustischem Störungsempfinden liegt viel höher als unsere. Sie merken noch gar nichts bzw. finden noch alles ganz normal, wenn viele von uns sich schon empfindlich gestört fühlen. Das werden auch Sie während Ihres Aufenthalts in Spanien nicht ändern. Versuchen Sie deshalb am besten, sich daran zu gewöhnen. Irgendwie.

Land der Fernsehgucker

Der durchschnittliche Fernsehkonsum pro Kopf lag 2009 in Spanien bei 226 Minuten täglich, das sind stolze drei Stunden und 46 Minuten. Die für Spanien sehr ungewöhnliche Kälte im Januar 2010 bescherte dem Land eine bisher nie da gewesene Lust am TV-Konsum von 261 Minuten pro Tag und Nase!

Von den zwölf Sendungen mit den höchsten Zuschauerzahlen der letzten zehn Jahre waren neun Fußballübertragungen. Spitzenreiter ist das Endspiel zur Fußball-WM 2010 in Südafrika, bei dem die *rojos*, Spaniens Nationalelf, bekanntlich den Titel gewannen. Fast 17 Millionen Zuschauer sahen das Endspiel, das sind 91 % aller Haushalte. Neben Fußball haben es nur noch diese drei Sendungen unter die besten zwölf gebracht: das Finale des Eurovision-Songwettbewerbs, das Finale von *Operación Triunfo* (eine Art »Spanien sucht den Superstar«) und die Beerdigung von Michael Jackson.

16 *¿De verdaaad?* – Eeecht?

oder: Andächtiges Lauschen unerwünscht

Die Sonne brennt vom Himmel, als Lena die dunklen Vorhänge aufzieht. Sie kramt ihr Handy aus der Tasche: Es ist Sonntag, zehn nach elf! Na ja, kein Wunder. Es ist ziemlich spät geworden gestern Nacht, eigentlich war es schon früher Morgen, als sie endlich ins Bett kamen. Eine endlose Kneipentour war das. Zu Hause in Deutschland hatte sie schon seit Jahren nicht mehr so exzessiv in den Morgen gezecht. Anstelle des Sightseeings, das sie eigentlich vorgehabt hatte, hat sie mit Abi und Benito eine Tour durch die Cafés und Kneipen der Kleinstadt gemacht und sich dabei wieder einmal darüber gewundert, wie viele Bars und Restaurants es selbst in Kleinstädten gibt, und wie gut sie besucht sind. In einem Ort mit vergleichbarer Größe in Deutschland wäre außer einer Bahnhofsgaststätte und einem Goldenen Bären oder einem Schwarzen Hirschen absolut tote Hose.

Ganz nebenbei hat sie die halbe Bevölkerung des Ortes, na ja, jedenfalls ziemlich viele der unter Fünfunddreißigjährigen kennengelernt, wurde unzählige Male vorgestellt und gefragt, woher sie käme und wie es ihr in Spanien gefalle. Abgesehen davon, dass sie aufpassen musste, nicht zu viel Alkohol zu konsumieren bei dem ständigen Lokalwechseln und den vielen Runden von *cañas* und *copas**, zu denen

* Mit *copas* [**ko**pas] (Gläsern) sind alle alkoholischen Getränke außer Bier gemeint. Das kann Wein sein, Sherry, Schnaps, Cognac →

ständig ein anderer der jungen Leute einlud. Irgendwann schwirrte ihr nur noch der Kopf von den vielen Gesprächen am Tisch. Weil bei den Spaniern aber auch immer alles durcheinander gehen muss! Lena dachte ja bisher immer, sie sei ein geselliger Mensch, aber gestern konnte sie sich selbst dabei beobachten, wie sie immer stiller wurde. Abi erkundigte sich schon besorgt, ob es ihr nicht gefalle und ob es ihr gut gehe. »*¿Estás de mala leche?*«, fragte sie. Wie bitte? Was hat denn das mit »saurer Milch« zu tun? Ach so, Abi wollte wissen, ob sie schlechte Laune habe oder ob ihr irgendeine Laus über die Leber gelaufen sei.

»Du bist so still«, sagte Abi. »Magst du unsere Freunde nicht?«

»Doch, doch«, protestierte Lena. »Ich höre doch zu! Ich kann ja nicht gleichzeitig reden und zuhören.« Abi schien ihr nicht recht zu glauben und Lena staunte weiter, wie lebhaft die Unterhaltungen abliefen. Hörten Sie einander eigentlich noch so richtig zu? Felipe erzählte gerade von seinem Erasmus*-Jahr in Stuttgart, oder in »Estugard«, wie er es nennt.

→ oder Drinks wie *cuba libre* (Cola mit Rum), umgangssprachlich *cubata* [ku**wa**ta] genannt, oder *ponche* [**pon**tsche], die spanische Punsch-Variante, besonders beliebt draußen, im Freien, wenn es abends schon kühl wird.

* »Erasmus« ist ein von der EU gefördertes Austauschprogramm für Studenten. Über 150.000 Studenten nehmen derzeit jährlich daran teil. Die beiden zahlenmäßig größten der teilnehmenden Nationen sind: Deutschland und Spanien mit 24.000 bzw. 22.000 Studenten. Beachtlich für Spanien, das ja nur halb so viele Einwohner wie Deutschland hat. Und wo gehen die deutschen Studenten bevorzugt hin? Nach Spanien! Und die spanischen Studenten? Für sie steht Deutschland nur an dritter Stelle, nach Italien (Platz eins) und Frankreich.

Estugard & Co. –
»Hispanisierung« von Wörtern aus anderen Sprachen

Spanier neigen dazu, fremdsprachige Begriffe, auch Ortsbezeichnungen, zu »hispanisieren«, also ins Spanische zu übersetzen oder zumindest von der Aussprache her an die eigene Sprache anzupassen. Und da Spanier kein »st« am Wortanfang sprechen können, wird hier der Vokal »e« vorausgeschickt: *Estugard*. Ebenso wie bei *estrés* (Stress), *estándar* (Standard), *estilo* (Stil) oder Estéban (Stefan) etc.

Für manche deutschen Städte und für die deutschen Bundesländer gibt es eigene spanische Bezeichnungen: *Múnich* [**mu**nitsch] (München), *Núremberg* (Nürnberg), *Colonia* (Köln) oder *Sajonia* [sa**cho**nia] (Sachsen), *Turingia* [tu**rin**chia] (Thüringen), *Baviera* (Bayern), *Renania del Norte Westfalia* (NRW), *Mecklemburgo Antepomerania* (Mecklenburg Vorpommern) etc.

Kaum hatte Felipe angefangen zu erzählen, als ihn auch schon einer am Tisch unterbrach und fragte, ob er denn auch *chucrut* [tschu**krut**], Sauerkraut, probiert habe in Deutschland. Worauf sich eine Debatte über deutsches Essen, Bier in Litergefäßen und so weiter entspann. Lena fragte sich, ob sie die einzige war, die wirklich hören wollte, was Felipe über seinen Aufenthalt in ihrem Land zu erzählen hatte. Alle schrien durcheinander. Lena konnte sich gar nicht mehr konzentrieren und fand die anderen am Tisch ziemlich unhöflich. Langsam kam sie zu der Überzeugung, dass Spanier einfach lieber sich selbst reden hören und nicht zuhören können. Aber als sie Abi fragte, warum denn keiner den armen Felipe so richtig ausreden ließe und sich niemand wirklich für ihn interessiere, fiel Abi aus allen Wolken. Wie sie denn darauf käme. »Na, sie unterbrechen ihn doch andauernd und reden ständig dazwischen, wenn er erzählt!«

»Was?«, ruft Abi. Sie hat Lena nicht verstanden. Es ist einfach viel zu laut hier. Lena gibt es auf und bestellt sich noch ein Bier.

Je später es wird, desto anstrengender ist es für Lena, mit der lebhaften, temperamentvollen Art ihrer spanischen Freunde mitzuhalten. Und der Abend wird noch sehr lang werden, denn nach diversen Kneipen landet die Clique gegen zwei Uhr morgens nicht im Bett, sondern in der Disko, wo eigentlich erst nach Mitternacht die Post abgeht. Um vier Uhr ist aber dann bei Lena endgültig Schluss. Sie ist einmal mehr der Abklatsch einer spritzigen Zuhörerin, sondern nur noch müde und außerdem ein wenig beschwipst. Sie würde zwar den Weg nach Hause allein finden, aber Abi besteht darauf, sie zu begleiten, und so kommen sie spät, aber doch gut und sicher nach Hause. Lena wundert sich, dass sie, bei all dem Alkohol, den die Leute trinken, keinem einzigen Betrunkenen begegnen. Wie machen die Spanier das eigentlich, bei den vielen *copas* im Laufe eines Abends? Das will sie am nächsten Tag unbedingt Abi oder Benito fragen. Jetzt ist sie einfach zu müde dazu.

Was ist da schiefgelaufen?

Während es Lena sehr schwer fällt, einer Kommunikation zu folgen, die von Unterbrechungen und »Störungen« lebt, vom Einbringen eigener Meinungen und Erfahrungen, noch bevor der Erzählende zu Ende gesprochen hat, von gegenseitigem Sich-Übertrumpfen und Hochschaukeln, wird ihr eigenes, in vielen Jahren antrainiertes Sozialverhalten – Zuhören und Ausreden lassen – als Desinteresse interpretiert. Abi denkt, Lena hat schlechte Laune, weil sie sich nicht in derselben Art und Weise lautstark in die Unterhaltung einbringt, wie ihre spanischen Freunde das tun.

»Die hören aber doch gar nicht richtig zu«, behauptet Lena.

»Stimmt nicht«, sagt Abi. »Gerade dadurch, dass sie unterbrechen und ihre eigenen Erfahrungen zum Thema einbringen, zeigen sie doch, dass sie voll dabei sind und Anteil nehmen an dem, was Felipe erzählt. Man muss dem anderen doch zeigen, dass man ihm zuhört.«

»Und das macht man, wenn man laut dazwischenquatscht, mitredet, Witze macht, anzweifelt, ob derjenige, der erzählt, auch die Wahrheit sagt und so weiter?« »Ja, genau«, sagt Abi. »Wenn ich dir etwas erzähle, und du sagst nicht muh und nicht mäh, dann weiß ich doch gar nicht, ob du mir zuhörst, ob es dich interessiert, was ich erzähle, oder ob du vor Langeweile schon die Autos zählst, die gerade vorbeifahren. Ich will sehen und hören, dass du mit dabei bist, dass du Anteil nimmst, mitleidest oder mitlachst, deine Emotionen eben, verstehst du?« Langsam dämmert es Lena, dass die Spanier auch hier wieder ganz anders ticken, als sie das von ihren Freunden aus Deutschland gewöhnt ist. Ruhiges, aufmerksames Zuhören, jemanden ausreden lassen, das scheint den Spanier nicht nur nicht zu gefallen, es verunsichert sie offenbar sogar sehr.

Was können Sie besser machen?

Wie macht man das aber nun praktisch, Interesse signalisieren, wenn einer etwas erzählt? Da helfen ein paar Redewendungen wie die folgenden, die Sie am besten zwischendurch einstreuen. Dabei dürfen Sie ruhig ein bisschen übertreiben. Also lieber zu viel als zu wenig Emotion zeigen. Sie könnten sagen: *¡Ah, qué interesante!* [a ke intere**sante**] (Ach, interessant!). Oder, noch etwas engagierter: *¡Ay, no!* [ai **no**] (Nein!), *¡No te creo!* [no te **kreo**] (Das glaub' ich dir jetzt nicht!), *¡Esto no es posible!* [**esto** no es posible] (Das ist doch unmöglich!), *¡Increíble!* [inkre_ible] (Unglaublich!).

Auch rhetorische Fragen, auf die Sie nicht unbedingt eine Antwort erwarten, passen hier gut: *¿Síííí?* [siiiii] (Jaaaaaaa?, Eeeecht?), *¿Cómo?* [**ko**mo] (Wie jetzt?), *¿Quéééé?* [keeeee] (Waaaaas?), *¿De verdaaaaad?* [de wer**daaaaa**(d)] (Wirklich? Echt? Ehrlich?).

Gegen Ende zu, wenn die Pointe erreicht ist, können Sie entweder, bei positivem Ausgang, *¡Qué maravilla!* [ke mara**wi**ja] (Wunderbar!) ausrufen oder, bei negativem Ausgang, *¡Qué barbaridad!* [ke barbari**da**] (So eine Gemeinheit! So eine Schweinerei!).

Wenn das Gespräch auf dieser Tonlage abläuft und in diesem Fahrwasser dahinplätschert, das uns vollkommen übertrieben erscheint, dann fühlt es sich für Spanier genau richtig an. Das kostet vielleicht etwas Überwindung. Aber versuchen Sie es doch einmal, vielleicht macht es Ihnen sogar noch richtig Spaß, und wenn Sie aus Spanien zurückkommen, werden Sie es am Ende sogar noch vermissen.

El bar – Die Bar: zweite Heimat der Spanier

Es gibt in Spanien die schier unglaublich hohe Zahl von ungefähr 400.000 Bars, die angesichts der aktuellen Wirtschaftskrise natürlich über Umsatzeinbußen klagen und wegen der Bestrebungen der Gesundheitsministerin, ein totales Rauchverbot in geschlossenen Räumen durchzusetzen, Zeter und Mordio schreien, aber bislang dennoch in gewohnter Weise weiter existieren und auch frequentiert werden. Denn die Bar, das ist praktisch die zweite Heimat der Spanier: *la segunda casa de los españoles.*

Warum halten Spanier sich eigentlich so oft in den *bares* auf? Die Bezeichnung *bar* hat übrigens nichts mit einer (Nacht-)Bar zu tun, sondern bedeutet ein Zwischending zwischen Café und Kneipe bzw. ein Café, in dem auch alkoholische Getränke und kleine Speisen angeboten werden. Und warum geben die Spanier in den Bars so viel Geld aus? Das hängt hauptsächlich mit dem sehr großen Kommunikationsbedürfnis der Spanier zusammen. In der Bar trifft man seine Freunde, die Arbeitskollegen, die Clique, die Kartenspielpartner, einfach alle. Man trifft sie sogar viel häufiger dort als etwa zu Hause. Wenn zwei oder mehr Leute sich auf einen Schwatz, ein Gläschen Bier, einige Tapas verabreden, dann todsicher in der Bar und nicht bei einer der Personen zu Hause. Denn, wie gesagt, die Bar ist der eigentliche Zweitwohnsitz der Spanier.

Interessant, wenn Sie selbst »Feldforschung« betreiben wollen: In jeder Bar wechselt im Laufe des Tages das Publikum durch: Morgens zwischen acht und neun kommen die Angestellten der Firmen rundherum, Lehrer, Studenten, Dozenten zum Frühstücken. Radio oder Fernseher und Espressomaschinen halten den Lärmpegel hoch. Die Angestellten lesen an der Theke die Zeitung, junge Leute besetzen lachend und sich laut unterhaltend die Tische.

Um die Mittagszeit, zwischen 13 und 14 Uhr, kommen Schüler, Studenten oder Angestellte während der Mittagspausen. Es werden Kleinigkeiten gegessen, belegte Brötchen zum Beispiel, die in Spanien *bocadillos* heißen: *bocadillos de queso* [boka**di**jos de **ke**so] (mit Käse), *de jamón* [cha**mon**] (mit Schinken) oder *de tortilla* [tor**ti**ja] (mit Kartoffelomelett). Dazu wird ein kleines Bier getrunken. Als Vorspeise oder Aperitif sozusagen, denn um 14 Uhr gehen alle, die die Zeit haben, zum »richtigen« Essen nach Hause.

Am Nachmittag, so ab 16 Uhr, sind die älteren Herren in der Bar anzutreffen, die Karten spielen oder Domino, natürlich bei laufendem Fernseher, und auch sie selbst sind nicht unbedingt leiser als die Jungen. Sie trinken Kaffee und *copitas*: *coñac, brandy, aguardiente* (Schnaps).

Dann kommen ab 20 Uhr die Angestellten zum Chillen. Sie nehmen zusammen einen Aperitif ein: *cañas* (Fassbier) und *tapas* (Häppchen). Zwischen 21 und 22 Uhr sind dann alle zum Essen zu Hause.

Ab 23 Uhr wird es wieder voller in der Bar. Es wird getrunken, geplaudert, mitunter sogar getanzt, wenn Platz ist, wenn nicht, wird das Zusammenstehen und Biertrinken auch nach draußen verlegt, auf die Straße bzw. auf den Gehsteig, wo sich die Raucher sowieso schon versammelt haben. Vor Mitternacht scheint auch an Werktagen keiner ins Bett gehen zu wollen. An Freitagen und Samstagen geht es bis in die frühen Morgenstunden weiter.

Wundern Sie sich nicht, wenn die Frage *¿Dónde nos encontramos?* [**don**de nos enkon**tra**mos] (Wo treffen wir uns?) standardmäßig so beantwortet wird: *En el bar de la esquina.* [en el bar de la es**ki**na] (In der Bar an der Ecke.)

17 *¿Adónde vas?* – Wohin gehst du?

oder: Nie mehr allein

Nach dem Aufstehen und Duschen begegnet Lena am Sonntagmorgen Charo und Luis im Haus. Auch Abis Bruder Benito ist schon wach. Nanu, hat die Familie mit dem Sonntagsfrühstück nicht gewartet, bis alle Nachtschwärmer aufgestanden sind? Der Tisch ist nicht gedeckt, Luis liest Zeitung, Charo telefoniert und Benito sitzt über einer Tasse Milchkaffee und hält sich den Kopf.

»*Buenos días*«, sagt er verkatert, »magst du Kaffee? Er steht in der Küche.« Lena schenkt sich eine Tasse Kaffee ein.

»Benito«, flüstert sie. »Haben die anderen schon gefrühstückt?« »*¿Ehhh?*«, macht er. »Da liegen doch Kekse.« Na, vielen Dank auch, denkt sich Lena. Gestern waren doch alle so überaus gastfreundlich. Verärgert nimmt sie sich ein paar der trockenen Kekse. Aber sie hat Hunger! Hoffentlich knurrt ihr Magen nicht gleich so laut, dass die anderen alle aufmerksam werden. Na gut, dann wird sie einfach nachher losziehen und sich ein Stück Gebäck in einer Konditorei holen. Oder in der Eckkneipe einen schönen Toast mit Butter und Marmelade essen. Ja, dazu hat sie jetzt richtig Lust. Lena zieht ganz gern auch mal alleine los, ohne Begleitung. So zur Erholung, ohne zuhören und Interesse signalisieren zu müssen. Wahrscheinlich ist das ein typisch deutsches Bedürfnis, aber sie findet die Vorstellung herrlich. Deshalb trinkt Lena rasch ihren Kaffee aus und will auch gleich los. »Bis später«, ruft sie in die Runde,

»ich gehe mir noch ein bisschen die Beine vertreten«. »Ach, Lena?«, unterbricht Charo ihr Telefonat, »wohin gehst du denn?« »Kleiner Spaziergang, ich sehe mich nur ein wenig im Ort um.« »Ganz alleine?« Charo kann es gar nicht glauben. Lena nickt, nichts Gutes ahnend. »Schläft Abi denn noch?« Lena nickt wieder. »Soll ich sie aufwecken?«, fragt Benito, nun ebenfalls besorgt. »Nein, bitte nicht, lass sie schlafen!« Lena wehrt heftig ab.

»Willst du nicht mitgehen, Benito?«, fragt Charo, als sei Lena ein kleines Kind, das man ohne Begleitung nicht aus dem Haus schicken darf. Benito winkt ab und signalisiert Schmerzen irgendwo zwischen hoher Denkerstirn und den kräftigen schwarzen Haarspitzen, die ihm gerade wie Antennen vom Kopf abstehen. Lena denkt schon, damit sei die Sache klar, da trifft Charo kurzerhand eine nicht mehr zu diskutierende Entscheidung: »Dann komme ich eben mit«, sagt sie und beendet damit das Telefongespräch mit ihrer Mutter, die drei Häuser weiter wohnt.

Was ist da schiefgelaufen?

Lena tickt eben doch anders als ihre Umgebung. Und obwohl sie weiß, dass das Frühstück in Spanien selbst am Sonntag keine große Sache ist, hat sie die barsche Aufforderung Benitos zur Selbstbedienung ein bisschen gekränkt. Nach der lebhaften Quasselei am Abend zuvor fand sie seine Einsilbigkeit am Morgen fast unangenehm. Jetzt hätte sie ihn fragen können, welche Laus ihm über die Leber gelaufen ist und woher seine Saure-Milch-Laune kommt. Vielleicht sind das die Folgen des Alkoholkonsums, auch wenn Lena bei Benito und den anderen Freunden keinen Schwips bemerkt hat. Nur bei ihr selbst. Verhält Benito sich gar deshalb so merkwürdig, weil sie gestern ein bisschen betrunken war?

Dass Benito so wortkarg war, war sicher keine Ungezogenheit gegenüber dem deutschen Gast. Der Morgen ist im Normalfall die einzige Tageszeit, zu der das Temperament, die Lautstärke und Redegeschwindigkeit der Spanier noch nicht ihre Höchstform erreicht hat. Vielleicht ist es ein Tribut an den anderen Tagesrhythmus. Deshalb beschränkt sich die Begrüßung am Morgen auch meist auf ein einfaches *buenos días*, guten Morgen, allenfalls noch die Frage: *¿Has dormido bien?* [as dormido bjen] (Hast du gut geschlafen?) Das war's dann. Nehmen Sie es auf keinen Fall persönlich, sollte Ihnen so etwas wie Lena widerfahren.

Und warum lässt man sie eigentlich nicht alleine zum Frühstücken in die Bar oder Konditorei gehen? Wieso muss da schon wieder jemand mitgehen und sie begleiten? Sie ist doch kein Baby mehr. Nein, es besteht wirklich keine Gefahr, dass sie sich verläuft und nicht wieder nach Hause findet. Es besteht auch keine Gefahr, dass sie in der Bar von fremden Männern angesprochen wird und sich im Bedarfsfall nicht zu helfen weiß oder dass man sie übers Ohr haut. Was ist also so schlimm daran, dass sie einmal etwas alleine unternehmen will? Das alles schießt Lena durch den Kopf, während sie darauf wartet, dass Charo wieder aus dem Badezimmer herauskommt, in das sie vor 15 Minuten mit der Aufforderung »Warte Lena, ich bin sofort fertig!« entschwunden ist.

Für Spanier, Frauen wie Männer, ist es kaum zu ertragen, ihren Besuch alleine irgendwo hingehen zu lassen. Alleinsein ist gleichbedeutend mit Traurigsein, von den Freunden verlassen, von den Gastgebern vernachlässigt. Und das ist etwas ganz Schlimmes, ja Unerträgliches. Einsamkeit, *soledad* [sole-

da(d)], hat eine fast ausschließlich negative Bedeutung und muss unbedingt verhindert werden. Spanier haben entweder eine große Familie oder viele Freunde, meistens sogar beides. Eine Person, die allein auf der Strandpromenade oder in der Stadt herumspaziert, die allein im Café sitzt, ist im Grunde ein trauriger Anblick. Wenn im Haus, in der Wohnung jemand sagt, er gehe noch schnell zur Post oder Apotheke, gibt es mit Sicherheit immer mindestens einen oder eine, die spontan sagt: »Ach, warte einen Moment, ich komme mit.«

Etwas länger als 15 Minuten dauert es sicher, aber dann ist Charo soweit fertig und sie machen einen gemeinsamen Stadtbummel. So kommt Lena doch noch, und völlig unverhofft, zu ihrem Sightseeing! Denn Charo erzählt ihr einiges über die Stadt und die Weinbauflächen rings herum. Yecla lebt vom Weinanbau und Charo ist eine echte Expertin, wenn es um den Ort und seine Geschichte geht. Natürlich kennt Charo auch die beste *pastelería* in der Stadt, und Lena probiert diverses Kleingebäck und ist schließlich satt und zufrieden, sogar mit sich und der Welt. Das ist die beste Gelegenheit, die eine Frage, die sie seit ihrem kleinen Schwips vom Vorabend beschäftigt, zu stellen:

»Charo, warum trifft man in Spanien eigentlich kaum auf Betrunkene, obwohl in den Kneipen nicht gerade wenig getrunken wird?«

»Getrunken wird schon, das stimmt«, sagt Charo. »Aber wir mögen es gar nicht, wenn jemand betrunken ist, weißt du? Das gehört sich für einen Erwachsenen nicht. Soweit muss man sich unter Kontrolle haben, dass das nicht passiert.«

Lena bekommt rote Bäckchen, lässt sich aber so schnell nicht abwimmeln. »Ja, aber wie macht ihr denn das? Zu jeder

Tapa gibt es eine *caña*. Wie schafft man es denn, dabei nicht zu viel zu bekommen?«

Was können Sie besser machen?

»Also pass auf, Lena. Trick Nummer eins: Du isst immer eine Kleinigkeit zu jedem Glas Bier oder Wein. Damit schaffst du eine Grundlage für den Alkohol. Verstehst du?«, fragt Charo.

Lena nickt. Wahrscheinlich gibt es deshalb auch so viele Tapas-Sorten und in jeder Kneipe wieder andere, denkt sie.

»Wenn das nicht reicht, kommt Trick Nummer zwei.«

»Aha? Da bin ich aber jetzt gespannt.«

»Ganz einfach. Du trinkst immer nur einen kleinen Schluck von deinem Getränk und lässt den Rest stehen.«

So einfach ist das?, denkt Lena. Also besser vergessen, was sie zu Hause gelernt hat. »Lieber den Magen verrenkt, als dem Wirt was geschenkt«, haben ihre Großeltern immer gesagt, wenn die Familie in einem Restaurant saß. Dieser gewisse Geiz ist also eher etwas typisch Deutsches. Den Spaniern ist es wichtiger, dass sie keinen Schwips bekommen, denn darunter leidet das gesellschaftliche Ansehen. »Lieber dem Wirt was geschenkt, als sein Ansehen verrenkt«, würde Pumuckl, der Kobold mit dem roten Haarschopf, reimen und feststellen: »Alles was sich reimt, ist guuut!«

Der Trick, wenn Sie gerne mal einen Stadtspaziergang allein machen oder einen Besuch im Café ohne Unterhaltung genießen und alle Eindrücke rundherum direkt und ungefiltert aufnehmen möchten, geht so: Sie geben Ihren Gastgebern oder Mitbewohnern gar keine Gelegenheit, sich einzuklinken. Wie können Sie das am besten anstellen? Sich grußlos wegstehlen? Das käme nicht so gut an. Aber Sie könnten z.B. eine günstige Gelegenheit abwarten, wenn alle mit Essen, Telefonieren, Fernsehen oder Ähnlichem beschäftigt sind, sich möglichst unauffällig anziehen, falls nötig, und schnell noch, quasi im Hinausgehen, den Anwesenden einen Gruß zurufen, mit dem Hinweis, Sie seien gleich, bald, sofort wieder da und müssten nur noch kurz etwas erledigen. Zur Not eine Lüge: Sagen Sie doch, Sie hätten eine Verabredung mit Pedro oder Juan oder Julia und Juana oder beiden und Sie träfen sich in der Stadt, im Café, wo auch immer mit ihr oder ihnen. Dann ist das völlig in Ordnung. Denn dann sind Sie ja nicht allein und keiner muss sich Sorgen um Sie machen.

Umgekehrt bedeutet das natürlich auch, wenn Sie selbst Besuch von Spaniern (oder Südamerikanern, da gibt es in dieser Hinsicht kaum Unterschiede) haben, dass Sie sich um Ihren Besuch kümmern sollten, denn das wird von Ihnen erwartet. Schicken Sie also Ihre Besucher nicht mit dem Hinweis in die Stadt oder aufs Land oder zum Sightseeing, Sie seien beschäftigt oder hätten keine Lust zum x-ten Stadtbummel. Dann wären Sie als Gastgeber auf jeden Fall unten durch.

Und das gilt auch für Geschäftsbesucher. Ein gewisses »Freizeit-Rahmenprogramm« wird von Ihnen erwartet, wenn Sie einen oder mehrere Besucher aus Spanien in der Firma zu Gast haben. Neben den Sehenswürdigkeiten Ihrer Stadt oder der Umgebung käme, falls Sie nicht spezielle persönliche Vorlieben über Ihren Besuch kennen oder erfragt haben, wahrscheinlich in jedem Fall ein Besuch im Fußballstadion Ihrer Stadt gut an – wenn es sich um männliche Besucher handelt. Die meisten Spanier sind Fußballnarren, natürlich nicht alle, aber das müsste ja herauszubekommen sein. Frauen gehen, Klischee hin oder her, gerne shoppen. Natürlich wiederum nicht alle. In jedem Fall: Lieber zu viel kümmern als zu wenig, oder sich so lange kümmern, bis Ihr Besuch Ihnen glaubwürdig versichert, dass er auch einmal gerne etwas allein unternehmen würde.

18 Freiherr Knigge war kein Spanier

oder: »Wie heißt das Zauberwort?«

Lena hat Lust, ihren WG-Freunden etwas Gutes zu tun und eine, wie sie meint, tolle Idee, die auch ihr gut bekommen wird. Denn seit sie in Spanien ist, gab es noch kein einziges Mal ein Frühstück, das zwei Stunden dauert, und bei dem alles auf dem Tisch steht, was am Vormittag lecker ist und bei dem man so richtig schön ohne Unterlass quasseln kann. In Deutschland hat sie diese Art zu frühstücken immer genossen, also plant sie für sich und ihre Freunde ein »deutsches Frühstück«, und wer weiß, vielleicht kommen sie ja auf den Geschmack. Der Termin steht fest, nächster Samstag. Dass am Samstagmorgen niemand vor elf Uhr aufsteht, weiß sie mittlerweile. Also lädt sie für halb zwölf ihre WG zum Brunch ein.

»Brunch?«, fragt Loli. »Bei uns nennt man das eher *tentempié* oder *merienda*, so eine Art Imbiss, oder?«

»Quatsch, das heißt doch *desamida*«, sagt Abis Freund Rafa.

»*Desamida*? Was soll das denn sein? Das Wort gibt es doch gar nicht!«

»Na, Brunch ist doch englisch, die Verbindung von *breakfast* und *lunch*. Und *desamida* ist spanisch, nämlich die Kombination aus *desayuno* und *comida*, Frühstück und Mittagessen eben.«

Alle schlafen, als Lena am Samstag zu ihrer großen Einkaufstour startet, um die Leckereien, die sie auf den Tisch stellen möchte, frisch servieren zu können. Zuerst geht sie in die *panadería*, mit Absicht nicht in die Bäckerei an der Ecke, weil es in der außer *pan*, dem typisch spanischen, etwas laschen Stangenweißbrot, das mit einem knusprigen französischen Baguette nur sehr weitschweifig verwandt ist, und ein paar fetten *buñuelos* [bu**nj**u**e**los] (Krapfen), die aussehen, als lägen sie schon ein paar Tage in der Auslage, keine richtig große Auswahl gibt. Also die *Panadería Marta* in der Innenstadt. Die ist natürlich voll. Lena drängt sich gerade noch in den duftenden Laden, in dem sich eine chaotische Masse von Menschen drängt. Eine Warteschlange ist nirgendwo auszumachen. Lena hat keine Ahnung, wie es hier vorwärts geht und wie man es schafft, irgendwann bedient zu werden. Sie kann überhaupt kein System erkennen. Da geht die Tür hinter ihr auf, ein Mann mit Pferdeschwanz quetscht sich herein. Er sieht aus wie Javier Bardem, den Lena vor Kurzem an Julia Roberts Seite im Kino sah*. Und der fragt: »*¿Quién es el último?* – Wer ist der Letzte?«. Aha! »*Yo*«, sagt Lena. Wer aber war der Vorletzte? Sie sieht sich suchend um und eine *señora* macht ihr netterweise ein Handzeichen. So funktioniert das also.

Die Verkäuferin fragt: »*¿A quién le toca?* – Wer ist dran?« und Lena antwortet »*A mí* – Ich«, als sie dran ist. Sie kauft *pan inte-*

* Javier Bardem, 1969 in Las Palmas, Gran Canaria, geboren, entstammt einer Schauspielerdynastie. Bevor er selbst Schauspieler wurde, spielte er Rugby in der Nationalmannschaft und studierte Kunst. Er ist der einzige Spanier, der bisher einen Oscar gewonnen hat: als bester Nebendarsteller in dem Film »No country for old men« (2007). Er ist mit Penélope Cruz, eine der international bekanntesten spanischen Schauspielerinnen, verheiratet und derzeit der spanische Platzhirsch in Hollywood. Den letzten Ritterschlag erhielt er 2010 in »Eat, pray, love« an der Seite Julia Roberts.

*gral** (Vollkornbrot), *panecillos* [panethijos] (Brötchen), *cruasanes* [kruasanes] (Croissants) und *cruasanes rellenos de jamón dulce* [rejenos de chamon dulthe] (Schinkencroissants). Käse und Oliven hat sie schon am Vortag auf dem Markt eingekauft. Jetzt fehlt nur noch ein bisschen Schinken und Wurst. Dass sie damit nicht in die *carnicería* (Fleischerei) gehen muss, wo es ausschließlich *carne* (Fleisch) gibt, sondern in die *charcutería*, hat Lena nach ein paar Wochen in Spanien auch schon mitbekommen. Also, ab in die *charcutería*. Ziemlich souverän fragt sie, wer der Letzte ist, und man zeigt ihr stumm ein Kästchen an der Wand. Ach, wie vornehm: Hier zieht man Nummern wie zu Hause auf der KFZ-Zulassungsstelle. Na gut, dann gibt es zumindest keine Streitigkeiten, wer dran ist.

Beim *jamón* gibt es zwei Klassen: *jamón York* oder *jamón dulce* ist gekochter Schinken, *jamón serrano* ist luftgetrocknet, im Geschmack vergleichbar mit dem Parmaschinken. Wurstwaren heißen *embutidos*. Aber spätestens hier bekommt Lena wirklich ein Problem. So viele Wurstsorten! Das meiste sieht aus wie Salami oder Paprikawurst und das Dunkle da wie Blutwurst, igitt! Dann lieber Salami, mit und ohne Paprika.

Embutidos – spanische Wurstspezialitäten

Zuerst eine Begriffsklärung: Das, was im Deutschen als »Aufschnitt« bezeichnet wird, wird in Spanien traditionell wenig gegessen. Es heißt *fiambres*. Brüh- oder Bratwürste gibt es in Spanien

* Eigentlich muss »Vollkornbrot« in Anführungszeichen stehen. Stellen Sie sich unter *pan integral* kein dunkles Sauerteigbrot mit vollen Körnern vor, sondern ein etwas dunkleres Weißbrot, für das dem Auszugsmehl noch Weizenkleie zugemischt wurde. Mehr ist nicht zu bekommen, wenn Sie nicht auf abgepacktes, geschnittenes Brot aus dem Supermarkt zurückgreifen wollen, das dann wahrscheinlich aus Deutschland kommt.

auch kaum. Spanische Würste – *embutidos* – sind länger gereifte, meist luftgetrocknete (und/oder geräucherte) schnittfeste Rohwürste, ähnlich der italienischen Salami.

Das Äquivalent zur Salami ist der *salchichón* [saltschi**tschon**] aus pikant gewürztem magerem Schweinefleisch. Er wird aufgeschnitten als Tapa serviert, aufs *bocadillo* (Brötchen) gelegt oder Eintöpfen zugegeben. Jede Region hat ihren eigenen *salchichón*, in Katalonien heißt er *fuet*.

Auch bei uns bekannt ist *chorizo* [tscho**ri**tho], eine Paprikasalami, in Katalonien *longaniza* genannt. Eine berühmte regionale Variante mit geschützter Herkunftsbezeichnung ist *chorizo riojano*, zu deren Herstellung Fleisch und Speck kastrierter weißer Schweine verwendet werden. *Chorizo ibérico* wird dagegen aus dem Fleisch von schwarzen Ibérico-Schweinen, einer alten, mit dem Wildschwein verwandten Rasse, gemacht. Im übertragenen Sinne ist *chorizo* im spanischen Sprachgebrauch übrigens kein »(armes) Würstchen«, sondern ein kleiner Ganove.

Gegrillt, gebraten oder in Eintöpfen wird die *morcilla* [mor**thi**ja], eine Blutwurst, verwendet, von der es wiederum sehr viele regionale Varianten gibt.

Zu Hause bereitet Lena noch einen Obstsalat, *una macedonia* [mathe**do**nia] *de frutas*, zu, den sie selbst gern zum Frühstück isst. *Huevos* [**u**_ewos], Eier, lässt sie weg, weil sie in Spanien selten gekocht, sondern eher als *huevos revueltos* (Rühreier) oder *huevos fritos* (Spiegeleier) gegessen werden. Dazu gibt es Espresso und heiße Milch, sodass sich jeder sein Getränk selbst mischen kann: *café solo* (Espresso), *café cortado* [kor**ta**do] (Espresso mit Milch) oder *café con leche* [kon **le**tsche] (Milchkaffee).

Als die Mitbewohnerinnen endlich aus den Federn kriechen und sich an den Tisch setzen, bricht keiner in Begeisterungsstürme aus, aber damit hat Lena schon gerechnet. Inzwischen kennt sie ihre Freunde zu gut, um von ihnen zu erwarten, dass sie schon am Morgen zu Höchstform auflaufen. Nur allmählich kommen die Spanierinnen doch in Fahrt.

Loli hätte gern Orangensaft*, aber den hat Lena vergessen. Das *pan integral* bleibt ebenso wie die Butter und Marmelade von den Spanierinnen unberührt. Auch legen sie sich Schinken und Käse nicht aufs Brötchen, beobachtet Lena, sondern zerreißen das schöne Brötchen und stecken sich abwechselnd ein Stück Schinken und danach ein Stück Brot in den Mund. Bäh. Aber gut, jeder, wie er meint.

Nach und nach wachen sie auf und es kommt Leben in die Bude. Jetzt gibt es die Abenteuer der letzten Nacht zu hören. Loli beginnt die Lokale aufzuzählen, durch die sie mit Freunden getingelt ist, nach dem zweiten schreit Rafa schon dazwischen und möchte wissen, ob sie dort nicht Pepe getroffen habe.

»Nein, nein, Pepe habe ich die ganze Nacht nicht gesehen.«

»Das gibt es doch nicht«, sagt Rafa, »der ist doch jeden Freitagabend unterwegs. Denk doch noch mal nach. Vielleicht im *Sol y Sombra* oder in der Jazzbar, wie heißt sie nochmal? *Desdén*.«

»Nein, Pepe hab ich ganz sicher nicht gesehen, vielleicht war er ja krank oder seine neue Freundin hat ihn nicht aus dem Bett gelassen.«

»Was? Pepe hat schon wieder eine neue Freundin?«, kreischt Abi. »Jetzt sind sie endlich wach«, denkt Lena, und Abi erzählt, dass es wieder eine ungeheure *marcha* [**mar**tscha] war, ein richtiger Rummel, der bis in die Morgenstunden die Straßen der Innenstadt bevölkerte.

* Im Lokal oder zum Hotelfrühstück bekommen Sie natürlich *zumo de naranja* [thumo de na**ran**cha]. Hätten Sie ihn gern frisch gepresst, dann verlangen Sie ihn nicht *fresco*, denn das bedeutet »kühl«, sondern *zumo natural* [thumo natu**ral**]. Der »Natürliche« ist frisch gepresst.

¿Me pasas el jamón? – Gibst du mal den Schinken rüber? – *Oye, ¿hay más café?* – Hör mal, gibt's noch Kaffee? – *Los cruasanes están muy ricos, ¿hay más?* – Die Croissants sind sehr lecker, gibt's noch mehr davon?

Ihren Gästen schmeckt es offenbar, aber etwas ist doch anders als in Deutschland. Lena merkt, dass sich da ein ungutes Gefühl in ihr regt. Irgendwie ist sie sauer und wird es immer mehr. Die könnten ruhig mal Bitte und Danke sagen, findet sie, wenn sie sich schon nicht ausdrücklich bei ihr für das Frühstück bedanken. Sie ist gerade dabei, sich zu entschließen, ihren Freunden etwas Nachhilfe in Benehmen zu erteilen. »*Oye, ¿me puedes dar el queso?*« hört sie da Loli fragen. »Hör mal, kannst du mir den Käse geben?« Hallo? Fehlt da nicht was? So ein kleines Wörtchen vielleicht, das man spätestens im Kindergarten gelernt haben sollte?

»Na, Loli«, fragt Lena nur halb im Spaß, »wie heißt denn das Zauberwort?«

»*¿Ehhhhh?*«, macht Loli. »Was meinst du denn mit *palabra mágica*?«

»Na, ›bitte', ›danke‹ und so was. Die heißen bei uns Zauberwörter.«

»Wieso denn?« Alle starren sie an, als spräche Lena chinesisch.

Aber so sehr Lena versucht zu erklären, dass es in Deutschland üblich ist, »bitte« zu sagen, wenn man etwas möchte, und »danke«, wenn man es bekommt, ihre Mitbewohnerinnen scheinen nicht zu begreifen, wozu das gut sein soll. Irgendwann gibt Lena es auf und befüllt einfach noch eine Espressokanne und hofft, dass die Unterhaltung wieder in Schwung kommt und keiner mehr an ihre deutschen Zauberwörter denkt.

Was ist da schiefgelaufen?

Lena hat hier ein zwar nicht tragisches, aber doch fundamentales interkulturelles Missverständnis aufgedeckt. Unsere Höflichkeitswörter (bitte, danke, entschuldigen Sie, könnten Sie, könnte ich usw.), die für uns zum gesitteten Umgang zwischen zivilisierten Menschen gehören, haben diesen Wert in Spanien *nicht*. Sie werden sie mit Sicherheit viel seltener hören als bei uns. Noch schlimmer ist der Kulturschock in dieser Hinsicht, wenn Sie mit dem Auto nach Spanien reisen, denn dann kommen Sie zwangsläufig vorher durch Frankreich, ein Land, das für seinen höflichen Umgangston bekannt ist. Wenn Sie in Frankreich in eine Bäckerei gehen, dann geht es gleich los: *Bonjour, madame, Bonjour, monsieur* und ebenso werden Sie mit *Au revoir, madame* verabschiedet, und in der Regel folgt dann noch ein mit spitzen Lippen geflötetes *bonne journée*. Dann fahren Sie über die Grenze und im ersten Laden, den Sie betreten, es kann auch eine Bank sein oder eine Tankstelle, sagt der Mensch, der Sie dort bedient, ein einziges kurzes und schlichtes Wort: *hola*. Und sonst gar nichts. Oder, wenn's hoch kommt, noch ein *¿Qué quiere(s)?* – Was willst/möchtest du?/Was wollen Sie? – dazu. In dieser Knappheit und Direktheit, dazu noch das vertrauliche bis übergriffige Du, und der Kulturschock ist perfekt. Daher stammt wahrscheinlich auch der Ruf der Spanier, ein bisschen ruppig und unhöflich zu sein. Und im Vergleich mit der *grande nation* Frankreich scheint das ja auch wirklich zutreffend. Aber natürlich meinen die Spanier das nicht so. Diese Art von antrainierter Höflichkeit ist vielen Spaniern fremd oder einfach nicht so wichtig.

Was können Sie besser machen?

Es gibt nur eine Möglichkeit: Passen Sie sich an! Am Marktstand in Spanien heißt es nicht: »Ich hätte gern ein Pfund Pfirsiche«, sondern »Geben Sie mir …«: *Me pone medio kilo de melocotones.* Der Wunsch zu zahlen wird in der Bar oft unverblümt und direkt so ausgedrückt: *¿Me cobra?* – »Kassieren Sie bei mir?«

Selbst für die Frage nach dem Weg wird kein »Entschuldigung, wo bitte finde ich …?« gegenüber dem unbekannten Passanten bemüht. Es geht schließlich auch kürzer: *Oye, ¿para ir al museo Picasso?* – »Hör mal, wo geht's zum Picasso-Museum?«

Natürlich kann es bei Tisch auch ganz höflich zugehen, z.B. so: *¿Me podrías pasar la sal, por favor?* – Könntest du mir bitte das Salz reichen? Aber gebräuchlicher, im vertrauten, familiären Umfeld, ist doch: *¿Me pasas la sal?* oder *Pásame la sal* – »Gibst du mir das Salz?« oder »Gib mir (mal) das Salz.«

Eine spanische Erasmus-Studentin, die ein Jahr in Deutschland verbracht hat, hat Folgendes berichtet: Sie fand es schrecklich, dass die Deutschen, wenn man unter Freunden gemeinsam bei Tisch saß, jeden Satz mit »bitte« oder »danke« zierten und mit Höflichkeitsfloskeln aufblähten. Sie dachte dabei immer, was das für eine völlig unnötige Zeitverschwendung sei. Immer wieder wurden dafür die interessantesten Gespräche am Tisch unterbrochen. Dabei müsste die Verständigung über die Dinge am Tisch (Brot, Wein, Salz …) eigentlich fast ohne, oder doch mindestens mit ganz wenigen Worten funktionieren. Für sie hätte schon der Hinweis »*sal*« genügt, um jemanden das Salz zu reichen oder es selbst gereicht zu bekommen. Jedes Wort mehr erschien ihr überflüssig. Ja, so unterschiedlich können die Wahrnehmungen sein.

19 Flirtversuche im Büro

oder: Rubias del bote

»Kommst du nachher mit in die Bar?«, fragt Neus Tom. Sie erinnern sich, Tom, der deutsche Programmierer, der zurzeit in Madrid bei Softpro S. L. beschäftigt ist. Neus ist eine Kollegin aus der Grafikabteilung, der Tom nicht nur wegen ihrer sportlichen Figur und ihrem wippenden blonden Pferdeschwanz gerne nachsieht, wenn sie durch seine Abteilung läuft. Dass ausgerechnet sie ihn fragt, ob er nach der Arbeit zu einem kleinen Chill-out in die Bar an der Ecke mitkommt, macht ihn fast ein bisschen verlegen. Tom ist nervös, als sie ihn gegen halb acht abholt. Kurz taucht der Gedanke auf, wie schön es ist, mal allein, also zu zweit, aber da sieht er im Treppenhaus, vor dem Aufzug, schon eine ganze Traube von Kollegen stehen, die offenbar auf sie beide warten. Na gut. Kleidungsmäßig hat Tom sich schon an die spanischen Gepflogenheiten angepasst. Die Zeit der kurzen Hosen und T-Shirts in der Firma sind endgültig vorbei. Die Kollegen tragen stets lange Hosen und immer Hemden, in der Regel sogar mit langen Ärmeln. Auch die *chicas*, die jungen Kolleginnen, erscheinen praktisch nie in Jeans und Baumwolltops. Sie sehen eher alle aus wie Schaufensterpuppen von Zara oder Mango und tragen meist dezente Farben: weiß, beige, marine, schwarz, braun. Schlichte Eleganz. Auch Neus gehört zu diesem Modetyp, aber bei ihr sieht selbst der Bürolook noch sexy aus.

»Woher kommt eigentlich dein Name, Neus?«, fragt Tom, während sie die Treppe hinuntergehen. »Er klingt gar nicht so richtig spanisch.«

»Ist er ja auch nicht«, sagt Neus. »Er ist katalanisch. *Neus* heißt auf Spanisch *Nieves*.«*

»*Nieves*? Wie der Schnee?«, fragt Tom.

»Ja genau. Und Neus hieß schon meine Oma, also hat meine Mutter, die Mallorquinerin ist, mich nach ihr benannt.«

»Okay. Neus ist schön, obwohl, Nieves eigentlich auch.«

»Ja, es ist beides schön, finde ich auch.«

»Und du sprichst auch *catalán*?«

»Ja, daheim bei meinen Eltern und mit der Verwandtschaft spreche ich *mallorquín*.«

»*Mallorquín*?«, überlegt Tom laut. »Gab's da nicht vor einiger Zeit Ärger mit einer deutschen Fluggesellschaft, weil irgendwer wollte, dass die Ansagen beim Flug nach Mallorca in der Landessprache, also auf *mallorquín*, sein sollten?« Tom lacht und ahnt gar nicht, auf welch gefährlichem Terrain er sich gerade bewegt.

»Ja, das ist die eine Seite«, sagt Neus und Tom sieht, wie sich eine dicke Falte auf ihrer Stirn bildet. »Die andere ist«, fährt sie fort, »dass sich der Chef dieser Airline über unsere Sprache lustig gemacht hat und sie mit einem Dialekt verglichen hat, nämlich dem eures südlichsten Bundeslandes.«

* Seit dem Ende der Franco-Diktatur (1975) sind vor allem katalanische und baskische, aber auch galicische Vornamen in den jeweiligen Regionen sehr verbreitet. Spanische Vornamen dürfen auch wieder in regionalsprachliche zurückverwandelt werden. So heißt beispielsweise José Carreras, einer der legendären Drei Tenöre, heute wieder Josep Carreras, in der authentischen katalanischen Form seines Namens. 1970, zu Beginn seiner Karriere, hatte er seinen Namen offiziell in die spanische Form ändern müssen.

»Bayrisch meinst du?«

»Ja, *bávaro*, bayrisch.«

Tom sieht Neus an. Kommt da noch etwas nach? Sie scheint ja gerade so richtig in Fahrt zu sein.

»*Mallorquín* oder *catalán* ist aber kein Dialekt.«

»Ach so, na klar.« Tom würde jetzt gern das Thema wechseln.

»Wenn eine deutsche Fluggesellschaft nach *Zúrich* fliegt, werden die Ansagen sicher auf Deutsch gemacht, und wenn sie nach *Ginebra* fliegen, dann auch auf Französisch. Dass die Schweiz dreisprachig ist, ist doch auch für niemanden ein Problem, oder?«

Ginebra?, überlegt Tom gerade noch. Ach so, Genf meint sie!

»Na klar«, sagt er, aber Neus sieht ihn so misstrauisch an, als stecke er mit dieser *compañía aérea* aus *Alemania* unter einer Decke.*

Tom überlegt, wie er wohl aus dieser Nummer wieder herauskommt, ohne sich die Finger zu verbrennen. Das Sprachenthema wird in Spanien sehr kontrovers diskutiert, das hat er schon mitbekommen. Aber das Letzte, was er will, ist ein Streit mit der bezaubernden Neus, der allernettesten seiner

* Der Streit entbrannte 2008 und endete damit, dass ein mallorquinischer Politiker in seinem Internet-Blog ein Flugzeug abbildete, das statt des Logos der Fluggesellschaft ein Hakenkreuz zeigte. Der Geschäftsführer der Airline hatte nicht nur die Sprache der Balearen als Dialekt abgewertet, sondern sich zudem in der Bordzeitung über sie lustig gemacht. So bedauerte er es, dass die frühere, »wohlklingende« *Playa de Palma* (spanische Bezeichnung), »seit Neuestem« *Platja de Palma* heiße. Und dass diese mallorquinisch-katalanische Bezeichnung für Strand auch noch »platscha« gesprochen werde, was sich fast wie »plantschen« anhöre. Den Mallorquinern gefiel natürlich nicht, dass ein Deutscher über Wohl- oder Missklang ihrer Sprache befand und seine Privatmeinung auch noch im Bordmagazin verbreitete.

Kolleginnen. Deshalb entscheidet er sich dafür, jetzt sofort die Handbremse zu ziehen und einen Haken zu schlagen wie ein Hase auf der Flucht.

»Sag mal«, sagt er zu Neus, als sie aus dem Bürogebäude auf die belebte Madrider Straße treten, »mal was ganz anderes: Wieso sind eigentlich so viele Spanierinnen blond?«

Neus bleibt abrupt stehen und sieht ihn prüfend von der Seite an. Ihr blonder Pferdeschwanz fliegt ihr ums Gesicht. Will Tom sie auf den Arm nehmen? Aber Tom macht ein ganz unschuldiges Gesicht, das auf Naivität, nicht Bosheit schließen lässt.

»Ich dachte immer, Spanierinnen sind eher so die dunklen temperamentvollen Schönheiten ...«

»Ach so, das meinst du. Ja, und außerdem sind Spanierinnen stolz und alle haben sie den Flamenco-Rhythmus im Blut oder in den Beinen und die *castañuelas* (Kastagnetten) und bunten Flamencokleider mit den vielen Rüschen zu Hause im Schrank, oder?«

Auweia, Tom hat das dumpfe Gefühl, dass er gerade wieder dabei ist, alles zu vermasseln, und fühlt sich zunehmend unwohl in seiner Haut.

»Das sind Klischees, ist mir klar«, rudert Tom zurück.

»Ja, das ist ein Teil von Andalusien, Zigeunerromantik. Auf Mallorca haben wir so etwas nicht, lieber Tom.«

»*Lo siento*«, sagt Tom ganz kleinlaut. »Sorry.«

»Nicht so schlimm. Du siehst ja auch nicht gerade aus wie ein nordischer Riese, blond und blauäugig.«

Wie war das jetzt wieder gemeint? Spielte sie auf seine ein Meter neunundsiebzig an, seine dunklen Haare oder gar sein Bäuchlein, für dessen stetiges Wachstum *tortillas, tapas, tortas* und *cañas* sorgten?

Sie kommen an eine Straßenkreuzung und Tom nimmt sich vor, jetzt einfach auf den Verkehr zu achten und den Anschluss an die Gruppe der Kollegen zu suchen, die vorausgehen. Bevor er noch mehr falsch macht.

Was ist da schiefgelaufen?

Neus selbst liefert die Erklärung. »Hey, Tom, ich will dir die Wahrheit über die blonden Spanierinnen sagen. Willst du sie hören?«

Tom nickt einfach nur und hält ansonsten den Mund.

»Die meisten von uns sind *rubias del bote*.«

»Was? Was bedeutet das? *Rubias del bote*, Blonde aus der Dose?«

»Aus der Farbdose, genauer gesagt. Na gefärbt eben.«

»Ach so«, sagt Tom und beißt sich auf die Lippen. Denn unter keinen Umständen wird er Neus fragen, ob sie selbst nun eine echte *rubia* oder eine *del bote* ist. Niemals!

Und noch einmal zu den spanischen Regionen – ein Thema, das für alle, die mehr über Spanien und die Spanier erfahren wollen, wichtig ist. Der spanische Schriftsteller Juan Goytisolo* schreibt, dass man eigentlich von Spanien im Plural sprechen müsse, »die Spanien« statt »Spanien«. Denn die

* Goytisolo ist 1931 in Barcelona geboren, lebte während der Franco-Diktatur in Frankreich und lebt heute in Marrakesch. Er ist einer der bedeutendsten und streitbarsten lebenden spanischen Schriftsteller. Er hat sich in seinem Schreiben viel mit der spanischen Geschichte, auch dem (häufig verleugneten oder totgeschwiegenen) arabischen und jüdischen Erbe des Landes auseinandergesetzt. Zu seinen Hauptwerken gehört die Trilogie *Señas de identidad* (Identitätszeichen, 1978), *Reivindicación del Conde don Julián* (Rückforderung des Conde don Julián, 1976) und *Juan sin Tierra* (Johann ohne Land, 1981).

regionalen Unterschiede in diesem Land sind so groß wie in kaum einer anderen europäischen Nation. Spanien hat fünf Amtssprachen, und Katalanen, Basken und Galicier fühlen sich in erster Linie als Katalanen, Basken und Galicier und erst in zweiter Linie als Spanier. Viele Katalanen und Basken fühlen sich eigentlich gar nicht als Spanier, obwohl ihr Personalausweis eindeutige Aussagen über ihre Nationalität macht. Katalanen und Basken haben als politische Gemeinschaften einen sehr weitreichenden Autonomiestatus, der vor allem historisch begründet ist. Aber auch Andalusier, Aragonesen und Extremeños fühlen sich zuallererst ihrer Region zugehörig. Ihre Region ist ihre Kultur und ihre Herkunft. Der Regionalismus und die nationalistischen Bestrebungen der Katalanen und Basken sind natürlich heiße Themen, die in Spanien auch immer wieder sehr kontrovers diskutiert werden. Hier scheiden sich die Geister, denn in Katalonien leben ja nicht nur Katalanen, im Baskenland nicht nur Basken. Die dort lebenden, aber nicht aus der Region stammenden Einwohner fühlen sich mitunter benachteiligt, weil sie die Regionalsprache nicht oder nicht gut sprechen und dadurch in Bildung, Ausbildung und Beruf Nachteile in Kauf nehmen müssen.

El catalán – die katalanische Sprache

Katalanisch ist alleinige Amtssprache in Andorra sowie, neben dem Spanischen, regionale Amtssprache in Katalonien, auf den Balearen und in Valencia. Über elf Millionen Menschen verstehen *catalán* [katalan], über neun Millionen sprechen es aktiv.

Katalanisch ist kein Dialekt des Spanischen, sondern eine aus dem Vulgärlatein entstandene eigene romanische Sprache. Spanier verstehen Katalanen etwa so gut oder schlecht wie sie Italiener oder Portugiesen verstehen.

Der »Dante« der katalanischen Sprache ist der Philosoph Ramon Llull (1235–1315), der der Sprache schon im Mittelalter zu hohem

Ansehen verhalf. Eines der ersten katalanischen Bücher war übrigens das deutsch-katalanische Wörterbuch des in Heidelberg geborenen Buchdruckers Johann (Joan) Rosembach. Das war 1502.

Erst im 18. Jahrhundert verlor Katalonien seine politische Eigenständigkeit und *castellano* [kastejano] (kastilisch = spanisch) wurde Amtssprache, *catalán* blieb Umgangssprache. Die Unterdrückung des Katalanischen erlebte im 20. Jahrhundert unter Franco seinen traurigen Höhepunkt. Das Katalanische wurde verboten, Orts- und Personennamen wurden hispanisiert.

Seit 1978 sind nun alle Beschränkungen aufgehoben und die Regionalregierung tut alles, um das Katalanische zu fördern. Ziel ist es, dass alle Bürger Kataloniens, Valencias und der Balearen Katalanisch, auch wenn es nicht ihre Muttersprache ist, zumindest als Zweitsprache lernen und beherrschen. Dass die nicht katalanisch sprechenden Einwohner Kataloniens aber gar nicht alle Katalanisch lernen und auch nicht unbedingt wollen, dass ihre Kinder Katalanisch lernen, darin besteht heute der wesentliche Sprachenkonflikt. Denn 90 % des Schulunterrichts in Katalonien wird bereits auf Katalanisch gehalten, ebenso die meisten Vorlesungen an den Universitäten. Zumindest für den öffentlichen Dienst sind Katalanischkenntnisse erforderlich. Deshalb fühlen sich die Nicht-Katalanen, zumeist Spanier aus anderen Regionen des Landes, in Katalonien benachteiligt und werfen den Katalanen Nationalismus vor.

Der stecke auch hinter der Entscheidung des Regionalparlaments (im August 2010) in Barcelona, den Stierkampf ab 2012 abzuschaffen, behaupten viele Spanier. Den Katalanen gehe es gar nicht um den Tierschutz. Die Entscheidung sei kein bisschen ethisch, sondern ausschließlich politisch motiviert.

Was können Sie besser machen?

Zurück zu den *rubias del bote*: Natürliche Blondheit kommt in Spanien viel seltener vor als in Deutschland oder Skandinavien, klar, deshalb gilt wahrscheinlich auch helles Haar als besonders attraktiv und sexy. Ist die kolumbianische Sängerin Shakira nun dunkelhaarig (*natural*) oder blond (*del bote*) schöner? Reine Geschmackssache, aber ein sehr wichtiges Thema in den Klatschspalten der Yellow Press. Die wenigsten Frauen im realen Umfeld mögen natürlich direkt darauf angesprochen werden. Verkneifen Sie es sich also, die blonde Rezeptionistin Ihres Hotels nach ihrer eigentlichen Haarfarbe zu fragen.

Um von modischen Äußerlichkeiten wieder zu wichtigeren Themen zu kommen: Auch den spanischen Regionalismus betrachtet man als Ausländer am besten ohne Wertung. Am vernünftigsten ist es, wenn man den Status quo so, wie er eben ist, akzeptiert. Es ist Sache der Spanier, die Grenzen des Regionalismus zu definieren, nicht unsere. Bei Streitgesprächen ist es unbedingt ratsam, neutral zu bleiben und sich auf keine Seite zu schlagen. Das ist wie beim Fußball: lieber neutral und außen vor bleiben, als sich als Real Madrid-Fan zu outen und damit in Barcelona anzuecken oder umgekehrt als Barça-Fan in Madrid Prügel zu beziehen – natürlich nur bildlich gesprochen. Nicht-Einmischung ist auf jeden Fall die klügste Haltung in Bezug auf das Regionenthema. Wenn Sie eine Finca auf Ibiza (Eivissa)* kaufen oder ein Haus am Meer in Dénia, dann kommen Sie um die Basics der katalanischen Sprache sowieso nicht herum. Machen Sie also, wie gesagt, zum einen nicht den Fehler, die Regionalsprachen als Dialekte abzutun, zum anderen sich als Ausländer in die inneren Angelegenheiten der Spanier einzumischen und für oder gegen Regionalsprachen und Autonomiebestrebungen einzu-

* Eivissa (spanisch *Ibiza*) war wie alle Balearen-Inseln schon im 13. Jahrhundert katalanisch. Damals gab es noch keine spanische Nation, denn die wurde erst Ende des 15. Jahrhunderts nach der Vermählung der »Katholischen Könige« Isabella von Kastilien und Fernando von Aragón und der Rückeroberung der Iberischen Halbinsel von den Arabern gegründet. Das Königreich Spanien löste das Königreich Mallorca ab, aber die katalanische/mallorquinische Sprache hat bis heute überlebt und wird auch in Zukunft überleben.

treten. Zumal es um weit mehr als ein sprachliches Thema geht, wenn man nur daran denkt, dass z.B. die Hochburg der gegen Franco kämpfenden Republikaner in Katalonien lag.

Neben der Neutralitätshaltung können Sie besonders punkten, wenn Sie sich ein paar Sätze der jeweiligen Regionalsprache aneignen. Damit machen Sie sich ganz leicht Freunde. Katalanisch ist, wie Sie im Wissenskasten gelesen haben, eine romanische Sprache, die mit Spanisch so verwandt ist wie mit Französisch oder Italienisch. Die Aussprache ist aber lange nicht so schwierig wie im Französischen, das schaffen Sie auch ohne sprachliches Supertalent. Sprechen Sie die Wörter so, wie sie geschrieben werden. Versuchen Sie es, wenn Sie nach Barcelona, an die Costa Brava, nach Valencia, Alicante, nach Andorra oder auf die Balearen reisen. Wir listen Ihnen einige Basics des Katalanischen auf.

deutsch	***catalán***
Guten Tag	*Bon dia / Bona tarda*
Guten Abend	*Bona nit*
Hallo	*Hola*
Wie geht's?	*Com estàs?*
Ich heiße ...	*El meu nom és ...*
Auf Wiedersehen / Tschüss	*Adéu*
Danke	*Gràcies* [grasies]
Bitte	*Si us plau*
Entschuldigung	*Perdó*
ja / nein	*si / no**

* Das ist natürlich nur eine sehr kleine Auswahl. Im Internet finden Sie ein kostenloses Wörterbuch katalanisch–deutsch (www.worterbuch-deutsch.com/worterbuch-deutsch-katalanisch.html). Auch im Katalonienportal (www.katalonienportal.de) gibt es interessante Informationen, Videos und mehr.

20 Affengeil

oder: Las palabras malas – die schlechten Wörter

Frauen sind kompliziert, ob blond, ob braun, ob schwarz – und *rubias del bote* machen da keine Ausnahme, denkt Tom. Fast sinkt ihm der Mut, weiterhin zu versuchen, seiner Kollegin Neus näherzukommen. Dabei hat sie doch ihn gefragt, ob er noch mit auf ein Bier kommt. Aber immerhin weiß er nun, warum es in Spanien so viele blonde Frauen gibt.

Am Fußgängerüberweg haben Tom und Neus die Kollegen fast schon wieder eingeholt. Tom traut seinen Augen nicht: Die Kollegen marschieren seelenruhig im Pulk schwatzend über einen Zebrastreifen, obwohl die Fußgängerampel nicht Grün, nicht Gelb, nicht einmal Orange, sondern eindeutig Rot zeigt. Neus will auch gerade losstürmen, aber Tom kann gar nicht anders, als sie am Arm festzuhalten und zu bremsen. Er zeigt auf die andere Straßenseite, wo ihnen eine junge Frau, *rubia del bote* oder *natural*, mit zwei Kindern am Arm entgegenkommt.

»Ja und?« Neus begreift Toms Problem nicht.

»Na, es ist doch rot und als Erwachsene sollten wir hier wirklich kein schlechtes Vorbild abgeben, oder? Für Kinder kann die Ampelfarbe, bei der sie eine Fahrbahn kreuzen, schließlich lebenswichtig sein.«

Er sieht in Neus' Gesicht geschrieben, was ihr auf der Zunge liegt, sie aber aus irgendeinem Grund, vielleicht aus einem natürlichen Feingefühl heraus, oder weil sie an Toms Geisteszustand zweifelt, nicht ausspricht.

Tom beobachtet das Mutter-Kind-Trio, wie es in aller Ruhe den Zebrastreifen überquert. Genau in dem Moment, als sie auf der anderen Seite ankommen, springt nun auch die Ampel auf Grün und Tom setzt seinen Fuß auf den Überweg, aber schon reißt ihn eine Hand zurück. Die Hand gehört zu Neus. Sie hat gerade noch gesehen, dass ein Auto von links angeschossen kam und drauf und daran war, Tom zu überfahren. »Ich hatte doch Grün«, stottert Tom, während das Auto davonrast, »dann muss der Autofahrer doch Rot gehabt haben.«

»Muss er wohl. So, und nun komm, die Gelegenheit ist günstig, kein Auto in Sicht. Und sag mir jetzt nicht, dass nicht mehr ganz grün ist und eventuell irgendwo Kinder zusehen könnten. *¿Está claro?*«

Na ja, klar ist ihm das nicht, aber Neus ist bereits losgegangen und Tom hängt sich nun einfach hinten dran.

Als die beiden in der Bar ankommen, haben die Kollegen bereits ihr erstes Glas Bier vor sich auf dem Tresen stehen. Einige sind draußen vor der Tür, vor allem die Raucher natürlich, die anderen bilden drinnen eine dichte Traube um den Tresen herum. Der Kellner wuselt mitten durch und verteilt Bier und die eine oder andere Tapa. Neus unterhält sich mit einer Kollegin über die *guardería*, die Kinderkrippe, in die ihre Tochter geht. Tom stellt sich mit seinem Bier zu seinen Kollegen aus der eigenen Abteilung. Dort ist es wie immer laut und lustig. Und wenn keine Frauen dabei sind, so kommt es Tom wenigstens vor, verwenden die Männer noch mehr von den »schlimmen Wörtern«, den *malas palabras*, über die er schon einmal mit Javi gesprochen hat. Tom hat ihn nach der Bedeutung dieser Wörter gefragt, mit denen so gut wie jede Unterhaltung gespickt ist. Javi grinst. Ihm ist gar nicht bewusst, dass er und seine Freunde diese Wörter tatsächlich so oft verwenden. Noch weniger kann er erklären, warum und warum sie sie so oft gebrauchen.

»So reden wir eben, denk dir nicht zu viel dabei« ist alles, was Tom dazu erfährt. Na, ihm soll es recht sein. Sprachen lernt Tom sowieso nicht aus Büchern, sondern durch Zuhören und Nachahmen. Damit fährt er bisher auch recht gut. In der schriftlichen Kommunikation herrscht bei den Programmierern das Englische vor. Das Spanische braucht er hauptsächlich mündlich. Und da hat er sich bei seinen Kollegen schon eine Menge Slang abgehört, und immer wenn er diese Ausdrücke selbst anwendet, erntet er anerkennendes Gelächter. Tom ist richtig stolz auf seine wachsenden Sprachkenntnisse. Und Wörter wie »Mist!« oder »verdammt!« oder »Sch...« verwendet er ja im Deutschen auch, das findet er auch nicht besonders schlimm. Wir wollen ja nicht päpstlicher als der Papst sein, denkt er. Unter Männern gehört das einfach dazu. Und bei Frauen hat er diese Wörter ja auch schon gehört, kann also nicht so tragisch sein, denkt er.

Tom achtet darauf, dass es am Abend nicht zu spät wird, denn er hat am nächsten Tag eine Präsentation, abteilungsübergreifend, auch der Geschäftsführer und die Abteilungsleiter werden anwesend sein. Tom wird die neue Software, an der seine Abteilung seit Monaten arbeitet, in der Beta-Version vorstellen.

Am Morgen vor der Präsentation prüft er noch einmal den Beamer, den Computer, die Internetverbindung. Seine PowerPoint-Präsentation hat er zur Sicherheit auch noch einmal auf einen Stick geladen, falls der Laptop streiken sollte. Alles paletti, er ist super vorbereitet.

Als er den Beamer einschaltet, passiert allerdings erst einmal gar nichts. »*¡Joder!*«, schimpft Tom, das geläufigste Wort für »verdammt!«, das er am Tag gefühlte dreißig Mal hört. Der ganze Besprechungsraum feixt und lacht. »Das bekommen wir schon hin«, meint Tom schwitzend, und tatsächlich, es war nur ein lockerer Stecker. »*Nuestro hardware es de puta madre*«, scherzt er locker und jovial, die Hardware ist eben einfach affengeil. Wieder Gelächter. Javi macht eine Handbewegung, die »bremsen«, »Gas rausnehmen« bedeutet, doch das bemerkt Tom gar nicht. Ihm ist aufgefallen, dass der Geschäftsführer ein bisschen säuerlich dreinschaut, als habe er Probleme mit der Galle oder so.

Die Präsentation läuft wie vorbereitet, die Folien sind übersichtlich gestaltet, Tom macht seine Sache wirklich gut. Als er fast am Ende ist und seine letzte Folie anklickt, erscheint ein dickes Warnschild und eine absurde Fehlermeldung, die er noch nie gesehen hat. »*¿Pero qué cojones es esto?*«, schimpft Tom. »Was zum Teufel ist das denn?« Woraufhin der Geschäftsführer aufspringt und verkündet, damit habe er genug gesehen. Er bedankt sich für die gelungene Präsentation und rauscht ab. Nanu? Wahrscheinlich ist sein Gallenproblem richtig akut geworden. Tom findet jedenfalls bald den Fehler, ruft die letzte Folie auf, schließt seine Präsentation ab und bedankt sich artig für die geschätzte Aufmerksamkeit.

Was ist da schiefgelaufen?

Als Tom mit Javi zurück in die Abteilung geht, fragt er ihn, was denn mit dem Chef los wäre. Ob er vielleicht krank sei. »Wieso denn krank?« Javi starrt Tom an. »Na, wieso ist er denn schon vor dem Ende abgehauen? Ich dachte, es ginge ihm nicht gut.«

»Der ist nicht krank«, gluckst Javi. »Dem war nur deine Ausdrucksweise ein bisschen zu, na ja, soll ich ehrlich sein? Vulgär, würde ich sagen.«

»*¡Joder!*«, rutscht es Tom heraus. »Siehst du?« Javi boxt ihn freundschaftlich auf den Oberarm. »Das meinte ich. Das ist dem *jefe* wahrscheinlich sauer aufgestoßen.« Jetzt versteht Tom aber wirklich die Welt nicht mehr. »Aber das sagt ihr doch auch dauernd! Zigmal am Tag!« »Ja, ja, schon, aber wir sagen es, wenn wir unter uns sind, zwanglos, verstehst du? In der Kneipe oder bei uns in der Abteilung, wir kennen uns doch alle schon lange. Aber so eine Präsentation ist etwas anderes. Da geht es schon formeller zu, verstehst du? Wenn die *jefas* und *jefes* mit dabei sind und so, da will man sich doch von der besten Seite zeigen, wohlerzogen, mit angepasster Ausdrucksweise und so weiter. Ist das bei euch in Deutschland nicht so?«

»Natürlich ist das bei uns so. ›Du redest ja daher wie ein Bierkutscher’, sagt meine Mutter in solchen Fällen. Aber in Spanien!« Tom fällt aus allen Wolken. Und was soll an »Mist!« und »verdammt!« denn so schlimm sein? Das ist doch harmlos. Tom wird das mal abends in Ruhe im Wörterbuch nachschlagen oder vielleicht am besten gleich in einem Online-Wörterbuch. Ist vielleicht schon besser, man weiß, was die Wörter bedeuten, die man so daherplappert.

»Und soll ich mich jetzt entschuldigen beim Chef?«

»Ach was, er weiß ja, wo du die Ausdrücke herhast – nämlich von uns Kollegen natürlich. Er gebraucht sie doch selber! Aber eben nicht in diesem formellen Rahmen. *¿Está claro?*«

»*Sí, sí, clarísimo.*«

Tom zieht sich ein wenig geknickt an seinen Schreibtisch zurück, öffnet die Seite mit dem spanisch-deutschen Online-wörterbuch und fängt an zu lesen. Dabei sinkt er immer mehr in seinem Schreibtischstuhl zusammen. Seine Gesichtsfarbe wechselt von rötlich zu puterrot. Oh nein, das hat er wirklich gerade in Gegenwart der ganzen Kollegenschaft und in Anwesenheit des Chefs gesagt? *¡Joder!* [cho**der**]*, der Ausdruck, den er für »verdammt« hielt und der in dieser Bedeutung auch inflationär verwendet wird, ist das Äquivalent zum kurzen englischen Wort, das mit »f« anfängt und mit »k« aufhört. Vom Stil her in ungefähr derselben Preisklasse. *¡Cojones!* [ko**cho**nes], das in ähnlicher Bedeutung und ebenso häufig in die Rede eingestreut wird, bezeichnet ein primäres Geschlechtsmerkmal des Mannes, das paarweise auftritt. Das weibliche Pendant heißt übrigens *¡Coño!* [**kon**jo] und kommt schon fast ebenso häufig im Gespräch vor. Es handelt sich dabei lediglich um Ausrufe, nicht um Beleidigungen, die sich gegen eine konkrete Person richten.

Die gibt es auch, womit wir bei der nächsten Wortfamilie wären, dem der *puta* (Hure). Ein *hijo de puta* [icho de **pu**ta] (Hurensohn) oder eine *hija de puta* (Hurentochter) ist schon eine ernsthafte Beleidigung, kein Kavaliersdelikt mehr. Das adjektivisch gebrauchte *de puta madre* (von der Hurenmutter) ist dagegen durchaus positiv gemeint und heißt so viel wie »toll«, »super« oder »geil«. Ebenso das von *cojones* abgeleitete Adjektiv *cojonudo* [kocho**nu**do]**, was so viel wie »fabelhaft« bedeutet.

* Die harmlose Verballhornung heißt *¡Jolín!* oder auch nur ganz kurz *¡Jo!* und ist etwas weniger vulgär. Obwohl natürlich jeder weiß, für welches Wort es eigentlich steht.

** Zu *cojonudo* gibt es eine Anekdote: Es wird berichtet, dass König Juan Carlos I. einmal zu Besuch in der Provinz Rioja in Nordspanien war, die bekannt ist für ihren guten Wein und für ihr Gemüse. Der König wurde zu diversen Verköstigungen eingeladen, unter anderem von einem Spargelproduzenten. Als der König dessen Spargel kostete, soll er dessen Qualität und den feinen Geschmack mit dem Ausruf *¡son cojonudos!* treffend, aber durchaus →

Neben diesen unverblümt auf Geschlechtliches abzielenden »schlechten Wörtern« (*malas palabras* oder *palabrotas*) gibt es das Feld des Religiösen, aus dem nur das häufige *¡hostia!* für »Mist!« herausgegriffen sei. *Hostia* heißt einerseits »Hostie«, andererseits »Ohrfeige«. Dazu gibt es alle möglichen Ableitungen wie z.B. *estar de mala hostia*, »schlechte Laune haben«. Dafür wird für unser berühmtes A...och in Spanien nicht der entsprechende Körperteil bemüht, sondern der Ziegenbock: *cabrón* wäre die entsprechende Beleidigung. Über alle weiteren verbalen Entgleisungen schweigen wir hier lieber.

Lassen wir stattdessen noch einmal Neus, Toms bezaubernde Kollegin, zu Wort kommen. Sie erklärt Tom die Ampelsituation auf Spaniens Straßen: »Regel Nummer eins, lebenswichtige Regel: Betrete nie eine Straße als Fußgänger, ohne vorher nach links und nach rechts geschaut zu haben!«

»Auch wenn ich an einem Zebrastreifen stehe und mir das grüne Ampelmännchen zuwinkt?«, fragt Tom.

»Auch dann«, sagt Neus bestimmt. »Glaub mir, das spanische Ampelmännchen kann auch fies sein und dich direkt in dein Verderben locken und anschließend ganz unschuldig mit den Augen klimpern.«

→ vulgär, beschrieben haben. Sollte heißen: »Sie sind hervorragend.« Worauf der Riojaner Spargelproduzent hinging und das Qualitätssiegel prompt auf die Etiketten seiner Gläser und Konserven drucken ließ. Es gibt nun also seit etwa 20 Jahren eine Sorte *espárragos cojonudos* aus La Rioja, die übrigens in ganz Spanien begehrt und bekannt sind. 2007 hat der König dann auf internationalem Niveau seinen Ruf als verbal etwas ruppiger Spanier erneuert, als er beim Gipfeltreffen der iberoamerikanischen Länder den venezolanischen Staatschef attackierte und zum Schweigen bringen wollte, als dieser den spanischen Ministerpräsidenten Zapatero laufend unterbrach. »*¿Por qué no te callas?*«, fuhr Juan Carlos Hugo Chávez über den Mund – »warum hältst du nicht (einfach) die Klappe?«

Tom ist auf der Stelle überzeugt. Der Schrecken sitzt ihm noch in allen Gliedern, obwohl es auch etwas Schönes hatte, von Neus vor dem Überfahrenwerden gerettet zu werden. »Also, lass mich das zusammenfassen: Die Fußgänger in Spanien sind entweder Anarchisten oder rot-grün-blind. Und die Autofahrer müssen irgendwie dieselbe Krankheit haben.«

Neus lacht. »Du kannst es auch kürzer fassen: Verlass dich im Straßenverkehr nur auf das, was du mit eigenen Augen überprüft hast.«

Was können Sie besser machen?

Gehen Sie den Spaniern und ihrer mit Vulgärausdrücken durchmischten Umgangssprache nicht auf den Leim. Glauben Sie zum einen nicht, jeder sei minderbemittelt oder ein unerzogener Grobian, der diese Wörter gebraucht, denn den Sprechern selbst ist die Herkunft der Wörter oft gar nicht so richtig bewusst. Sie verwenden sie automatisiert, ohne nachzudenken und sie zu hinterfragen. Wenn Sie Filme von Pedro Almodóvar im Original ansehen, dann können Sie dabei eine umfangreiche Sammlung »schlechter Wörter« hören, bei denen Sie einen Satz rote Ohren bekämen, würden Sie sie wirklich alle verstehen.

Pedro Almodóvar (Filmregisseur/Drehbuchautor)

Geboren 1950 in Ciudad Real, La Mancha, wuchs Almodóvar in der Extremadura, im Südwesten Spaniens, auf. In Madrid arbeitete er viele Jahre bei der Telefongesellschaft *Telefónica*, dann drehte er einen Film nach dem anderen, wurde international bekannt und heimste jede Menge Preise ein. Man muss sein Milieu der gesellschaftlichen Randfiguren (Huren, Schwule, Transvestiten, Stierkämpferinnen, starke Frauen ...) natürlich mögen. Die Spanier lieben Almodóvar. Für den Film *Todo sobre mi madre* (Alles über meine Mutter, 1999) bekam er zwei Goyas, den Golden Globe und einen Oscar. Weitere bekannte Filme von Almodóvar, die nach 2000 erschienen sind: *Hable con ella* (Sprich mit ihr, 2002), *La mala educación* (Schlechte Erziehung, 2004), *Volver* (Zurückkehren, 2006), *Los abrazos rotos* (Zerrissene Umarmungen, 2009).

Zweitens: Ahmen Sie diese Sprechweise besser nicht nach. Was in der Bar ein Lacherfolg ist, ist am Arbeitsplatz schon nicht mehr ganz so lustig und bei Vorgesetzten schon gar nicht. Selbst bei den »positiven« Adjektiven aus der Vulgärsprache ist höchste Vorsicht geboten. Denn der Grat zwischen treffend und völlig daneben ist gefährlich schmal und für einen Nicht-Muttersprachler fast undurchschaubar. Lassen Sie es also lieber. Denn hier bewegen Sie sich auf bestem Fettnäpfchen-Terrain. Um nicht ganz leer auszugehen in diesem vielversprechenden Kapitel bieten sich das Ersatzwort *¡jolín!* [cho**lin**] an oder das ganz un-vulgäre *¡maldito!* für »verdammter Mist!«. Auch das Äquivalent zu unserem Allerweltswort »Sch...« ist harmlos und tut keinem weh. Verwenden sie also *¡mierda!*, wenn Sie ein schlimmes, aber kein zu schlimmes Wort brauchen.

21 Großstadtverkehr

oder: Bekanntschaft mit dem *coche grúa*

Endlich zeigt der Bildschirm, den Tom schon die ganze Zeit beobachtet, an, dass der Flug IB 3457 aus Berlin-Tegel gelandet ist. Toms Bruder Nico kommt mit Freundin Annika zu Besuch. Tom holt die beiden vom Flughafen Barajas [ba**ra**chas] im Nordosten Madrids ab. Nico hat aus Deutschland über das Internet ein Auto gemietet, einen kleinen SEAT* Ibiza, den sie zusammen am Schalter des Autovermieters im Flughafen abholen. Tom, der mit U-Bahn und RENFE**, der

* Der spanische Autohersteller SEAT wurde 1950 als staatlicher Konzern gegründet. Seit 1986 gehört er zum VW-Konzern. Der Firmensitz befindet sich in Martorell bei Barcelona. Seit den 80er-Jahren wurden bisher etwa eine Million Seat-Fahrzeuge nach Deutschland exportiert. Der Marktanteil von Seat liegt in Deutschland aber nur bei 2 %. Daran soll sich durch die aktuelle Marketing-Offensive – Slogan: *auto-emoción* – für die u.a. die kolumbianische Sängerin Shakira engagiert wurde, etwas ändern. Produktionsverlagerungen nach Brasilien und Mexiko sind geplant, eventuell auch ein Werk in China, um Kosten zu sparen. Leider auch Arbeitsplätze im Land. Nebenbei bemerkt: Die Arbeitslosenquote in Spanien hat im Sommer 2010 die 20-Prozent-Marke überschritten, bei den jungen Leuten unter 25 sind es sogar doppelt so viele, nämlich skandalöse 40 %.

** Die staatliche Eisenbahngesellschaft RENFE (*Red Nacional de Ferrocarriles Españoles*) verfügt derzeit über ein Streckennetz von 11.000 km Breitspur, 1.500 km Normalspur und 18 km Meterspur. Sie ist besonders erfolgreich auf den seit 1992 gebauten Hochgeschwindigkeitsstrecken, auf denen der AVE (*Alta Velocidad Española*) fährt. Dieser befährt z.B. die 472 km lange Strecke von Madrid nach Sevilla mit streckenweise bis zu 300 km/h. Zugverbindung: stündlich. Fahrzeit: 2,5 Stunden. Die Strecke Madrid – Barcelona (rund 621 km) bewältigt der AVE sogar in der Rekordfahrzeit von zwei Stunden und 38 Minuten.

spanischen Eisenbahn, bisher prima klar gekommen ist, hielt das mit dem Mietwagen eigentlich für keine so gute Idee. Aber Nico und Annika haben das Auto im Internet zum Spottpreis bekommen und konnten trotz Toms Bedenken einfach nicht widerstehen. »Außerdem können wir mit dem Wägelchen eine supergünstige Spanienrundfahrt machen«, sagte Nico, als Tom ihm das Auto ausreden wollte.

Alle deutschen Touristen verlangen am Schalter der Autovermietung nach ihrem »Ibiza«, mit Betonung auf dem ersten »I«, sodass die nette Dame der Autovermietung auch Nico sofort versteht, als er nach seinem Wagen fragt. Tom weiß, dass die Spanier [iwitha] mit gelispeltem »th« und Betonung auf dem zweiten »i« sagen, aber er hält einfach die Klappe. Nichts ist nerviger als ein Ortskundiger wie er, der die anderen ständig mit der Nase auf ihre Fehler stupst und sie pausenlos verbessert. Nachdem alle Formalitäten erledigt sind, Nico sich für eine Vollkaskoversicherung entschieden und für die Kaution seine Kreditkartennummer hinterlassen hat, kann es endlich losgehen. Das Auto steht in der Tiefgarage. Während Tom schon die Koffer einräumen will, geht Nico mit prüfendem Auge um das Auto herum. »Was machst du da?«, fragt Annika. »Ich gucke mir genau an, ob ich irgendwelche Kratzer finde, Schrammen, schau, hier zum Beispiel. Das muss man doch gleich reklamieren, nicht dass wir hinterher dafür haftbar gemacht werden. Tom besieht sich die Mini-Kratzer und meint, Nico solle es mal gut sein lassen. In Spanien sähen alle Autos so aus, er habe jedenfalls in Madrid noch kein einziges Auto ohne Schrammen gesehen. Am schlimmsten treffe es in den engen Gassen immer die Außenspiegel, das kenne er schon. Sein Bruder besteht allerdings darauf, alles mit der Digitalkamera zu dokumentieren und mit den Beweisfotos zum Schalter der Autovermietung zu gehen. Na ja, Tom bummelt mit Annika währenddessen durch die diversen Untergeschosse des Flughafens Barajas.

»Was hat denn der Angestellte gesagt?«, will Annika wissen, als Nico zurückkommt. »Hat ihn eigentlich nicht interessiert. Es ist schon okay, sagt er, alles total normal. Kratzer sind bei Vollkasko mit versichert.«

»Dann kann's ja endlich losgehen«, seufzt Annika. Tom, der ja nur U-Bahn in der drittgrößten Stadt Europas fährt, überlässt seinem Bruder das Steuer.

Madrid – drittgrößte Stadt der EU

Madrid hat derzeit 3,3 Millionen Einwohner – inklusive der Außenbezirke sind es sechs Millionen – und ist damit nach London und Berlin die drittgrößte Stadt der Europäischen Union. Die Stadt ist nicht nur der politische und kulturelle, sondern auch der geografische Mittelpunkt des Landes. Sie liegt am Flüsschen Manzanares in der kastilischen Hochebene, der Meseta, auf 667 Metern über dem Meeresspiegel. Madrid hat ein ausgeprägtes Kontinentalklima: »*Nueve meses de invierno, tres meses de infierno*«, beschreibt ein Sprichwort das Madrider Klima – »Neun Monate Winter, drei Monate Hölle«. Relativ kalte Winter und sehr heiße Sommer sind damit gemeint.

Wappentier der Stadt Madrid ist ein Bär, der unter einem Erdbeerbaum (Gattung *arbutus*, aus der Familie der Heidekrautgewächse) steht und von dessen Früchten nascht. Die Baumerdbeeren sind übrigens nicht süß, nicht einmal essbar, werden aber gern zu Schnaps, dem berühmten *madroño* [ma**dro**njo], verarbeitet.

»Geht das mit dem Fahren bei dir?«, fragt Annika.

»Klar. Ich weiß doch, wie Südländer Auto fahren«, sagt Nico. »Wird so sein wie in Italien: schnell, hupfreudig, zur Not auch mal bei Dunkelgelb über die Ampel.«

»Ja, und vor allem auf die Fußgänger musst du aufpassen«, sagt Tom, »die lassen sich von einer läppischen roten Ampel nicht vom Überqueren der Straße abhalten.«

»Läuft doch alles prima«, sagt Nico, während der Verkehr auf den mehrspurigen *avenidas* und *paseos* gleichmäßig dahinrollt. »Alles wie am Schnürchen.«

Als sie sich der Stadtmitte nähern – Tom wohnt sehr zentral im Viertel La Latina – werden die Straßen immer enger und einspurig, weil die rechte Spur in aller Regel zum Parken in zweiter Reihe genutzt wird. Annika hat Angst um den rechten Außenspiegel des Mietwagens, aber noch kommt Nico immer gerade so durch. Er muss unzählige Einbahnstraßen umfahren, bis sie endlich von der richtigen Seite in die Calle Dos Hermanas einbiegen, die Straße, in der Tom wohnt. Es gibt nicht den klitzekleinsten Kleinwagen-Parkplatz, sogar die zweite Reihe ist dicht, und Tom weiß auch nicht, wo man parken kann, denn er fährt ja nur U-Bahn. Nico lässt Tom und Annika mit dem Gepäck aussteigen und macht sich auf die Parkplatzsuche.

Als er nach einer Stunde schwitzend ankommt, sitzen die beiden schon beim Aperitif auf Toms Minibalkon. »Wo parkst du denn, in einer Parkgarage?«, fragt Tom. »Nö, viel zu teuer. Ich hab ein paar Blocks weiter einen Parkplatz an der Straße gefunden.«

Die abendliche Kneipentour durchs Viertel machen sie zu Fuß. Die beiden Besucher wundern sich darüber, wie viele Kneipen es in den einzelnen Stadtvierteln gibt und wie viele Menschen sich auf den nächtlichen Straßen bewegen. Und wie laut es da draußen zugeht.. Menschen, Fernseher, Autos, Motorräder, Mofas, dazwischen die Sirenen von Krankenwagen und Polizeifahrzeugen, Miami Vice auf der Iberischen Halbinsel, von überall her tönt, kracht und schreit es. Die Nacht wird lang.

Am Samstagvormittag starten die drei gleich zu einem Ausflug nach Toledo, 80 Kilometer südlich von Madrid. »Und du weißt bestimmt noch, wo du das Auto abgestellt hast?«, fragt Annika im Spaß. Natürlich weiß Nico das. Sie wandern das halbe Viertel ab, die Sonne steigt höher und brennt ihnen erbarmungslos auf die Köpfe. Nico hat ernsthafte Orientierungsprobleme. »Ein Park war in der Nähe«, sagt er, »und an der Ecke ein Hotel mit einer rot-weißen Markise«. Sie laufen schon die zweite Runde durch bekannte Gassen, als Nico plötzlich ruft: »Hier, hier war es, hier habe ich den Wagen abgestellt.« Es steht aber kein Auto da. Stattdessen klebt ein gelber Zettel auf dem Gehsteig, auf dem eine Telefonnummer und eine Adresse angegeben sind.

»*¡Joder!*«, flucht Tom, gar nicht fein, aber perfekt angepasst an die derbe spanische Umgangssprache.

Was ist da schiefgelaufen?

»Schönen Gruß, das war der *coche grúa*«, sagt Tom. »Der Abschleppwagen hat den Ibiza hopsgenommen.«

»Wieso denn?« Nico versteht die Welt nicht mehr. Hier war gestern noch der ganze Straßenrand zugeparkt. Es gab genau noch eine Lücke, und in die habe ich mich reingestellt.«

»Aber jetzt sind sie alle fort«, sagt Annika.

Tom geht die Reihe entlang bis zu einem Verkehrsschild.

»Was steht denn da?«, will Annika wissen.

»Dass hier das Parken vom 1. bis 15. eines Monats erlaubt ist.«

»Gestern war der 15.«, sagt Annika.

»Genau. Da war das Parken noch erlaubt. Ab heute ist es nicht mehr erlaubt.«

»Und da schleppen die gleich ab?« Nico kann es nicht glauben. Es ist aber so. Und daran kann man nun auch nichts mehr ändern. Also rein in die U-Bahn und zum angegebenen Autodepot gefahren und dort den Wagen gegen eine Gebühr ausgelöst, die höher ist als der Mietpreis des Wagens für eine Woche. Supersparpreis *adiós*!

Was können Sie besser machen?

In Spanien wird sehr viel abgeschleppt. Die gefürchtete *grúa* ist eigentlich im Dauereinsatz. Verlassen Sie sich nicht darauf, dass enge Parklücken auf voll besetzten Seitenstreifen Sie vor dem Abschleppen schützen. Sie würden nicht glauben, aus welch engen Lücken der Haken der *grúa** Ihr Auto heraushieven kann, bis Sie es nicht mit eigenen Augen gesehen haben.

Schonen Sie Ihre Nerven und parken Sie in Großstädten grundsätzlich nur in Parkhäusern oder auf bewachten Parkplätzen. Lassen Sie dennoch keine Wertgegenstände, am besten gar nichts, im Auto liegen. Gepäck ist auch auf großen Parkplätzen mit Bewachung nicht immer sicher. Parken Sie auch nicht länger als zwei Minuten auf Behindertenparkplätzen, denn das kann Sie bis zu 90 Euro kosten, wenn Sie dabei erwischt werden. Die Strafen für Verkehrssünder sind in den letzten Jahren drastisch erhöht worden. Die Promillegrenze liegt bei 0,5 – und das gilt übrigens auch für Radfahrer. Fahrer, die mit mehr Alkohol im Blut erwischt werden, zahlen

* Ein drastisches Beispiel, wie routiniert, schnell und ohne Federlesens Autos in Spanien abgeschleppt werden, ist 2007 in Nordspanien passiert. Ein junger Mann verschwand und wurde von seinen Angehörigen vermisst gemeldet. Fünf Tage später entdeckte ein Freund des Mannes beim Abholen seines eigenen Wagens auf dem Autodepot den Wagen des vermissten Freundes. Als man das Auto mit den getönten Scheiben öffnete, fand man den Mann tot auf der Rückbank liegen.

zwischen 300 und 600 Euro und müssen mit einem Entzug der Fahrerlaubnis zwischen drei und sechs Monaten rechnen. Ein positiver Effekt dieser hohen Strafen und der verstärkten Kontrollen ist der erfreulich starke Rückgang bei den Verkehrstoten.

Sicher trifft man immer wieder auf Mofa- oder auch Motorradfahrer, die links und rechts an den Autos vorbeifahren, meistens ohne Helm. Sie fahren auch bei Rot, parken absolut chaotisch, produzieren einen Höllenlärm und sind mit Auspuffanlagen ausgestattet, für die nie jemand eine Erlaubnis erteilt hat. Wenn sie von der Polizei angehalten werden, bekommen sie auf jeden Fall ziemlichen Ärger. Bei Kontrollen werden, vor allem in den Ferienmonaten Juli, August und September, jede Menge junger Leute erwischt, die ohne TÜV, ohne Führerschein und/oder ohne Helm unterwegs sind, dafür in Flip Flops und mit nacktem Oberkörper, ohne Papiere sowieso, dafür aber zu zweit auf Einsitzern.

Knöllchen müssen übrigens in jedem Fall gezahlt werden, wenn das Auto in der Stadt gemeldet ist, wo der Verstoß stattfand. Das gilt auch für Mietwagen. Wenn Sie nicht bezahlen, landet der Bußgeldbescheid eventuell bei der Mietwagenfirma und Sie müssen bei der Rückgabe des Autos blechen. In allen anderen Fällen können Sie versuchen, sich um die Zahlung zu drücken. Böse Zungen behaupten, wegen dieser Knöllchenflüchtlinge würden Mietwagenfahrer oder Ausländer auch gern sofort abgeschleppt. Bei höheren Verkehrsstrafen haben Sie sowieso keine Chance. Die werden in jedem Fall europaweit eingetrieben.

22 Picknick im Grünen

oder: Fleischlos unglücklich

»Raus aus der Stadt, rauf auf die Berge. Wir machen ein Picknick! Was haltet ihr davon?«, fragt Rafa. Sie sitzen zu dritt in der Küche von Lenas und Abis WG bei ein paar Tapas.

»Genau! Dann kann Lena auch mal ein bisschen Landluft schnuppern. Landschaft, Natur und all das. Sie hängt doch sonst immer nur in der Stadt herum, zieht von Bar zu Bar, trinkt *cafés*, *cañas* und *copitas* und futtert sich durch das örtliche Tapas-Angebot. Und wenn sie zurück nach Deutschland fährt, denkt sie womöglich noch, dass es in Spanien nur laute Städte gibt, chaotischen Verkehr und immer viel zu trinken und zu essen.«

»Au ja, ein Ausflug aufs Land, wie romantisch!«, freut sich Lena.

»Wir machen wie die typischen spanischen *domingueros* [domingeros] einen Sonntagsausflug raus aufs Land.«

»Wir packen natürlich jede Menge Essen und Getränke ein, denn draußen, an der frischen Luft, bekommt man einen Hundehunger«, meint Abi.

»Hundehunger?«, fragt Lena. »Ach so, bei uns heißt das Bärenhunger.« »Und Bärendurst. Ah, es geht doch nichts über so ein kühles Bierchen im Freien«, träumt Rafa.

Die spanischen Freunde schlagen vor, eine gemeinsame Kasse anzulegen. Sie nennen das *bote*, Büchse. Alle zahlen den gleichen Betrag ein, dann werden die Aufgaben verteilt. Rafa kümmert sich um die Getränke und ums Auto, Abi um Geschirr, Gläser, Decken und alles drum herum, Lena will sich ums Essen kümmern. Sie ist ein großer Picknickfan, erzählt sie den anderen, und liebt es, sich um die Essensvorbereitungen zu kümmern.

»Aber, hör mal, Lena, müssen wir dann beim *picnic* auch wieder dauernd ›bitte‹ und ›danke‹ sagen und ›würdest du wohl bitte so nett sein, mir ein Stück Brot zu reichen‹?«

Abi boxt ihren Freund auf den Oberarm. »Jetzt mach dich nicht lustig über Lena. Ist doch schön, wenn sie versucht, uns Manieren beizubringen. Wir sind eben ungehobelte Bauern, da hat sie schon Recht.«

»Keine Angst«, sagt Lena. »Ich werde keine Zeit mehr für Belehrungen und unnötigen Höflichkeitsklimbim verschwenden. Versprochen.«

Am Samstag geht Lena also wieder ihrer Lieblingsbeschäftigung nach und kauft Lebensmittel ein: Brot, feinen Schinken, verschiedene Sorten Käse und Obst. Am Sonntagmorgen bereitet sie die Salate für den Ausflug vor: gemischten Salat, Tomaten mit Mozzarella, Nudelsalat mit Gürkchen, Kartoffelsalat, Reissalat.

Am späten Sonntagvormittag klingelt Rafa, Abi frühstückt noch, das heißt sie trinkt im Stehen einen Espresso, und das geht wirklich schnell. Rafa packt alle Schüsseln und Klappkisten in seinen SEAT León.

»Sag mal«, fragt Lena, »haben eigentlich alle SEATs spanische Städtenamen?«

»*¿Quéeeeeeeeee?* Was?« Abi ist noch nicht ganz wach.

»Na: León, Córdoba, Málaga, Toledo, Ronda, Altea ... Das sind doch alles Städte, oder?«*

»Mmmm«, brummt Abi. »Kenn mich nicht so aus mit Autos. Was lächelst du denn so vor dich hin?«

»Ach nichts, ich stelle mir nur vor, es gäbe bei uns einen VW Köln oder München und einen Opel Nürnberg.«

»*¿Ehhhhhh? Muu, Mjiu...?*« Abi verzieht den Mund. Unaussprechlich, diese deutschen Namen!

»Ah, *perdón*, ich meinte natürlich *un Volkswagen Colonia, Múnich o un Opel Núremberg.*«

»*No entiendo ni jota* [no en**tjen**do ni **cho**ta]«, sagt Abi, sie verstehe nur Bahnhof.

»Ist ja egal«, meint Lena. »Geht's los?«

»*Sí*«, nickt Rafa. »*¡Vamos, los domingueros!* Auf geht's mit den Sonntagsausflüglern!«

»Wohin fahren wir eigentlich?«, will Lena wissen.

»Wir fahren auf keinen Fall ans Meer und auf keinen Fall benutzen wir die Autobahn, denn da sind jetzt alle anderen *domingueros* unterwegs. Wir fahren hinauf in die Berge, *a la montaña*, auf kleinen Straßen den Río Monegre hinauf Richtung Jijona [chi**cho**na].«

Alles ist verstaut und Rafa fährt endlich los. Nach circa 38 Kreisverkehr-Umkurvungen verlassen sie endlich die Stadt und bewegen sich auf einer schmalen Landstraße ohne befestigte Seitenstreifen hinauf in das Mittelgebirge. Die Land-

* Tatsächlich sind die meisten Seat-Modelle nach geografischen Bezeichnungen benannt, neben Städtenamen auch Namen von Inseln (Ibiza) oder Bauwerken (Seat Alhambra). Pech hatte in den 70ern und 80ern Mitsubishi mit seinem Pajero. Er wurde schließlich in den spanischsprachigen Ländern und in den USA umbenannt in »Montero«, denn, das hatten die Japaner wohl nicht bedacht, auf Spanisch heißt *pajero* »Wichser«.

schaft ist karg, trocken und heiß, die Felsen rötlich, hier und da spärlich mit kargem Macchia-Gestrüpp bewachsen. Rafa fährt flott, aber auf der holprigen Straße kommen sie trotzdem nur langsam voran. Bei Gegenverkehr wird es manchmal sogar richtig gefährlich. Für Lena sieht es immer wieder so aus, als verschwände die Straße hinter der nächsten Biegung im Nichts. Aber bislang führt sie tatsächlich doch immer weiter, bis hinauf zu einem *embalse*, einem Stausee. Dort macht Rafa auf einem Parkplatz Halt, auf dem auch schon andere Autos stehen, die offenbar dasselbe Ziel hatten und die steinernen Sitzgruppen nun als Picknickplätze nutzen. Ganze Familienclans haben sich auf den Steinbänken niedergelassen und ihre bunt gestreiften Campingstühle dazugestellt. Rauchschwaden steigen von den mitgebrachten Holzkohlegrills auf. Die Tische biegen sich unter Schüsseln und Tellern. Die aufgestellten Müllcontainer sind wohl voll, denn auf dem ganzen Areal stehen Plastiktüten mit Müll herum, aus denen Plastikflaschen herausragen, wenn sie nicht sowieso separat danebenliegen und vom Wind über den Parkplatz hin- und hergerollt werden. Natürlich geht es wie immer zu, wenn mehr als zwei Spanier aufeinandertreffen: lebhaft. Kinder spielen Fangen und Radios laufen in Hörweite, damit ja keiner die Fußballergebnisse verpasst.

Lena findet die Szenerie ziemlich bizarr. Sie kann es eigentlich gar nicht fassen, dass sie für diesen Krach und diese Ansammlung von Müll nun so weit hinaus in die Pampa gefahren sind.

Manten tu ciudad limpia – Halte deine Stadt sauber

Spanier sind keine Mülltrennungsweltmeister. Manchmal werden Müllsäcke oder ein kompletter Heckenschnitt einfach neben der Straße deponiert, obwohl in allen Stadtvierteln und Siedlungen

Müllcontainer vorhanden sind. Das sieht meist nicht sehr schön aus und für die Müllmänner bedeutet das wilde Deponieren eine Menge Arbeit.

In Spanien kommt die Müllabfuhr, anders als bei uns, in der Regel nachts.

Wenn Sie das Mülltrennen in Spanien richtig machen wollen, dann merken Sie sich, was wo hineingehört:

Grüne Container: *Vidrio* (Glas, getrennt nach Farben: *transparente* – weiß; *verde* – grün; *ámbar* – braun). Gelbe Container: *Envases* (Plastikflaschen, Dosen, Tetrapacks). Blau: *Papel* (Papier und Karton). Braun (oder dunkelgrün): *Orgánico* (Grünabfälle).

Für die Natur scheint sich sowieso niemand zu interessieren, dafür umso mehr fürs Essen. »Sagt mal, wollen wir uns nicht ein bisschen bewegen nach der holprigen Fahrt und zum Stausee hinuntergehen?«, fragt Lena.

Die beiden rollen mit den Augen. »Geh du nur, du teutonische Wandersfrau*«, meint Rafa. »Ich baue inzwischen den Grill auf.«

Als Lena von ihrem Spaziergang zurückkommt – sie stellt fest, dass es tatsächlich zu heiß ist für längere Unternehmungen zu Fuß –, liegen Rafa und Abi auf der mitgebrachten Decke im Schatten und die Grillkohle kokelt vor sich hin.

Rafa holt Bier aus der Kühltasche. »Oder mögen die Damen lieber einen *tinto de verano*? Ich habe auch Rotwein und Limonade, schön gekühlt, mit dabei. Was gibt's denn zu essen, Lena?«

Lena packt die mitgebrachten Salate aus, vier an der Zahl, Schinken, Käse, Brot, Obst, sogar an die Nachspeise hat sie

* Für unser urdeutsches Wort »wandern« haben die Spanier nicht einmal ein eigenes Verb. »Wandern« heißt *hacer senderismo*, abgeleitet von *sendero*, »Weg«. Wandern ist in Spanien (noch?) kein Breitensport wie bei uns.

gedacht und *flan*, Karamellpudding, mit eingepackt.

»Und wo ist das Fleisch für den Grill?« Rafa ist die Enttäuschung ins Gesicht geschrieben.

»Ich höre immer Fleisch und Grill. Ich dachte, wir machen *picnic*!«, empört sich Lena. »Nun komm schon, greif zu, zu viel Fleisch ist sowieso nicht gesund, noch dazu Gegrilltes!«

Rafa durchleuchtet Lenas Salate mit Röntgenblick und findet weder Fleisch noch Fisch darin. »*¡Espera!*«, sagt er, »warte!«, und macht sich zum Familienclan am Nachbartisch auf.

Was ist da schiefgelaufen?

Ja, was eigentlich? Lena hat sich die größte Mühe gegeben, aber offensichtlich fehlt etwas Entscheidendes.

»Bist du Vegetarierin?«, fragt Abi Lena.

»Quatsch! Das weißt du doch. Sonst würde ich ja auch keinen Schinken essen.«

»Weißt du, in Spanien werden eigentlich alle Gerichte, sagen wir, die Hauptspeisen, mit Fleisch oder Fisch zubereitet. Salat, Gemüse, Kartoffeln gibt es als Beilagen. Wenn Fleisch oder Fisch fehlt, haben wir irgendwie das Gefühl, dass wir nicht satt werden.«

»Aber hör mal, beim Picknick gibt es doch kein Fleisch. Und ich habe immerhin an Schinken gedacht.«

»Bei uns schon. Meine Mama macht dann immer einen *pastel de carne* oder *albóndigas* oder *empanadas de pollo o atún** oder ...«

* *Pasteles de carne*, wörtlich »Fleischkuchen«, sind mit Fleisch gefüllte Pasteten, *albóndigas* (Hack-)Fleischbällchen in Tomatensoße, und *empanadas de pollo o atún* sind mit Huhn oder Thunfisch gefüllte Teigtaschen, die in Fett gebacken werden.

»Jetzt hör schon auf! Es kann doch nicht sein, dass ihr nicht einen Tag ohne Fleisch auskommen könnt.«

»Ohne Fleisch schon, aber auch noch ohne Fisch?«

Lena kocht.

»Was macht Rafa denn eigentlich bei den wildfremden Leuten dort?«

Doch Abi zuckt nur mit den Achseln und pickt mit der Gabel in Lenas Salatschüssel.

»*¿Ensalada mixta?*«, fragt sie. Lena nickt. »*¿Sin atún?*«

Wie bitte? Ohne Thunfisch? Wieso sollte ihr gemischter Salat Thunfisch enthalten? Dann wäre er ein Thunfischsalat, kein gemischter Salat. Jetzt reißt Lena aber langsam der Geduldsfaden!

Da kommt Rafa angehüpft und schwenkt eine Plastiktüte über dem Kopf wie eine Trophäe.

»Unsere netten Nachbarn hier hatten noch etwas *lomito** übrig. Dann habe ich den Grill doch nicht umsonst angeheizt! Nicht beleidigt sein, *Lenita*, wir Spanier sind eben Fleischfresser. Oh, was für wunderbare Salate unsere *alemanita* da gemacht hat. Hm, *¡qué rico!*, wie lecker!«

»*Lenita, alemanita*«, schnaubt Lena. »Kann es jetzt endlich mal losgehen mit dem Essen? Ich habe nämlich Hunger. *Tengo hambrita.*«

Sprachliche Verniedlichung

Die Verkleinerungsformen auf *-ito/-ita* (deutsch: -chen; Lenita = Len(a)chen) dienen der Verniedlichung: *gatito* (von *gato*) = das Kätzchen, *casita* (von *casa*) = das Häuschen, Pepito (von Pepe), Pepita (von Pepa) oder Manolito (von Manolo bzw. Manuel). Oder

* *Lomo*, verniedlicht *lomito*, ist Schweinelende, meist sehr dünn geschnitten, die entweder natur gebraten oder gegrillt wird.

der emotionalen Anteilnahme: *¡Pobrecito!* (von *pobre*, arm) = Du Ärmster!

Sie können auch für Abschwächung oder Relativierung stehen: *gordito* (von *gordo*) = dicklich (weniger schlimm als »dick«). Oder, wie im Falle von Rafa, auch als Beschwichtigung. Er will sich damit bei Lena einschmeicheln, da er sie vorher wegen ihrer fleischlosen Salate kritisiert hat. *Tengo hambrita* = Ich habe »Hungerchen« (= ein ganz klein bisschen Hunger).

Was können Sie besser machen?

Sollten Sie Vegetarier oder Vegetarierin sein und neben Fleisch auch keinen Fisch essen, haben Sie es in Spanien schon schwer. Nicht nur, weil Sie dann die allermeisten Hauptgerichte meiden müssen. Am besten Sie halten gleich nach einem vegetarischen Restaurant Ausschau. Es gibt allerdings noch nicht sehr viele in Spanien*. Ansonsten kann es Ihnen passieren, dass Gerichte, die Sie ihrem Namen nach für vegetarisch halten, es doch nicht sind. Ein *sandwich vegetal* [sand**witsch** beche**tal**], also ein »pflanzliches Sandwich«, enthält auf jeden Fall Schinken. Und ein *arroz con verduras* [**arroth** kon ber**du**ras], »Reis mit Gemüse«, enthält neben dem Gemüse auch Schweinefleisch (*cerdo* [**ther**do]) und/oder Hühnchen (*pollo* [**po**jo]). Eine *ensalada mixta* [ensa**la**da **mis**ta] ist in aller Regel mit Thunfisch zubereitet. Es sei denn, Sie bestellen Ihren Salat ausdrücklich »ohne« (*sin atún*). Es ist also Vorsicht angesagt bei vegetarisch klingenden Gerichten. Fragen Sie am besten nach: *¿Lleva carne o pescado?* [**je**wa **kar**ne o pes-

* In Spanien soll es etwa 200.000 Vegetarier geben, das sind 0,5 % der Bevölkerung. Zum Vergleich: In Deutschland sind es fast 8 Millionen, also knapp 10 % der deutschen Bevölkerung. Die *Unión Vegetariana Española* (UVE) hat übrigens ihren Sitz in Alcoy, in der Provinz Alicante.

kado] – »enthält das Gericht Fleisch oder Fisch?« Was Sie als Vegetarier bedenkenlos essen können, kalt oder warm, ist die *tortilla española* [tor**ti**ja espa**njo**la], das Omelett, das ausschließlich vegetarisch aus Kartoffeln, Zwiebeln, Knoblauch und Ei gemacht wird.

Was können Sie tun, wenn Sie selbst Vegetarier oder Vegetarierin sind und kein Fleisch für Ihre Gäste zubereiten wollen? Sie könnten ein paar besonders raffinierte Tapas mit nicht alltäglichen Gemüsesorten zubereiten, z.B. mit Spargel (*espárragos*), Artischocken (*alcachofas* [alka**tscho**fas]) oder Mangold (*acelgas* [a**thel**gas]) und sie besonders schön und auffällig präsentieren. Es sollten auf jeden Fall unbedingt auch warme Tapas dabei sein, nicht nur kalte. Zu frischen Salaten und Gemüsedips könnten Sie außerdem feinen Schinken und verschiedene Käsesorten servieren, dazu leckere Nachspeisen, dann werden auch die (meisten der) Fleischesser die Einladung genießen können.

23 Alles Käse

oder: Denominación de Origen (D.O.): Käse mit Stammbaum

Die Hitze steht über dem Picknickplatz im Hinterland von Alicante, Heerscharen von Grillen liefern sich einen Zirp-Wettstreit, kein Lüftchen regt sich. Die Steinbänke drängen sich unter staubigen Pinien zusammen, ringsherum breitet sich eine karge, trockene Felswüste aus, die an eine Mondlandschaft erinnert. Rauchwölkchen steigen von den Grillplätzen auf, sie lösen sich in der trockenen Hitze schnell auf und verschwinden im wolkenlosen Himmel. Eine bizarre, raue Idylle, denkt Lena.

Nachdem Rafa nun von seinen *compatriotas* (Landsleuten) Fleisch für den Grill organisiert hat, ist er restlos glücklich. Rafa und Abi überbieten sich in den Lobeshymnen auf Lenas Salate: *¡qué rico!* [ke **ri**ko] (lecker), *¡riquísimo!* [ri**ki**simo] (sehr lecker), *¡delicioso!* [deli**thjo**so] (köstlich), gar *¡divino!* (göttlich) sollen sie sein. Und am Ende setzt Rafa noch eins drauf und bezeichnet Lenas *picnic* rundherum als *de puta madre*, was ungefähr so viel wie »geil« oder »voll gut« heißen soll. Alles ist gut, bis Lena die Käseplatte auspackt, die sie vorbereitet hat.

»Was ist das denn?«, fragt Abi. »*Queso de bola* (Edamer), *gouda*, *camembert*, das ist doch alles holländischer Käse oder französischer!«

»Stimmt. Das ist der Käse, den ich zu Hause auch immer esse. Schmeckt er euch nicht?«

»Wir haben in Spanien den besten Käse Europas«, sagt

Rafa und fischt sich eine Olive zwischen den Käsestücken heraus. Auch Abi hält sich an die Oliven und probiert mehr anstandshalber denn aus echter Überzeugung vom holländischen Käse.

Was ist schiefgelaufen?

»Hm, mit spanischem Käse kenne ich mich aber nicht aus«, entschuldigt sich Lena, die merkt, dass sie hier anscheinend wieder reingetappt ist. »Ich weiß nicht einmal, welcher Käse aus Kuh-, Schaf- oder Ziegenmilch gemacht ist. Und Ziegenkäse mag ich, glaube ich, nicht.«

»Du musst sie alle einmal probieren!«, sagt Rafa. »Unsere besten Käsesorten haben eine geschützte Herkunftsbezeichnung, wie Weine und Schinken. Nächsten Samstag gehen wir zusammen auf den *Mercado Central* in Alicante und dann suchen wir ein paar feine Sorten für dich zum Probieren aus, okay?«

Okay, okay, denkt Lena. Hätte sie eigentlich wissen müssen. Spanier trinken am liebsten spanischen Wein und essen am liebsten spanisches Obst und Gemüse, spanischen Schinken etc. Und sie sind auch mächtig stolz auf ihre regionalen Erzeugnisse.

»Wisst ihr, dass ihr richtige Locavoren seid?«, fragt Lena.

»*¿Quéeeeeeeee?*«, fragt Abi. »Ist das gefährlich?«

»Quatsch!«, sagt Lena. »Das sind, Menschen, die nur das essen, was aus ihrer Region kommt, aus ihrem eigenen Landstrich. So wie ihr.«

»Also ich gehöre ja eher zu den Karnivoren ...«, Rafa schiebt sich das letzte Stück seines Grillfleisches in den Mund, »den Fleischfressern.«

Was können Sie besser machen?

Muss man Spanier also immer mit ihren eigenen Produkten bewirten? Nein, muss man eigentlich nicht. Aber eine gewisse Wertschätzung der »einheimischen« Produkte zeigt man damit schon. Und das kommt bei Spaniern, die traditionell Regionalisten sind, immer gut an. Wenn Sie italienischen oder griechischen Wein zum Essen anbieten, Käse aus Frankreich und Schinken aus Österreich, werden Ihre spanischen Gäste schon ein bisschen verwundert sein. Es sei denn, Sie machen zum Beispiel einen »deutschen Abend«, zum Kennenlernen deutscher Produkte. Dann sollten Sie allerdings zusehen, dass Sie qualitativ hochwertige Lebensmittel und Weine – oder doch lieber Biere? – einkaufen können, zum Beispiel in der gut sortierten Lebensmittelabteilung eines großen Corte-Inglés-Kaufhauses.

Es kann aber nie schaden, sich ein bisschen mit spanischem Käse auszukennen. Hier die wichtigsten Sorten:

Quesos de España D.O. (Denominación de Origen) – spanische Käsesorten mit geschützter Herkunftsbezeichnung (Auswahl)

Der *Manchego* [mantschego] ist wohl der bekannteste spanische Hartkäse. Er wird aus Schafmilch gemacht, entweder aus Rohmilch, dann heißt er *artesano*, oder aus pasteurisierter Milch, dann nennt er sich *industrial*. Er stammt aus der Region Castilla-La Mancha. Seine braune Rinde hat die für ihn charakteristische Rillenstruktur.

Der *Idiazábal* [idiathabal], ebenfalls aus Schafmilch, kommt aus dem Baskenland und Navarra. Den leicht bis mittelpikanten Hartkäse gibt es auch geräuchert (*ahumado* [a_umado]).

Der bekannteste Käse der Balearen ist der *Mahón* [maon] aus Menorca, ein Hartkäse, der aus Kuhmilch gemacht ist, quadratisch, mit abgerundeten Ecken und einer Rinde, die noch die Abdrücke des Käsetuchs zeigt, mit dem das Wasser herausgepresst wurde.

Der Mahón hat einen leicht salzigen Geschmack, weil er in Meernähe reift. Mit steigendem Reifegrad wird er würziger und pikanter. Die Struktur des ausgereiften Mahón ist sehr fest. Er bröckelt beim Schneiden wie Parmesan. Sein Geschmack erinnert an altes Holz oder Leder und ist sehr intensiv.

Aus Galicien kommt der *Tetilla* (»Tittchen-Käse«) [te**ti**ja]. Er hat die Form einer weiblichen Brust und wird im Tropfverfahren aus Kuhmilch hergestellt. Er schmeckt sahnig und mild. Zusammen mit Quittengelee (*dulce de membrillo*) ist er Bestandteil der beliebten Nachspeise *queixo con membrillo* [**käi**scho kon mem**bri**jo].

Aus Asturien stammt der *Queso de Cabrales* [**ke**so de ka**bra**les], ein Blauschimmelkäse aus Kuh-, Ziegen- und Schafsmilch, der in Höhlen reift.

Kleine Käsekunde

artesano	[arte**sa**no]	aus Rohmilch gemacht
industrial	[indus**trial**]	aus pasteurisierter Milch
fresco	[**fres**ko]	frisch, jung
semicurado	[semiku**ra**do]	mittelalt
curado	[ku**ra**do]	gereift
viejo, añejo	[**bje**cho, a**nje**cho]	alt
ahumado	[a_u**ma**do]	geräuchert
queso azul	[**ke**so a**thul**]	Blauschimmelkäse
queso de cabra	[**ke**so de **ka**wra]	Ziegenkäse
queso de oveja	[**ke**so de o**we**cha]	Schafskäse
queso de vaca	[**ke**so de **wa**ka]	Kuhmilchkäse

¡Qué aproveche!	[ke apro**we**tsche]	Guten Appetit!

24 *Gilipollas*

***oder:* Fußball und Vollidioten**

Nach dem Picknick ist Ruhe, na ja, zumindest relativ gesehen, also für spanische Verhältnisse. Die Grillen laufen in der Nachmittagshitze noch einmal zur Höchstform auf. Die Pinien über ihnen und das dürre Gras und Gestrüpp müssten eigentlich voll von den Insekten sein, die diesen Lärm produzieren. Aber so sehr Lena auch sucht und sich streckt, sie kann keine entdecken. Die aktuelle Lufttemperatur wird bei etwa 35 Grad im Schatten liegen. Die Menschen werden träge und sogar leiser. Siesta-Zeit. Rafa und Abi haben sich im Schatten der Bäume auf einer Decke ausgestreckt und dösen. Von den Nachbartischen hört man vereinzelt Unterhaltungen und den ein oder anderen Fußballbericht aus dem Radio herüber. Was für eine ungewohnte Ruhe. Lena pickt mit den Fingern die Reste des Picknicks auf, dann räumt sie die Schüsseln wieder zurück in die Klappkiste. Es ist wirklich zu heiß zum Herumlaufen.

Eine fantastische Luftspiegelung liegt über dem Asphalt. Am Horizont erkennt Lena Erhebungen, deren nackter Fels wie Schnee schimmert. Und ganz weit hinten ein Städtchen mit scheckigen, verblichenen Ziegeldächern und ein paar Türmen, es können auch Wohnblocks sein. Auf einer Anhöhe die Reste einer Burg. Das muss die Kleinstadt Jijona sein, Rafa hat vorhin im Auto darüber gesprochen. Das unaussprechliche Jijona [chi**cho**na] – auch Lena hat den Namen schon gehört, weiß aber nicht mehr, in welchem Zusammenhang. Sie packt ihren spanischen Krimi aus, der Detektiv heißt Pepe Carvalho*, aber dann nickt sie immer wieder über der ersten Seite ein. Es ist einfach zu heiß, und der Roman sprachlich vielleicht noch ein bisschen zu anspruchsvoll für Lena. Das Buch fällt auf ihre Bastmatte und endlich gibt Lena auf und legt sich einfach dazu und schläft, bis die Fußballberichte im Radio hitziger werden. »*¡Gooooooooooooooooooooool!*« schallt es aus mindestens drei Richtungen gleichzeitig über den schläfrigen Picknickplatz und alle kommen langsam wieder zu sich. Es ist 17 Uhr. Ende der *siesta*.

Fútbol – der spanische Nationalsport

Nachdem Spanien 2010 Fußballweltmeister und 2008 Europameister geworden ist, gilt endlich auch die Nationalmannschaft in Spanien etwas. Wichtiger sind allerdings immer noch die Fußballclubs der *Primera División*, der Ersten Liga. Die drei einzigen Teams, die seit Ligagründung nie abgestiegen sind, sind *Real Madrid*, der erfolgreichste Verein Europas, der *FC Barcelona*, genannt *Barça* [**bar**sa], sein ewiger Konkurrent, sowie *Athletic Bilbao* aus dem Baskenland.

Real Madrid, bei uns auch gern »die Königlichen« genannt, in Spanien dagegen entweder »El Real Madrid« oder »El Madrid«,

* Pepe Carvalho ist der berühmteste Held des Vielschreibers Manuel Vázquez Montalbán (1939–2003) aus Barcelona, der in seinen millionenfach verkauften und in 20 Sprachen übersetzten Krimis ein Bild der spanischen Gesellschaft nach der Franco-Diktatur zeichnet. Sie lesen sich wie Chroniken und stecken voller Anspielungen. Auch wegen seiner Leidenschaft für die spanische, besonders die katalanische Küche ist der Detektiv Carvalho etwas ganz Besonderes in der internationalen Krimilandschaft. Zu den bekanntesten Titeln der Pepe-Carvalho-Serie zählen: »Ich tötete Kennedy« (*Yo maté a Kennedy*, 1972), »Die Einsamkeit des Managers« (*La soledad del manager*, 1977) oder »Der letzte Bolero« (*El hombre de mi vida*, 2000).

ist mit einem Markenwert von 1 Milliarde Euro der wertvollste Fußballverein der Welt und verfügt sogar über einen eigenen Privatjet. Er holte 31 Mal den Titel in der Ersten Liga. Stadion: Santiago Bernabéu, 80.000 Plätze.

Barça, die Blau-Roten (katalanisch *blaugrana*), trägt seine Heimspiele im Stadion Camp Nou aus, dem mit 98.000 Plätzen größten Fußballstadion Europas, und holte 20 Mal den Titel. Ein Spiel zwischen Real Madrid und dem FC Barcelona heißt *El Clásico* und garantiert enorme Zuschauerzahlen.

Die baskische Mannschaft *Athletic Bilbao*, genannt *Los Leones* (die Löwen), mit ihrem Stadion San Mamés, das nur halb so groß ist wie Camp Nou, dafür das älteste Stadion Spaniens, nimmt eine Sonderrolle ein: Traditionell werden nur baskische Spieler, insbesondere aus der Provinz Bizkaia, aber auch aus dem baskischen Teil Navarras und dem französischen Baskenland, verpflichtet. Wer nicht Baske ist, muss zumindest schon in einer baskischen Jugendmannschaft groß geworden sein. So ist dieser Club ohne Milliarden und ohne Spieler aus aller Welt eigentlich ein echter Anachronismus, spielt aber dennoch erstklassigen Fußball und holte immerhin acht Mal den Titel.

Nach einer Umfrage von 2007 erklärten 32,8 % der Spanier Real Madrid zum beliebtesten Verein, der FC Barcelona erhielt 25,7 %. Dann folgten, weit abgeschlagen, der FC Valencia (5,3 %) und Athletic Bilbao (5,1 %).

Da kommen zwei verstaubte und mit Dreck bespritzte Geländemaschinen angeknattert und hinter ihnen zwei verbeulte Kleinwagen, die mit quietschenden Reifen auf den ungeteerten Parkplatz brettern und alle aufbrechenden Picknicker mitsamt ihrem Hab und Gut in einer gigantischen Staubwolke untergehen lassen. Die Subwoofer geben einen dröhnenden Bass vor, der sich mit der Herzfrequenz unheilvoll vermischt. Lena fasst sich ans Herz. Kann man von diesem Gestampfe Herz-Rhythmus-Störungen bekommen?

»Idioten«, schimpft Lena los, »*gilipollas, idiotas, hijos de ...*«

Abi und Rafa sehen Lena an, als habe sie gerade ein Delikt zwischen Majestätsbeleidigung und Landesverrat begangen.

Was ist da schiefgelaufen?

»*¿Ehhhh? ¿Qué te pasa?* Was ist denn mit dir los?«, fragt Abi. »Lass sie doch, die Jungs wollen doch nur ein bisschen Spaß haben hier oben«, meint auch Rafa.

Aha, denkt Lena, da sind sie jetzt wieder unbedingt tolerant anderen Leuten und Lebensweisen gegenüber, Lärm und Dreck inklusive. Motto: leben und leben lassen. Man mischt sich einfach nicht ein, fühlt sich nicht berufen, anderen Menschen Manieren beizubringen. Siedend heiß fällt Lena die unschöne Situation ein, als sie selbst anlässlich des Brunchs in ihrer Wohngemeinschaft den anderen beibringen wollte, doch öfter mal »bitte« oder »danke« zu sagen. Es treibt ihr die Schamesröte ins Gesicht, wenn sie nur daran denkt.

»Na, na, *chica*. So musst du dich wegen der Schimpfwörter jetzt auch nicht schämen«, meint Rafa, »daran sind nur wir Schuld, denn du kannst sie ja nur bei uns gelernt haben. Wahrscheinlich war es die Hitze, dazu der Lärm und der Staub, die dich so aus der Fassung gebracht haben.«

Gemeinsam packen sie die nunmehr in eine dicke Staubschicht eingehüllten Utensilien in den Kofferraum und fahren zurück auf die *carretera*, die gepflegte Landstraße. Die Klimaanlage brummt.

»Wie weit ist es denn bis Ji…, Ji…*?«

»Jijona meinst du? Ein Katzensprung. Ist auch gut so, denn ich brauche dringend einen Kaffee. Also fahren wir, *¡vamos!*«

Wie eine Fata Morgana tauchen die weißen Häuser der

* Den Namen der Stadt können Sie gut als Ausspracheübung benutzen: Sprechen Sie in Jijona [chichona] zwei Mal das »j« wie »ch« in dem deutschen Wort »ach« (also im Rachen kratzend), nicht weich wie in »ich«. Das ist die korrekte spanische Aussprache.

Kleinstadt über der Hitzespiegelung auf. Zuerst in die Bar, natürlich. Denn dort wacht das Leben wieder auf. Der Fernseher läuft und hat einen Extra-Riesenbildschirm, auf dem natürlich Fußball gezeigt wird, und die Spielautomaten in der Ecke kollern wie eine Schar Truthähne. Die Zivilisation hat sie wieder.

»*¿Tres cafés?*«, fragt Rafa. »Oder beliebt die *alemanita* mal wieder einen *café con leche* zu trinken, mitten am Nachmittag?«

»Sie beliebt«, antwortet Lena. Diese deutsche Angewohnheit lässt sie sich einfach nicht nehmen. Das Schlückchen Kaffee, das in einer Espressotasse Platz hat, ist ihr zu wenig Flüssigkeit und außerdem zu stark.

»*¿Dos cafés y uno con leche?*«, ruft der Kellner an der Kaffeemaschine.

Sí.

Exkurs: Wann trinkt man in Spanien welchen Kaffee?

Lena weiß schon, dass Spanier allenfalls zum Frühstück Milchkaffee trinken, sonst immer *café solo*, Espresso, schwarz, mit Zucker. Vormittags, nach dem Essen, am Nachmittag, am Abend, nach dem Abendessen. Ein *café* nach dem Essen muss auf jeden Fall sein. Bei vielen kommen über den Tag verteilt sehr viele *cafés* zusammen, aber Espresso ist ja gut bekömmlich. Lena hat es aufgegeben mitzuzählen. Sätze wie »ich vertrage keinen Kaffee« und »um diese Uhrzeit nicht mehr« hat sie fast schon vergessen. Die kennt sie nur aus Deutschland. In Spanien können immer alle zu jeder Tages- und Nachtzeit Kaffee trinken.

Für die zarteren Mägen gibt es den (*café*) *cortado*, das ist ein Espresso mit einem Schuss Milch. Diese Gewohnheit hat

Lena hauptsächlich bei Frauen gesehen. Und das Milchkaffeetrinken tagsüber nur bei Ausländern. Als schlimmste aller Sünden hat ihr ein Bekannter die Angewohnheit mancher *guiris*, also ausländischer Touristen, geschildert, nach dem Essen (!) einen *café con leche* zu bestellen. Der Bekannte erzählte, in dem Fall, den er selbst beobachtet hat, habe der Kellner doch einen *café solo* gebracht, weil er dachte, er habe sich verhört oder der Gast habe aus Versehen den falschen Kaffee bestellt. (Siehe die »Kleine Kaffeekunde« in Kapitel 2.)

Ja, und so einen bestellt nun auch Lena in schönster Ausländermanier. Sie hätte auch gern ein Stück Kuchen dazu gehabt, aber dazu hätte sie zuerst eine *pastelería* suchen müssen, eine Konditorei. Und dann wären ihre Freunde wahrscheinlich gar nicht mit reingegangen, weil für sie *café* tatsächlich nur Kaffee bedeutet, ohne irgendetwas dazu. Einzige »Beilage« zum Kaffee war in früheren Zeiten die Zigarette. Legendär die spanischen *Ducados* – starker schwarzer Tabak in weiß-blauer Verpackung. Aber nun herrscht auch in Spanien Rauchverbot in den meisten Bars, auch wenn es nicht immer so streng eingehalten wird wie es im Gesetz formuliert ist*. Also ein

* Als 2006 das neue Anti-Raucher-Gesetz in Spanien eingeführt wurde, schrieb der Spiegel, nun würde auch das »Raucherabteil Europas« geschlossen. Bis dahin war jeder dritte Einwohner Spaniens Raucher bzw. Raucherin. Die Zigaretten waren auch nirgendwo so billig wie in Spanien. Zu den prominenten Rauchern gehör(t)en auch der Ministerpräsident José Luis Rodríguez Zapatero und der höchste Mann im Staat, der König Juan Carlos I. Letzterer hat jedoch nach einer Lungen-OP 2010 dem blauen Dunst auf dringendes Anraten seiner Ärzte abgeschworen.
Inzwischen ist wieder ein Gegentrend zu beobachten: Nach einer Studie des spanischen Gesundheitsministeriums ist die Zahl der Raucher in Spanien von 2008 auf 2009 wieder um 8 % gestiegen.

Milchkaffee und ein Tütchen Kartoffelchips, das Abi aus einem Ständer fischt, der auf der *barra*, dem langen Tresen der Bar, aufgebaut ist.

»*Patatas fritas*«, stöhnt Lena unwillkürlich. »Dabei hätte ich jetzt zu gern etwas Süßes gehabt. In Ji..., Jijona, war da nicht irgendwas mit Süßigkeiten?«

»*Claro*«, sagt Abi. »Jijona, oder Xixona [schi**scho**na], wie es auf *valenciano* heißt ...«

»Genau«, unterbricht Lena, »so stand es ja auch auf dem Ortsschild.«

»Genau. Also das Städtchen ist in ganz Spanien für eine Spezialität berühmt, die bei uns auf keinem Weihnachtstisch fehlt: *turrón* heißt diese Köstlichkeit, auf Valencianisch *torró*.«

»Wie *toro*, der Stier?«, wundert sich Lena.

»Quatsch, *torró* [to**rro**], nicht *toro* [**to**ro]!«

»Und was ist das?«

»Wirst du gleich sehen«, schaltet sich Rafa ein. »In Jijona gibt es ein Turrón-Museum und da fahren wir jetzt hin.«

Turrón – Mandelspezialität aus Alicante und Jijona / Xixona

Turrón wird hergestellt aus Mandeln, Honig, Zucker und Eiweiß und sieht ein bisschen aus wie Türkischer Honig. Er wird entweder zu rechteckigen Tafeln gepresst, wie Schokolade, aber dicker, oder zu dünnen *tortas*, also rund, mit einer Schicht Oblaten oben und unten. Turrón kam mit den Mauren (*moros*) aus der arabischen Welt nach Spanien, wo er vorwiegend zu Weihnachten verzehrt wird. Sie bekommen ihn aber das ganze Jahr über in Feinkosthandlungen oder großen Supermärkten. Er ist auch als Mitbringsel sehr beliebt.

Es gibt im Wesentlichen zwei unterschiedliche Sorten von Turrón. Aus Alicante (valencianisch Alacant) stammt der *turrón duro*, der harte, knusprige Turrón mit den ganzen Mandeln in einer festen Zucker-Ei-Masse. Er heißt auch *turrón de Alicante*.

Der andere, weiche Turrón, *turrón blando*, stammt aus Jijona (valencianisch Xixona). Er hat eine weiche, pastose, leicht fettige Konsistenz. Die Mandeln werden für diese Sorte fein gemahlen. Er heißt auch *turrón de Jijona*.

Probieren Sie selbst aus, welche Sorte Ihnen besser schmeckt.

Neben den beiden klassischen Sorten gibt es auch *turrón de yema*, der mit Eigelb gemacht wird und ein bisschen wie Marzipan* aussieht und schmeckt. Es gibt auch dunklen *turrón de chocolate* (Schokolademasse mit Mandeln) und bunt gesprenkelten *turrón de fruta*, mit kandierten Früchten. Außerdem wird Turrón auch aus Erdnüssen (*cacahuetes*) gemacht. Eine große Auswahl bieten meist die Corte Inglés-Kaufhäuser.

---

* Marzipan, *mazapán* [matha**pan**], wird in Spanien vor allem in der Region um Toledo und Soto in der Rioja hergestellt und zu köstlichen Pralinen und Kuchen verarbeitet. Zum Beispiel zu den besonders an Allerheiligen beliebten *huesos de santo* (Heiligenknochen), die aus einem zylindrischen Marzipan-»Knochen« bestehen, der mit einer Eigelbcreme gefüllt ist. *Mazapán de Toledo* ist auch ein besonders schönes Mitbringsel aus Spanien.

25 Blechschaden

oder: No es nada

Es ist Tom anzusehen, dass er mit Nico leidet. Jeder Schein, den Nico auf den Tresen blättern muss, tut ihm selber weh. Der Angestellte der Abschleppfirma sieht Nico recht emotionslos dabei zu. Für ihn ist das alles Routine, klar, draußen steht schon der Nächste, der sein Auto wieder auslösen will. Von seinen Kollegen weiß Tom, dass in Madrid schnell abgeschleppt wird, und gerade zum Monatsende hin füllen sich die Parkplätze der Abschleppfirmen mit Autos, deren Besitzer erst nach dem Ersten zum Auslösen erscheinen. Nachdem der letzte Schein auf den Tresen gesegelt ist, wünscht ihnen der Mann noch eine gute Reise. »*Buen viaje* [bu_**en bja**che]«, sagt er. Ist das nun Sarkasmus? Nico kann sich jedenfalls nur schwer zu einem zwischen den Zähnen hervorgestoßenen *gracias* [**gra**thias] durchringen. »*Adiós*«, ruft der Angestellte ihnen hinterher, »Auf Wiedersehen«. Bloß nicht, denkt Nico.

Der flotte SEAT Ibiza gehört nun wieder ihnen. Bleibt nur noch zu entscheiden, worauf sie in den nächsten Tagen verzichten werden, um den Verlust in der Reisekasse irgendwie zu kompensieren. Jetzt geht es erst mal raus. Raus aus der Großstadt, Richtung Südwesten. Nico fährt, Tom liest die Karte und Annika genießt den Ausblick und lernt ein bisschen Spanisch. Tom verbessert ihre Aussprache, wenn es nötig ist. Und es ist eigentlich bei jedem Satz aus ihrem Lehrbuch nötig.

»Wollen wir eigentlich *autopista* oder *autovía* fahren?«, fragt Tom nach Abschluss von Lektion 1, die »*Hola, ¿qué tal?*« heißt.

»Was?«, fragt sein Bruder Nico. »Du bist doch hier der Spanienexperte. Was ist denn da überhaupt der Unterschied?«

»Die *autopista* ist besser ausgebaut und kostet Geld ...«

»Sprichst du von Maut?«

»Genau, *peaje* [pe_ache]. Wir könnten die AP-41 Madrid–Córdoba nehmen. Bis Toledo ist sie bereits fertiggestellt. Das geht am schnellsten.«

»Och, auf Autobahnen sieht man aber gar nichts, nur Autos«, wirft die spanisch lernende Rückbank ein. Wahrscheinlich wird sie für die zweite Lektion länger als die 70 Fahrminuten nach Toledo brauchen.

»Außerdem zu teuer«, entscheidet Nico. »Wir sind doch grade zur Kasse gebeten worden, da nutzen wir doch gleich die Gelegenheit und sparen, ohne dass es weh tut.«

»Dann nehmen wir die A-42, die *Autovía de Toledo*, die ist auch vierspurig auf der Karte eingezeichnet und kostet nix, außer Benzin natürlich.«

»Na prima!«, freut sich Nico. »Sag mal, wo muss ich denn am nächsten Kreisel eigentlich raus?«

»A-42, siehst du? Hier ... hier hättest du abbiegen müssen.«

»Kannst du mir das beim nächsten Mal eine halbe Umdrehung früher sagen?«

Nico fährt noch einmal eine Runde und versucht sich rechts zu halten. Es gelingt aber nicht, weil ihn keiner auf die rechte Spur hinüberlässt. Nicos Halsader schwillt bedrohlich an.

»Ja sind die denn alle geisteskrank? Kann mich da mal bitte einer reinlassen? Denken die, ich habe vergessen meinen Blinker abzuschalten?«

Annika steckt die Nase noch tiefer in ihr Buch. Nico fährt jetzt schon die dritte Runde in dieser namenlosen *rotonda*, einem viel befahrenen mehrspurigen Kreisel. Beim vierten Mal versucht Nico es mit Gewalt, sprich: abrupter Beschleunigung. Die Lücke war aber wohl doch zu eng, denn hinter ihnen kracht es und der Ibiza macht einen kleinen Satz nach vorne. »Touché«, würde der Franzose sagen.

Nico schnappt nur noch nach Luft. Tom denkt, das gibt es doch gar nicht, da rollt Nico schon auf den Randstreifen, reißt die Tür auf, springt raus und nimmt das Heck seines Wagens in Augenschein. Nebenbei beschimpft er den Fahrer des Wagens hinter ihm mit allem, was sein Berlinerisch auf die Schnelle hergibt, und das ist eine ganze Menge. Dabei ist der Übeltäter – Nico hat ihn anders genannt – noch nicht einmal ausgestiegen. Er muss erst noch sein Handytelefonat zu Ende führen. Als er schließlich aussteigt, um den Schaden zu begutachten, beachtet er Nico, der sich wie Rumpelstilzchen aufführt, überhaupt nicht.

»*No es nada, tío*«, ist alles, was er sagt, als Nico doch einmal Luft holen muss.

»Was sagt er?«

»Dass eigentlich gar nichts passiert ist«, übersetzt Tom.

»Waaas?«

»Ich kann auch nichts finden, du vielleicht?«

»So wie das gekracht hat? Bist du blind? Hier, hier ist ein Kratzer an der Stoßstange.«

»Der könnte auch schon vorher da gewesen sein«, mischt Annika sich ein. »Wir haben doch Vollkasko. Also, was regst du dich überhaupt auf, Nico?«

Nico möchte die Versicherungsnummer des Spaniers haben, aber der wiederholt nur noch einmal kopfschüttelnd:

»*No es absolutamente nada*«, steigt in seinen SEAT Alhambra und fährt davon.

Mit viel Überredung gelingt es Tom und Annika schließlich, Nico wieder ins Auto zu schaffen. Auf der Rückbank soll er wieder zur Ruhe kommen. Tom setzt sich ans Steuer, Annika übernimmt die Rolle des Copiloten mit der *mapa* (Landkarte) auf dem Schoß.

Was ist schiefgelaufen?

Da hat sich Nico mit seinem cholerischen Auftritt schon fast als »hässlicher« Deutscher geoutet. Seine ganze Aufregung perlte an dem gelassen-coolen Spanier ab wie Regentropfen an einem Lotusblatt. In Spanien wird wegen eines Minikratzers an einem Mittelklasse- oder Kleinwagen nicht die ganze Tür neu gespritzt wie bei uns. Kleine Auffahrunfälle mit Minibeulen fallen in Spanien in aller Regel unter die Kategorie Bagatellen, Petitessen, Peanuts. Außer notorischen Cholerikern regt sich kaum jemand darüber auf. Wenn Sie mal genauer hinschauen, werden Sie feststellen, dass die meisten Autos, die in Spanien herumfahren, dementsprechend aussehen. Man nimmt es damit einfach nicht so genau. Das Auto ist immer noch mehr Fortbewegungsmittel als Statussymbol. Wer mit seinem Auto angibt, ohne Millionär oder SEAT-Chef zu sein, ist schnell ein *fanfarrón*, ein Aufschneider und Prahlhans. Selbst die Abwrackprämie*, die auch in Spanien

* In Spanien gab es sie 2009 bis Mitte 2010 für über zehn Jahre alte Autos oder solche mit über 250.000 Kilometern auf dem Buckel. Die Autohersteller steuerten zur Abwrackprämie 1.000 Euro pro Fahrzeug bei, der Zentralstaat und die Regionen zahlten jeweils 500 Euro.

für viele alte Mühlen und Klapperkisten den Weg auf die Autofriedhöfe beschleunigt hat, wird wohl daran nicht nachhaltig etwas ändern.

Jedenfalls erreichen die drei eine Stunde später Toledo ohne weitere Zwischenfälle. Von Süden her ragt die Stadt über einer Flussschleife des Tajo [tacho] auf. Die Altstadt von Toledo gehört zum UNESCO-Weltkulturerbe (*Patrimonio de la Humanidad*) und sieht fast noch genauso aus, wie sie bereits im 16. Jahrhundert von El Greco gemalt wurde.

El Greco – »Der Grieche« in Toledo

El Greco war, wie der Name schon sagt, gebürtiger Grieche und lebte 1577 bis zu seinem Tod 1614 in Toledo und schuf dort zahlreiche Werke, meist Porträts, aber auch einige Stadtansichten. Bei *Felipe II*, König Philipp II., fiel er wegen seiner manieristischen Malweise in Ungnade. Die langgezogenen Körper und die expressiven, sehr modern wirkenden Farben entsprachen nicht dem damals vorherrschenden Zeitgeschmack. El Grecos Bilder hängen im Madrider Prado wie im Metropolitan Museum in New York. In Toledo selbst gibt es eine *Casa-Museo de El Greco* mit Gemälden des Künstlers.

Ein bisschen streng wirkt Toledo auf seine deutschen Besucher. Keine weiß getünchten Häuser, keine Blumenbalkone, dafür grau-brauner Stein, trutzburgartige Gebäude, gar nichts von der Leichtigkeit des Südens. Ein bisschen fremd und abweisend finden Nico und Annika die Stadt. Wenn das mal kein schlechtes Omen ist.

»Hey, ihr seid nicht in Andalusien, sondern in *Castilla-La Mancha*, dem spanischen Kernland, geografisch wie historisch. Carmen hat hier nie gelebt, denn die war aus Sevilla. Dafür haben in der *judería* [chuderia], dem Judenviertel von Toledo, bis 1492 viele Juden gewohnt. Es gibt heute noch zwei sehr schöne Synagogen im maurischen Stil, die wir uns unbedingt ansehen müssen.«

Synagogen in Toledo

El Tránsito und *Santa María la Blanca*, nur zwei von ehemals mindestens zehn Synagogen in Toledo, sind erhalten geblieben. Nach der Vertreibung der Juden aus Spanien, 1492, wurden sie als christliche Kirchen genutzt. In der *El Tránsito*-Synagoge befindet sich heute das *Museo Sefardí*, ein Museum zur Geschichte der Juden in Spanien. »*La Blanca*« hat ihren Namen von den 28 weißen Hufeisenbögen, die die Decke des Innenraums stützen.

»Jetzt halte hier mal keine großen Volksreden, sondern such bitte einen Parkplatz, denn ich brauche dringend einen Kaffee«, unterbricht ihn Nico nach längerer Funkstille.

»Da vorne an der Straße ist ein Parkplatz«, ruft Annika. »Oder ist der zu klein?«

»Für unseren Ibiza nicht«, sagt Nico, »aber vielleicht für Toms Einparkkünste, hehe.«

Das hält auch Tom für möglich, aber er setzt den Blinker und beginnt mit dem Rangieren. Nach zwei Korrekturen sieht es so aus, als würde er es tatsächlich schaffen. Dann macht es rumms und klirr, und das lässt nichts Gutes ahnen.

»Was machen wir jetzt?« Annika sieht Tom entsetzt an.

»Wahrscheinlich ist das sowieso wieder *nada*«, amüsiert sich Nico. »Wisst ihr was? Ich geh jetzt in die Bar an der Ecke und trinke meinen Kaffee und dazu einen Cognac oder einen Schnaps. Und ihr kümmert euch um das bisschen *nada*, okay?«

Was können Sie besser machen?

Nico hat dazugelernt und ist nun die Gelassenheit in Person. Schließlich haben sie den Leihwagen Vollkasko versichert und außerdem ist er selbst dieses Mal an dem Malheur völlig schuldlos. Es war ja zum Glück Brüderchen Tom, der am Steuer saß. Nico hat zwar das Buch gelesen »Warum Frauen schlecht einparken« – den Rest des Titels hat er vergessen –, aber warum sein Bruder es nicht besser kann, darüber stand da nichts. Jedenfalls wird Nico sich nicht noch einmal so aufregen wie am Kreisverkehr. Jetzt wird er ganz cool in die Eckkneipe einfliegen und Tom und Annika mal machen lassen. Das hat er von den Spaniern gelernt.

Das Klirren kam vom Rücklicht des Ibiza, das beim Zusammentreffen mit der fremden Stoßstange eingedrückt wurde. Ist die Schramme an der Stoßstange nun noch *nada* oder schon *algo*, »etwas«? Tom und Annika sehen sich um: Es kommt keiner schimpfend angerannt. Was tun?

Tom geht in den kleinen Tante-Emma-Laden, vor dem es passiert ist. Vielleicht weiß da jemand, wem der Wagen gehört. Tante Emma, die eigentlich Doña Amelia heißt, weiß, dass Don Pacífico der Besitzer des Wagens ist und ruft ihn auch gleich an. Es dauert ein Weilchen, bis der ältere Herr aus dem Wohnhaus nebenan angeschlurft kommt. Er ist nicht mehr so gut zu Fuß, aber elegant, mit weißem Hemd und Strickjacke. Ein freundlicher Herr, der einen kurzen Blick auf die Schramme wirft, befindet, es sei so gut wie *nada*, und ihnen gleich für das Rücklicht die Werkstatt seines Neffen empfiehlt. Er habe die Karte mit der Telefonnummer in der Wohnung, ob die *señores alemanes* nicht kurz mitkommen wollten. Tom und Annika gehen mit, trinken ein Gläschen Schnaps, während er mit seinem Neffen telefoniert, und kosten von den feinen Marzipanpralinen*, die Don Pacífico ihnen anbietet. Der Neffe, Qui-

* Konfekt aus *mazapán* (Marzipan) ist eine Toledaner Spezialität und eignet sich auch hervorragend als Mitbringsel.

que [kike], erwarte sie schon in seinem *taller* und werde sich heute noch um den Schaden kümmern. Er mache es auch ganz preiswert, versichert der alte Herr und drückt ihnen seine Visitenkarte in die Hand*. Sie plaudern noch ein Weilchen, dann verabschieden sich die beiden Unfallverursacher, spüren Nico in der Bar auf und fahren dann zusammen in die Werkstatt. Quique erledigt alles schnell und zum absoluten Sonderpreis, *tarifa familia* nennt er das, empfiehlt ihnen auch gleich noch das preiswerte Hostal** seiner Schwägerin Rosita und bringt sie sogar selbst dorthin. Sogar eine Parkgarage gehört zum Hostal, in der der Ibiza abgestellt wird. Und kurze Zeit später ziehen die drei zu Fuß los, endlich Toledo, die mittelalterliche Stadt in den mächtigen Stadtmauern, zu erkunden.

»Ich komme mir vor wie in einer Zeitmaschine«, sagt Annika.

»Hier waren sie alle«, doziert Tom, »und haben ihre Spuren hinterlassen: Römer, Goten, Araber, Juden, Christen.«

* Spanier empfehlen am liebsten Helfer und Dienstleister aus der eigenen Familie und arbeiten auch am liebsten mit ihren eigenen Leuten zusammen. Die Verflechtungen innerhalb der *familia* sind hier sehr eng und gehen weit über das reine Verwandtschaftsverhältnis und die Kontakte zu Jubiläen und Feiertagen hinaus. Wenn man im Berufsleben von solchen Verbindungen profitieren kann, tut man es in jedem Fall. Diese »Spezl-Wirtschaft« hat in Spanien den Namen: Sie heißt *enchufe*, Steckdose. *Tener enchufe* bedeutet: gute Beziehungen, »Vitamin B« haben.

** *Hostales* sind typisch für Spanien und Lateinamerika. Hostales können einfacher und preiswerter sein als Hotels, müssen es aber nicht. Es gibt *hostales*, die wie *pensiones* wenig Komfort bieten und in der Regel auch kein Frühstück. Und es gibt durchaus luxuriöse *hostales* mit allem Komfort. Das ist von Fall zu Fall sehr verschieden. Lassen Sie sich übrigens bei *hostales* oder *pensiones* nicht davon abschrecken, dass es kein Frühstück gibt. Sie können in jeder Bar, jedem Café an der Ecke preiswert frühstücken, oft besser als in einfachen Hotels, wo das Frühstück Spanien-typisch meist eher karg ausfällt.

»Und hier sind auch die Synagogen, von denen du erzählt hast. Sehen wir uns die an? *¿Vamos?*«, fragt Annika.

Zwei nach oben gereckte Daumen signalisieren: *¡vamos!*

Das Alhambra-Edikt – Ende des jüdischen Lebens in Spanien

1492, nach der endgültigen Rückeroberung der Iberischen Halbinsel von den Arabern, ordnete das Alhambra-Edikt die Vertreibung aller Juden an. Die Katholischen Könige Isabella von Kastilien und Ferdinand von Aragon, die Gründer der spanischen Nation, hatten während der *Reconquista* noch vom Geld jüdischer Finanziers profitiert. Nun stellten sie eine Bevölkerungsgruppe, die seit Jahrhunderten auf der Iberischen Halbinsel ansässig und gesellschaftlich integriert war, vor die Wahl von Vertreibung oder Konvertierung.

Wie viele Juden damals Spanien verließen, ist nicht gesichert, mindestens jedoch 90.000 – immerhin ein Zehntel der damaligen Bevölkerung in Kastilien und Aragon. Die *Conversos*, also die Konvertiten, die verächtlich auch *marranos*, Schweine, genannt wurden, standen unter ständigem Verdacht und Überwachung durch die Inquisition, die in Spanien viele Jahrhunderte ihr Unwesen trieb und erst im 19. Jahrhundert abgeschafft wurde.

»Wie töricht sind die spanischen Könige, dass sie ihre besten Bürger ausweisen und ihren ärgsten Feinden überlassen.« Das soll Sultan Bayezid II. gesagt haben, der viele der vertriebenen Juden im Osmanischen Reich aufnahm. 1492 endete die Geschichte der Sephardim (spanischen Juden), auch wenn ihre Sprache und Kultur in Ansätzen bis heute überlebt haben. In Israel, nicht in Spanien.

26 *Silencio, por favor*

oder: »Um 22 Uhr ist aber Schluss!«

»Also schön is es ja schon hier in Alicante, am Meer, mit der Burg über der Stadt und den vielen Palmen. Hätt ich gar nicht gedacht«, sagt Lore. »Ich hab mir vorgstellt, des wär hier eine Küste voller Hotelburgen, so wie in Benidorm oder Torremolinos oder wie das heißt.« Lenas Eltern, Lore und Heinrich, sind zu Besuch bei ihrer Tochter in Alicante. Und auch ihnen fällt ziemlich schnell die verwirrende Sprachenvielfalt auf.

»Aber was haben die denn hier mit den zwei Sprachen, in denen sie alle Straßenschilder drucken? Ich denke, wir sind in Spanien. Da ...« Heinrich zeigt auf eine Kreuzung: »*Ayuntamiento* steht da, und darunter *Ajuntament*. Oder dort: *todas direcciones – totes direccions*. Also, was soll denn das?«

»Des is mir schon aufgfallen, wie wir vom Flughafen in die Stadt reingfahrn sind. Da stand *Alicante* und *Alacant*. Stimmt's?«

»Genau. Weißt du, Mutt, was bei uns die Bundesländer sind, sind in Spanien die Autonomen Regionen. Die *Región Autónoma* Valencia ist zweisprachig: spanisch, also *español* oder *castellano*, und valencianisch, *valencià*. *Valencià* ist hier zweite Amtssprache.«

»Aber sprechen die des wirklich alle?«

»Alle nicht. In den Großstädten Valencia und Alicante, sind es nicht so viele wie auf dem Land. Aber die verstehen es.«

»Ja, is des ned bloß so a Dialekt, wie, sag ma mal des Hessische?«

»Nein, das ist so ähnlich wie Katalanisch, so wie die Leute in Barcelona oder auf Mallorca sprechen.«

»Sprechen die des dann hauptsächlich zu Haus?«

»*Valencià* ist Unterrichtssprache in der Schule. Es gibt Zeitungen, Fernsehprogramme ...«

»Ja, lernen die Kinder dann gar kein Spanisch mehr?«

»Doch, aber als erste Fremdsprache.«

»Ach was! Und ich hab dacht, Spanisch is eine Weltsprache, ned Katalanisch oder des, was man in Valencia spricht.«

Valencià – Hintergründe zur valencianischen Sprache und zum Status der Regionalsprachen in Spanien und in der EU

2004 wurde dem spanischen Parlament ein Projekt für die vier autonomen Sprachen, einschließlich Katalanisch und Valencianisch, vorgelegt. Die letzten zwei Varianten unterschieden sich nur durch ihren unterschiedlich beschrifteten Umschlag. Das rief viele Proteste hervor, vor allem der Katalanen. Sie erklärten Valencianisch zu einer Unterart des Katalanischen und erkannten die valencianische Sprache nicht als eigenständig an. Um einer Krise mit Katalonien vorzubeugen entschied das spanische Parlament daraufhin: Es gibt keine andere Sprache außer Katalanisch.

Inzwischen wird im Europäischen Parlament aber alles bedruckte Papier neben dem Spanischen in vier offizielle spanische Zweitsprachen übersetzt: ins Galicische, Baskische, Katalanische und Valencianische. Viele Leute behaupten ja, Valencianisch unterscheide sich vom Katalanischen ungefähr so wie Oberbayerisch von Niederbayerisch. Die konservative Regierung in Valencia sagt, *valencià* sei eine eigene Sprache, deshalb muss nun noch ein Extra-Durchschlag produziert werden.

Erleichtert war die spanische Zentralregierung, dass es der Präsident des Europäischen Parlaments 2010 allerdings ablehnte, in Zukunft jedes Wort in der Kammer auch noch ins Baskische, Katalanische und Galicische dolmetschen zu lassen. Er steht nämlich auf dem Standpunkt, dass »das Spanische die Sprache ist, die alle Spanier verstehen«. Im spanischen Parlament, den *Cortes*, sei außer der Landessprache schließlich auch keine regionale

Sprache zugelassen. In den Regionen ist das natürlich anders. In Katalonien sprechen die katalanischen Politiker der meisten Parteien nur Katalanisch, das simultan ins Spanische übersetzt wird. Galicier und Basken sind, seit Nicht-Nationalisten die Regierung bilden, nicht mehr so strikt. Viele Abgeordnete im Baskenland beherrschen das Baskische selbst nicht.

Im Baskenland, in Navarra, in Katalonien, Valencia, auf den Balearen und in Galicien gibt es in Schulen und Kindergärten verschiedene Modelle, die Eltern den Unterricht ihrer Kinder in der Regionalsprache ermöglichen.

Festzuhalten bleibt: Für Millionen Staatsbürger Spaniens sind Katalanisch, Baskisch und Galicisch ihre Muttersprachen, an denen sie ihre kulturelle Identität festmachen. Alle Unterdrückungsversuche sind gescheitert, die Regionalsprachen haben alle feindlichen Tendenzen überlebt. Mittlerweile hat sich Toleranz und Förderung der Regionalsprachen als einzig sinnvoller Ansatz erwiesen. Ob man das Valencianische dazuzählt, ist Glaubenssache oder politisches Kalkül, je nachdem.

Dass die große Mehrzahl der über 55 Millionen Spanientouristen – das sind übrigens mehr als die aktuelle spanische Bevölkerungszahl von 47 Millionen – wenn überhaupt, dann ein paar Brocken *español* oder *castellano* (Kastilisch) lernt, mag für die Regionalisten bitter sein, wird aber wohl in absehbarer Zeit so bleiben. Denn *castellano* ist tatsächlich eine Weltsprache, mit mittlerweile fast 500 Millionen Sprechern, vor allem in Lateinamerika und in den USA. Nach dem Chinesischen und noch vor dem Englischen ist Spanisch die zweitgrößte Muttersprache der Welt. *Internet habla español* – auch das Internet spricht spanisch: Die Sprache von Cervantes liegt hinter Englisch und Chinesisch bereits an dritter Stelle im *world wide web*.

»Ja, und da sind wir auch schon«, sagt Lena. In diesem Haus wohne ich.«

Lenas WG-Mitbewohnerinnen sind alle übers Wochenende ausgeflogen und rocken bei einem Musikfestival in Barcelona ab. Die helle Wohnung gefällt Lore und Heinrich gut, nur die Steinböden finden Sie gar nicht gemütlich. »Ist des ned kalt?«, fragt Lore.

»Im Sommer ist das sehr angenehm«, sagt Lena, »und selbst im Winter wird es hier ja nicht sehr kalt.«

»Sonst würdst du auch frieren, mit dem kleinen Elektroheizkörper in deinem Zimmer.«

»Das ist Luxus, Mutti. Hier haben nicht alle Wohnungen eine Heizung. Aber in Alicante hat es auch im Winter oft um die 20, 25 Grad tagsüber.«

»Ach, des tät mir aber auch gfallen! Und was des Heizkosten sparen tät!«

Lena weiß, dass ihre Eltern am liebsten zwischen 18 und 19 Uhr zu Abend essen, einer Uhrzeit, zu der in Alicante die Restaurants noch gar nicht geöffnet haben. Sie bereitet also das Abendessen lieber zu Hause zu. Danach macht sie mit den Eltern noch einen Spaziergang durchs Viertel. Nach einem letzten Gläschen Wein in einer Bar meint Lenas Mutter: »So Mädle, ich glaub, ich werd grade müde. Is ja auch schon fast zehn und es war ein anstrengender Tag für uns.«

»Gut«, sagt Lena, »dann machen wir uns eben auf den Heimweg. Obwohl ich finde, dass es jetzt mit der lauen Luft erst so richtig schön wird.«

»Guck mal, Lore, was da überall noch los ist.« Heinrich und Lore wundern sich, denn jetzt werden die Bars und Restaurants langsam voll, das abendliche Flanieren und Kneipenbummeln beginnt. Die Spanier grüßen noch mit *buenas tardes*, guten Abend, die Valencianer mit *bona vesprada* – die Nacht (*la noche/la nit*) hat noch nicht einmal angefangen*. Auf den Straßen geht es zu wie bei uns zur Rushhour. Busse, weiße Taxis mit grünem oder rotem Lichtsignal auf dem Dach, PKWs, Mopeds, Motorräder: Die halbe Stadt scheint gerade

* Mini-Sprachkurs *Valencià*: *bon dia* – guten Tag, *bona vesprada* – guten Tag/Abend, *bona nit* – gute Nacht, *hola* – hallo, *adéu* – auf Wiedersehen, *fins després* – bis später, *gràcies* – danke, *de res* – bitte sehr. Sprechen Sie alles so aus, wie es geschrieben wird.

das Zentrum von Alicante befahren zu müssen. Ein ganz normaler Freitagabend, versichert Lena ihren Eltern, gar nichts Besonderes. Natürlich sitzen auch die Kinder, die ganz kleinen genauso wie die größeren, noch mit in den Lokalen und auf den Terrassen. Alles ganz normal.

Zu Hause richtet Lena die Betten für ihre Eltern her. Sie sind müde nach der Reise und voll von neuen Eindrücken. Sie wollen sich gleich schlafen legen.

Lena setzt sich in Abis Zimmer an ihren Laptop, chattet noch ein bisschen mit ihren Freunden daheim in Deutschland und schreibt noch einen Eintrag in ihren Spanien-Blog im Internet. Titel: »In Spanien gehen die Uhren anders«. Sie will gerade noch ein Foto einstellen, das sie eben auf dem Heimweg gemacht hat, Untertitel »Verkehr um 22:30 Uhr in Alicante«, als sie Lärm aus ihrem Zimmer hört. Hm? Was ist das denn? Lena horcht. Kreischt da nicht jemand? Ist das bei ihr in der Wohnung? Kann doch eigentlich nicht sein. Doch, da ruft jemand.

Lena schält sich aus ihrem Stuhl, in dem sie im Schneidersitz gesessen hat, und humpelt auf eingeschlafenen Füßen hinüber zu ihrer Zimmertür. Sie horcht. Kein Zweifel, da ist irgendwas los. Laute Rufe, Geschrei. *¿Qué pasa?*, denkt sie. Was um Himmels Willen ist da los?

Sie klopft, aber niemand reagiert. Als sie die Tür öffnet, kann sie zuerst gar nicht glauben, was sie da sieht: Das Rollo ist hochgezogen, das Fenster sperrangelweit geöffnet. Am Fenster Lore im Blümchennachthemd mit Puffärmeln, Heinrich im Pyjama mit blauen Streifen und Brusttasche. Lore ruft gerade: »Aber des geht doch ned! Wie sollen wir denn bei dem Krach da einschlafen!« Und Heinrich fügt hinzu: »Ab 22 Uhr muss aber wirklich mal Schluss sein!«

Vorsichtig tritt Lena näher und späht hinterm Vorhang nach draußen. Da sitzen ihre Nachbarn aus dem Erdgeschoss auf der Terrasse und die *chuletas* (Koteletts) brutzeln auf dem Holzkohlegrill vor sich hin: Die Familie sitzt beim Essen.

»Um elf Uhr essen die!«, schnaubt Lore. »Und ihre Kinder sind auch noch nicht im Bett. Da, siehst du des kleine Mädel da? Die gehört doch schon längst ins Bett!«

»Ja sollen denn die Kinder ohne Essen ins Bett gehen?«, fragt Lena aus ihrer Deckung heraus.

»Nein, aber halt um eine anständige Zeit essen. Es ist doch schon mitten in der Nacht! Also ich könnt so spät nix mehr essen. Oder ich würd schlecht schlafen. Des liegt einem doch im Magen, so viel Essen. Und am Ende kriegt ma doch nur Alpträume davon.«

Was ist da schiefgelaufen?

Lena hat ihren Eltern wohl das falsche Zimmer gegeben. Denn das, was sie als Ruhestörung empfinden, ist in Spanien absolut normal. Nach 22 Uhr ist keinesfalls Hüttenruhe angesagt, sondern dann fängt in den Familien das Abendessen an, und manche werfen im Sommer dann gerade erst den Grill an. Bis das Fleisch darauf liegt und gegrillt ist, kann es dann auch 23 Uhr werden. Gar kein Problem in Spanien. Vor Mitternacht geht kaum jemand ins Bett, weder Jugendliche noch Erwachsene, und mit relativ vollen Mägen ins Bett zu gehen, macht Spaniern anscheinend nichts aus. Vielleicht essen sie deshalb morgens kein Frühstück, weil sie vom üppigen Abendessen noch so satt sind.

Straßenverkehr, Lokale, durch deren offene Türen der Lärm von Geschirr, Kaffeemaschinen, Fernsehern, Spielautomaten,

Jukeboxes und natürlich vom Lachen und (lauten!) Reden der Gäste schallt, Terrassencafés, die bis weit nach Mitternacht geöffnet haben, all das gehört einfach dazu und die meisten Spanier nehmen das auch nicht als Lärm wahr.

Was können Sie besser machen?

Wenn Sie in puncto Lärm ein wenig empfindlich sind, dann achten Sie z.B. bei Hotelreservierungen unbedingt auf das Viertel, in dem sich die Unterkunft befindet, wie groß die angrenzende Straße ist (ein- oder mehrspurig), ob es in einem beliebten Kneipenviertel liegt etc. Denn wenn die Leute in den Morgenstunden endlich von der Straße weg und heim ins Bett gehen, dann kehrt immer noch keine Ruhe ein. In den frühen Morgenstunden (oder auch noch mitten in der Nacht, je nach Blickwinkel) rumpelt die Müllabfuhr durch die Straßen: Anfahren, Bremsen, Aufladen, Runterkippen, Abstellen, Zurückrollen, Anfahren, Bremsen, Aufladen usw. Und vielleicht haben Sie auch noch das Glück, einen Bäcker in Ihrer Straße zu haben. Der steht auch seeehr früh auf, um Ihre *panecillos* [pane**th**ijos] (Brötchen) zu backen, schiebt das Eisenrollo seines Ladens auf, öffnet die Türen zur Backstube, säubert den Backofen usw., usf. Lustig ist auch, wenn tagsüber der *bombona*-Lastwagen durch die Wohnviertel zockelt und der Lieferant seine Butangasflaschen lautstark feilbietet. Er macht das gern, indem er zum Beispiel mit einem Schraubenschlüssel auf die *bombonas** schlägt. Hausfrauen und Haus-

* Achtung! *False friends* oder *falsos amigos*: *Bombonas* haben nichts mit Bonbons zu tun, die heißen in Spanien *caramelos*. *Bombones* (Singular: *un bombón*) sind dagegen Pralinen. Und *bombonas*? Das sind Butangasflaschen.

männer geben ihm vom Fenster ein Zeichen und er liefert dann die Gasflasche bis in die Wohnung. Nein, da dürfen Sie entweder nicht empfindlich sein oder Sie gehen hinaus ins Grüne oder in den neunten Stock eines Hochhaushotels. Vielleicht packen Sie vorsichtshalber Ohropax ein. Irgendetwas müssen Sie sich einfallen lassen, denn herumzubrüllen, Ihre Nachbarn oder Passanten zur Ordnung oder gar die Polizei zu rufen wegen Ruhestörung, das können Sie vergessen. Vielleicht sind Sie sowieso nicht der Typ dazu. Vor 24 Uhr gibt es so etwas wie Ruhestörung in Spanien jedenfalls gar nicht, und auch danach wird ein Beschuldigter immer einen Grund finden, warum er ein bisschen lauter oder länger feiern darf als üblich – falls ihn überhaupt jemand, gar die Polizei, danach fragt.*

Am glücklichsten sind alle – Sie selbst eingeschlossen –, wenn Sie versuchen, sich ein wenig an die spanische Lebensart anzupassen. Wie spät jemand isst oder wie lange Leute in Bars oder auf Terrassen zusammensitzen oder im eigenen Garten feiern, das ist zuallererst deren Angelegenheit. Seien Sie kein miesepetriger *aguafiestas*, kein besserwisserischer Spaßverderber. Und vor allem: Belehren Sie Ihre spanischen Mitmenschen, bei denen Sie zu Gast sind, nicht. Das kennt man

* »Spanien geht auf die Ohren«, schreibt die Süddeutsche Zeitung. Und dass Spanien eines der lautesten Länder der Welt sei. Aber, alles geht auch in Spanien nicht. 2006 hat sogar der Bürgermeister einer spanischen Kleinstadt sein Amt aufgeben müssen und ist zu einer Haftstrafe verurteilt worden, weil in seiner Stadt eine Keramikfirma in einem Wohngebiet Tag und Nacht einen Generator laufen ließ. Zehn Jahre lang, und ohne Genehmigung. Über zehn Jahre hinweg beschwerten sich die Bürger darüber, aber der Bürgermeister stellte sich taub und schickte Beamte mit schadhaften Messgeräten los, die keine Beeinträchtigung feststellten. Bis ein Gericht schließlich der extremen Lärmbelästigung und auch gleich dem Bürgermeister auf einen Streich ein Ende machte.

eher aus Deutschland, in südlichen Ländern weniger. Dieses Anblaffen eines Radfahrers, der sich auf den Fußweg verirrt hat oder umgekehrt eines Fußgängers, der den Fahrradweg (illegalerweise!) benutzt – Sie wissen, was wir meinen. Lassen Sie locker, bleiben Sie cool. Das ist spanische Lebensart. Cool sein, *tranquilo* [tran**ki**lo], wie die Spanier sagen, nur nicht aus der Ruhe bringen lassen. Und wenn Sie wegen der *fiesta* der Nachbarn nicht schlafen können? Dann gehen Sie am besten rüber und trinken einen mit, das macht auch müde.

27 Postlos in Spanien

oder: Correos* kommt von *correr

Nachdem Toms Besuch aus Deutschland wieder abgereist, die kleine Tour durch Castilla-La Mancha beendet und der SEAT Ibiza wieder heil an die Autovermietungsfirma abgegeben worden ist, hat Tom an den Wochenenden wieder mehr Zeit für sich. Er hat sich vorgenommen, wieder mal etwas für seine Gesundheit zu tun und dabei seine neue Heimatstadt Madrid etwas näher kennenzulernen. Also geht er nicht in eines der vielen *gimnasios* [chim**na**sios] (Fitnessstudios), die hier wie Pilze aus dem Boden schießen. Nein, er geht Joggen, und zwar jeden Samstagvormittag in einen anderen der vielen Madrider Stadtparks. So hat er sich das jedenfalls vorgenommen. Er hatte ja gehofft, dass einer seiner Kollegen, Javi zum Beispiel, mit seinem schlaffen Bäuchlein unterm Poloshirt, mitkommen würde. Oder auch Neus, die *rubia del bote* aus der Grafikabteilung. Aber beim Angebot Jogging – die Spanier sagen *footing* [**fu**tin] dazu – fiel Javi auf einmal ganz viel ein, was er am Samstag unbedingt noch erledigen wollte, und Neus musste mit ihrer Tochter auf den Spielplatz gehen, weil Tanya, das ecuadorianische Kindermädchen*, das Neus' Toch-

* Ohne die Südamerikanerinnen, allen voran den Ecuadorianerinnen, läuft in Madrid im Haushalt und bei der Kinderbetreuung nicht mehr viel. Sie arbeiten in Spanien als Haushaltshilfen, Kinderpflegerinnen (*niñeras*), Baby- oder Omasitter. Babysitter heißen in Spanien übrigens sehr bildlich *canguros*, Kängurus. Die *ecuadorianas* übernehmen die Haus- und Pflegedienste, die früher üblicherweise von →

ter betreut, wenn ihre Eltern keine Zeit haben, samstags frei hat.

Na gut, dann läuft Tom eben allein. Für heute hat er sich den Retiro-Park im Herzen Madrids ausgesucht. Es ist früher Vormittag und der Park noch angenehm leer. Tom arbeitet sich von außen ins Herz des größten Stadtparks vor, zum *estanque*, einem künstlichen kleinen See, auf dem bereits einige Verliebte und Touristen sich auf Ruderbooten ins Zeug legen. Auf den Hauptwegen werden die ersten kleinen Tische aufgestellt, die Arbeitsplätze von Wahrsagern und Wahrsagerinnen. Und die ersten Trommler, Panflötenspieler und *guitarristas* packen ihre Instrumente aus.

Madrids grüne Lunge – der *Retiro*

Der Stadtpark *Los Jardines del Buen Retiro* (Die Gärten der guten Entspannung), kurz *El Retiro*, 1633 von Felipe II. erbaut, liegt heute mitten in der Metropole und ist fast 120 Hektar groß. Die grüne Oase, die täglich durch unzählige Gärtner und mit Unmengen von Wasser gehegt und gepflegt wird, ist besonders an den Wochenenden meist rappelvoll: Jogger, Picknicker, Bootsfahrer, Musiker, Straßenkünstler, Lateinamerikaner und alle anderen Nationalitäten, Touristen, Straßenverkäufer, Cafés, Restaurants, ein *Palacio de Cristal* (Kristallpalast) der modernen Kunst, die *Rosaleda* (Rosengarten), das Marionettentheater und vieles mehr. Für jeden Madrid-Besucher ist der Retiro-Park ein Muss.

Die Cafés haben bereits geöffnet und ab und zu kommt Tom an Gruppen von Jugendlichen vorbei, von denen kleine graue *porros*-Wölkchen aufsteigen. Beim Vorbeilaufen zischelt ihm

→ Frauen innerhalb der Familien erledigt wurden. Nicht alle von ihnen sind legal im Land, sondern es halten sich auch viele ohne Papiere (*sin papeles*) in Spanien auf. Für berufstätige Mütter und Eltern sind sie mittlerweile unentbehrlich geworden. In den letzten Jahren bekommen die Südamerikanerinnen in diesem Sektor allerdings zunehmend Konkurrenz von Osteuropäerinnen, vor allem Rumäninnen.

jemand *¿hatchís?* hinterher. Und das einem Sportsmann wie Tom!*.

Gerade als Tom den Park Richtung Calle de Alcalá und Metro-Station Retiro verlässt, klingelt sein Handy. Es ist Rodrigo González, Winzer aus der Rioja und Kunde der Softwarefirma, bei der Tom beschäftigt ist. Wieso denn seine Website immer noch nicht online gestellt sei, fragt Don Rodrigo. Warum? Das kann Tom dem Mann rasch erklären, selbst wenn er gerade außer Puste ist vom Joggen. »Weil die Fotos immer noch nicht da sind, die Sie mir auf CD schicken wollten!«

Señor González behauptet, er habe die CD schon vor einer Woche abgeschickt.

Ja, ja, gute Ausrede, denkt Tom, die hat er in Deutschland auch schon von etlichen Kunden gehört. Aber bei der Post geht nix verloren, sagte schon sein Vater immer. Und der musste es wissen, denn er war selbst Postbeamter. Don Rodrigo verspricht, noch einmal eine CD loszuschicken, Tom diktiert noch einmal die genaue Adresse, »*cuarto izquierda*«, sagt er, vierter Stock links, damit den Briefträger beim Einwerfen in den Briefkasten keine Zweifel befallen.

»Ich melde mich bei Ihnen, sobald die Post angekommen ist. Guten Tag.« Und Tom fährt nach Hause, verbringt ein schönes Wochenende, macht einen Salsa-Workshop, weil er erfahren hat, dass Neus aus der Grafikabteilung gerne zum

* Spanien hat ein Drogenproblem. Besonders die »weichen« Drogen wie Haschisch (*atchís* [**atschis**]) sind ziemlich weit verbreitet. *Porros* (Haschischzigaretten) werden auf Partys oder im Freien herumgereicht, sind aber nicht legalisiert. Ebenso wenig wie die *botellones*, die öffentlichen Besäufnisse von Jugendlichen und jungen Erwachsenen. Trotzdem kommen sie immer noch vor und hinterlassen dort, wo sie stattfinden, in Parks, an Stränden etc. Haufen von Müll und Spuren der Verwüstung.

Salsatanzen geht, und vergisst den Winzer aus der Rioja schon fast, denn auch am Montag, Dienstag und Mittwoch kommt keine CD bei ihm in der Firma an. Bis er am Donnerstag wieder einen Anruf von Don Rodrigo bekommt. »Die Website? Also hören Sie!« Jetzt reißt Tom aber der Geduldsfaden. »Wenn Sie nichts schicken, kann ich den Auftrag nicht abschließen, so einfach ist das. Guten Tag.«

»Was ist denn los?« Javi ist besorgt wegen Toms Umgangston. »War das etwa ein Kunde von uns?«

»Da wundert sich einer, der seine Sachen einfach nicht schickt, darüber, dass seine Website nicht fertig wird.«

»Was meinst du mit ›schicken‹? Per Mail?«

»Nix per Mail, das kann der Kunde angeblich nicht, wegen der großen Datenmenge. Per Schneckenpost.«

Javi verdreht die Augen. »Sprichst du von der spanischen Post?«

»*Correos*, genau.«

»Ich glaube, Tom, dann solltest du dich schleunigst beim Kunden entschuldigen. Aber *¡rápido!*«

Was ist schiefgelaufen?

Als Javi Toms Gesicht sieht, das ein einziges Fragezeichen ist, setzt er zu einer Erklärung an: »Du meinst, weil *Correos* von *correr* (laufen) kommt, läuft es auch? Hat dir noch keiner gesagt, dass du in Spanien die Finger von der Post lassen solltest? Worüber sich die Leute bei uns am allermeisten beschweren, ist, Nummer eins: die *Telefónica*, dicht gefolgt von Nummer zwei: *Correos*. Und seit die privatisiert sind, klappt es noch weniger.«

»Ja, und jetzt?«, fragt Tom.

»Wenn du dich nicht unten auf die Lauer legen willst, bis der *cartero* (Briefträger) oder die *cartera* (Briefträgerin) auftaucht, dann geh doch mal gleich auf die Post und sieh nach, ob dort etwas liegt. Unseren *cartero* habe ich schon ewig nicht mehr gesehen. Vielleicht ist er seit Monaten krank. Oder er hat gekündigt.«

Vor der Mittagspause geht Tom also beim Postamt vorbei und fragt nach Post für die Firma Softpro S. L. Nach nur wenigen Suchminuten bringt der Angestellte zwei wattierte Umschläge an, Absender: Bodega Don Rodrigo, Logroño. Die Umschläge hätten wohl nicht in den Briefkasten gepasst, nuschelt er, und die Frage, warum kein Hinweis im Briefkasten lag, kann oder will er gerade nicht beantworten.

Tom fühlt sich ziemlich mies. »Und was mach ich jetzt?«, fragt er Javi, als er mit den beiden Umschlägen zurückkommt.

»Wie gesagt, dich beim Kunden entschuldigen. Du sagst die Wahrheit, nämlich dass die Post schuld war. Das glaubt dir jeder Spanier sofort.«

Correos kann in puncto Zuverlässigkeit und Schnelligkeit der Postzustellung nicht auf sehr viele zufriedene Kunden zählen. Über das Warum kann nur spekuliert werden. Vielleicht liegt es an der schlechten Bezahlung der Briefträger. Häuser in Alleinlage müssen übrigens gar nicht mehr von der Post beliefert werden. In den *urbanizaciones*, den Einfamilienhaus- und Reihenhaus-Siedlungen außerhalb der Städte, werden oft Sammelbriefkästen eingerichtet, wo sich jeder – theoretisch – seine Post selbst abholen kann. Ob die passende Post im richtigen Fach landet, scheint Glückssache zu sein, wenn man den einschlägigen Klagen der Bewohner glaubt. Die sicherste Variante für Einheimische wie deutsche

Residenten in Spanien ist die Entscheidung für ein Postfach auf der Post und die Selbstabholung.

Ein deutscher Bekannter erzählt Tom ein paar Tage nach Auffinden der verschollenen CDs bei einem Bierchen, er habe sich seine Post anfänglich, als er in Madrid noch keine Wohnung hatte, postlagernd schicken lassen. Als er auf dem Postamt nachfragte, gab es aber seltsamerweise nie Post für ihn. Bis er eines Tages auf eine Angestellte traf, die offenbar Mitleid mit ihm hatte und besonders gründlich suchte. Und siehe da, sie wurde fündig. Er hieß zwar Max Müller, aber seine Post war unter Buchstabe »H« sortiert. »H« wie »Herr Max Müller*.«

Was können Sie besser machen?

Machen Sie es wie die Spanier. Glauben Sie erstens jedem, der sich damit entschuldigt, dass die Post schuld sei am Nichteintreffen eines Briefes oder Päckchens. »Im Zweifel für den Angeklagten« gilt hier unbedingt.

Versuchen Sie zweitens, sich mit ihrem Briefzusteller bekannt zu machen. Richten Sie es so ein, dass Sie ihm oder ihr ganz zufällig in die Arme laufen und verwickeln sie die Person dann in ein harmloses Gespräch über das Wetter oder die schlechte Wirtschaftslage. Seien sie nett und sympathisch und achten Sie darauf, dass Ihr Gegenüber sich auch wirklich merkt, wie Sie heißen, wo Sie wohnen und welcher Briefkasten der Ihre ist.

* Der deutsche Name Müller wird in Spanien [mujer] ausgesprochen, ohne Umlaut »ü« und mit einem Doppel-l, das wie in Mallorca [majorka] gesprochen wird. Wenn Sie Missverständnisse und Nachfragen vermeiden wollen, sprechen Sie Ihren Namen am besten gleich spanisch aus. Kleines Rätsel: Wie schreibt sich señor Elmuth Batsch? Genau: Helmut Bach.

Drittens: Wenn Sie Post erwarten und sie steckt auch nach Tagen nicht in Ihrem Briefkasten, dann sehen Sie mal auf dem für Sie zuständigen Postamt nach, am besten zu einer Zeit, zu der nicht voller Betrieb herrscht. Bitten Sie Ihren dortigen Ansprechpartner, Ihnen bei der Suche nach dem Poststück behilflich zu sein. Denken Sie an die mögliche irrtümliche Einsortierung bei »H« wie »Herr« oder »F« wie »Frau«. Deutsche haben ja auch so unaussprechliche Namen wie Helge oder Ingrid, bei denen man als Spanier beim besten Willen nicht erkennen kann, ob es sich um Vor- oder Nachname, Mann oder Frau handelt. Sprechen Sie Ihren Namen so aus, wie Spanier ihn sprechen würden: Mu**jer** statt »Müller«, Borne statt »Börne«, Mi**tschel** statt »Michel«, Meth**cher** (gelispeltes englisches »th«) statt »Mezger« usw.

Last not least: Wenn es geht, weichen Sie auf Einscannen von Dokumenten und Senden als E-Mail-Anhang aus. Expresszustellungen oder alternative Postzusteller sind in der Regel zwar sicherer und schneller als *Correos*, vom Preis her aber ziemlich happig.

28 *El Rey y los toros*

oder: König und Stierkampf: zwei potenzielle fette Fettnäpfchen

»Lena! Warum bekommen wir eigentlich immer nur Pizza, Hamburger und diese *bocadillos*, die belegten Brötchen, zu essen?«, fragt Lore ihre Tochter, als sie wieder einmal in einer Bar *bocadillos* zur Bekämpfung des ärgsten Hungers bestellt. »Und des bei der gsunden Mittelmeerdiät, die es doch hier überall geben soll«, jammert Lore. »Sowas tät mir aber schon auch mal gut, wo ich es doch eh immer so mit dem Magen zu tun hab und fettige Sachen eigentlich gar ned essen soll.«

»Das liegt doch an euch, Mutti. Wenn ihr weiter an den soliden deutschen Essenszeiten festhaltet und mit dem Essen nicht warten wollt, bis die spanischen Köche soweit sind und ihre Restaurantküchen in Betrieb nehmen, dann gibt es eben keine Mittelmeerdiät für euch«, sagt Lena zu ihrer Mutter und der schnippische Unterton tut ihr schon leid, kaum dass sie den Satz ausgesprochen hat.

»Wieso denn Mittelmeerdiät?«, fragt Heinrich, Lenas Vater. »Müssen die Spanier denn die ganze Zeit Diät halten? So dick sind die doch gar nicht.«

»Papa, die Mittelmeerdiät ist doch keine Bedrohung, es ist nicht einmal eine Diät, sondern die traditionelle Ernährungsweise in den Mittelmeerländern: Salat, Fisch, Meeresfrüchte, Gemüse, Obst. Alles wird mit Olivenöl zubereitet. Es gibt keine dicken Soßen, keinen Speck, keine Klöße.«

»Herrlich«, seufzt Lore.
»Grmmpf«, macht Heinrich.

Aceite de oliva virgen – kalt gepresstes Olivenöl: Natur pur

Es waren die Phönizier und die Griechen, die den Olivenbaum auf die Iberische Halbinsel brachten. Der Namen *aceite* [ath**ä**ite] für das Öl und aceituna [athäit**u**na] für die Frucht des Ölbaums, die Olive, stammt von den Arabern. Spanien ist heute weltweit der größte Produzent von Olivenöl. 80 % des spanischen Olivenöls stammt aus Andalusien, speziell aus der Provinz Jaén. Die Landschaft ist geprägt von endlosen Reihen von Olivenbäumen. Wie gekämmt sehen die Hügel und Felder aus. Von November bis Februar werden die Oliven geerntet. Man schlägt sie mit Stöcken oder pflückt sie mit Maschinen vom Baum und sammelt sie auf. Nur für die besten Olivenöle werden die Früchte direkt vom Baum geerntet und das Öl durch den natürlichen Abfluss oder geringe Kaltpressung gewonnen.

Aceite de oliva virgen extra [**wir**chen **ex**tra] ist ein reines Naturprodukt. Das Öl ist kalt gepresst und wird aus der ersten Pressung gewonnen. Der Säuregrad liegt bei maximal 0,8 %.

Virgen bedeutet kalt gepresst, aber nicht aus erster Pressung, mit maximal 2 % Säure.

Einfaches *aceite de oliva* ist ein Verschnitt von viel raffiniertem und wenig nativem (kalt gepresstem) Olivenöl.

Bei der heutigen Massenproduktion reicht der traditionelle Dünger Pferdemist natürlich nicht mehr aus. Es wird Chemie eingesetzt und mit Rüttelmaschinen geerntet. Der Wasserverbrauch für die Plantagen ist enorm gestiegen. Auch deshalb spricht einiges für die hochwertigen Öle aus dem Ökoanbau, die natürlich nicht billig sind. Die Oliven reifen ohne Schadstoffe, werden kälter gepresst und die Pflanzen dürfen im Sommer nicht mit kostbarem Trinkwasser gegossen werden.

»Aber die dicken Kinder, die ich heute am Strand gesehen habe«, wendet Heinrich ein, »die essen wahrscheinlich doch Schokolade, und Pommes auch. Von Fisch und Gemüse hätten die nicht so viel Speck an die Hüften bekommen.«

»Wisst ihr was? Ich habe eine Idee. Morgen gehen wir auf den Markt, da gibt es ganz frischen Seefisch, und dann kochen wir selbst ein gesundes mediterranes Menü. Was meint ihr?«

»Hast du dich denn auch schon angepasst an die spanischen Zeiten zum Essen?«, fragt ihre Mutter besorgt.

»Ich schon, aber für euch kann ich auch wieder umschalten auf christlichere Zeiten. Machen wir einen Kompromiss? Was haltet ihr von 20 Uhr? Dann kann ich nämlich auch meine Freunde und WG-Mitbewohnerinnen einladen. Ihr seid doch neugierig, mit wem ich hier zusammenwohne.«

»Also 20 Uhr, das geht grad noch«, sagt Lore.

Lenas spanische Freunde wundern sich über die Uhrzeit für die Essenseinladung.

»Um die Uhrzeit bin ich ja noch mit den Kollegen in der Bar beim *aperitivo*. Da habe ich noch gar keinen Hunger«, sagt Rafa.

»Dann lässt du den *aperitivo* eben einmal weg«, schlägt Lena vor. »Oder du lässt die Tapas weg und trinkst nur eine *caña*.«

»Aber du weißt doch, dass Bier hungrig macht.«

»Ja, eben. Dann gehst du heim und bekommst bei mir ein Menü serviert. Jetzt komm schon. Nur ein einziges Mal. Okay?«

»Okay.« Rafa sagt zu, dazu noch Abi und Trini und Diego, ein Andalusier, den Lena vor Kurzem auf einer Party kennengelernt hat.

Kurz vor acht ist alles fertig. Lore und Heinrich sitzen schon am gedeckten Tisch.

»Jetzt könnten deine Gäste aber langsam kommen«, sagt Heinrich. »Oder stimmt es, dass die Spanier es mit der Pünktlichkeit nicht so genau nehmen?«

»Es stimmt, Spanier haben ein bisschen anderes Zeitkonzept«, meint Lena. »Aber ihr könnt ja schon mal mit dem

Salat anfangen und ein bisschen Brot dazu essen, gegen den ärgsten Hunger.«

»Ja, wie viel zu spät kommen die denn?«, fragt Lore.

»Zehn Minuten? Eine Viertelstunde? Wir werden es ja sehen.«

»Pünktlichkeit ist die Höflichkeit der Könige«, zitiert Heinrich.

Die ersten Gäste kommen doch fast 30 Minuten zu spät. Lena stellt den Freunden ihre Eltern vor, ganz offiziell, und die Spanier sagen, sie seien *encatados* (sehr erfreut), ihre Bekanntschaft zu machen.

Das Seehechtfilet (*merluza*) ist kurz vor dem Zerfall. Deshalb serviert Lena kurzerhand den Hauptgang zusammen mit dem Salat.

»Gibt's gar keine *patatas fritas* (Pommes frites) dazu?«, fragt Rafa.

»Also ich find ja diese Mittelmeerdiät großartig«, sagt Lore. »Ich könnt jeden Tag Fisch und Salat essen.«

Rafa sagt, er liebe auch Fisch, genau wie *hamburguesas* und *pizza* ...*

Sehr lustig. Vielleicht meint er das sogar ernst, denkt Lena.

Auch bei der Nachspeise, die aus verschiedenen Obstsorten besteht, gibt es lange Gesichter bei den Spaniern. Ob sie nicht noch etwas Süßes hätte, fragt Abi. So viel zum Thema Mittel-

* Tatsache ist, dass die *comida rápida* (Fast Food) auch Spanien erobert hat. Seit die traditionellen Familienstrukturen immer weniger existieren, wird auch weniger Zeit in den Einkauf und die Zubereitung frischer Speisen investiert. Auf den Tisch kommt, was preiswert ist und schnell geht, und das ist oft zu fett. 20 % aller spanischen Kinder sind heute schon zu dick, weil sie zu viel Pommes, Pizza, Hamburger und Hot Dogs (*perritos calientes*) essen.

meerdiät, denkt sich Lena und ist froh, dass ihre Eltern längst nicht alles verstehen, was gesprochen wird. Da klingelt es.

»Oh, das wird Diego sein.« Lena öffnet und strahlt ihren Gast an. Er bringt ein verschnürtes Päckchen mit Leckereien aus der Konditorei mit. Endlich etwas Süßes! Lena stellt ihren Freund Diego vor.

¿Es tu amigo o tu novio?, fragt Abi. »Freund« oder »fester Freund«? Das ist Lena jetzt ein bisschen peinlich. Diego sagt: »*Somos amigos.*« Und dazu macht Lena nun doch kein glückliches Gesicht.

»Um was geht's denn?«, fragt Lore. »*Amigo* hab ich ja verstanden, aber was is denn *novio*?«

»Ist das nicht der Verlobte oder der Bräutigam?«, fragt Heinrich, der schon mal zwei Semester Spanisch an der VHS in Frankfurt-Seckbach besucht hat.*

Diego erzählt, dass er gerade aus Mallorca zurückkommt, wo er den August über in der Gastronomie gearbeitet hat, um sein Studium zu finanzieren.

»In Palma waren wir auch schon mal«, erzählt Lore. »Sind aber schon sehr viele Deutsche da. Des is fast wie daheim. In den Hotels sind die Deutschen ja so gut wie unter sich.«

»Und die spanischen Royals, die verbringen doch ihre Sommerferien auch immer auf Malle«, sagt Heinrich. »Die waren dieses Jahr auch wieder beim Stierkampf, obwohl der doch gerade von der Regierung verboten worden ist.«

* *Amigos* hat man viele. *Novio* hat man nur einen. Damit ist der feste Freund gemeint (die feste Freundin heißt *novia*) oder der Verlobte, der irgendwann auch ein Bräutigam werden kann, aber nicht muss. Andere Bezeichnungen für den Partner sind *compañero* (Gefährte), *compañero sentimental* (Lebensgefährte) oder *media naranja* [media narancha] (wörtlich: halbe Orange), womit so etwas wie die »bessere Hälfte« gemeint ist.

»Aber nur in Katalonien, sagt Abi, »nicht in ganz Spanien.«

»Ich find Stierkampf ja total grausam«, sagt Lore. »Ich weiß gar ned, wie man sich des überhaupt angucken kann. Schlimm!«

»Das ist eben noch ein ganz archaischer Brauch«, meint ihr Mann.

»Ach was, Brauch! Tierquälerei is des!«

»Viel schlimmer finde ich ja dieses Königshaus«, setzt Heinrich noch eins drauf. »Für mich sind das ja alles Schmarotzer. Jetzt hat sich Spanien doch von der Diktatur erholt und ist ein endlich europäisches Land geworden. Wozu brauchen die Spanier denn noch ein Königshaus? Kostet doch nur einen Haufen Geld!«

Lenas Vater war sich der Zustimmung der jungen Leute sehr sicher, aber nun sieht er nur in betretende Gesichter um ihn herum. Nanu, was haben die denn? Sie können doch unmöglich alle Monarchisten sein?

In die peinliche Stille hinein schlägt Rafa vor, man könne doch zusammen rüber in die Bar an der Ecke gehen und einen *café* trinken. »Wir können doch auch hier Kaffee machen, is doch grad so gemütlich daheim«, schlägt Lenas Mutter vor, aber schon sind alle aufgestanden und fertig zum Aufbruch.

Was ist da schiefgelaufen?

Da sind Lore und Heinrich gleich in eine Fettnäpfchen-Batterie getappt: Malle fest in deutscher Hand. Ja, und was sollen die Spanier nun dazu sagen, insbesondere den deutschen Besuchern ihrer Mitbewohnerin? Dann der Stierkampf, der vor allem ein Klischee ist, das man mit Spanien verbindet.

Nicht zuletzt Hemingway hat mit seinem Roman »Fiesta« dazu beigetragen, dieses Klischee zu verbreiten. Eine Mehrheit der heutigen Spanier interessiert der Stierkampf kaum mehr und sie wollen auch nicht permanent damit konfrontiert werden. Flamenco und die *toros* – das sind zwei der hartnäckigsten Spanienklischees. Dabei hängen diese Klischees den meisten Spaniern wahrscheinlich schon zum Hals heraus. Einen Nordspanier zu fragen, ob er Flamenco toll findet, ist dasselbe, wie wenn Sie einen Hamburger fragen, was er vom Schuhplatteln hält. Beim Stierkampf kommt erschwerend dazu, dass man darüber eigentlich nicht diskutieren kann. Entweder man mag dieses Spektakel und ist davon fasziniert oder man lehnt es ab. Beide Seiten haben ihre Argumente pro und contra. Eine Diskussion darüber ist im Grunde sinnlos. Die Fronten stehen sich da ziemlich unversöhnlich gegenüber. Es ist also kein Thema, das für einen netten Abend unter Freunden so richtig gut geeignet wäre.

Und die Royals? Natürlich sind nicht alle Spanier Monarchisten. Auf ihren König Juan Carlos I. [chuan **kar**los pri**me**ro] und ihre Königin Sofía lassen sie dennoch nichts kommen. Viele sehen in Juan Carlos I. den Retter der jungen spanischen Demokratie. Kritik an der Königlichen Familie hört man von Menschen, die über die jüngste spanische Geschichte nicht Bescheid wissen, besonders ungern. Sich über das Königshaus lustig zu machen, ist zudem kein Kavaliersdelikt. In Spanien gibt es immer noch das strafrechtlich relevante Delikt der »Majestätsbeleidigung«, das in der Demokratie natürlich zwangsläufig mit dem Recht auf freie Meinungsäußerung kollidieren muss. Es kommt schon vor, dass jemand öffentlich den spanischen König schmäht. Meist passiert das im Baskenland oder in Katalonien, denn Basken und Katalanen stehen der Monarchie und dem Zentralstaat am kritischsten gegenüber.

Don Juan Carlos I y la familia real – König und königliche Familie

Nach der Verfassung, die das Volk 1978 mit einer Mehrheit von 88 % angenommen hat, ist Spanien eine parlamentarische Monarchie. *Su Alteza Real* (Seine Königliche Hoheit) Don Juan Carlos I. (* 1938) ist Staatsoberhaupt und national und international vor allem wegen seiner Rolle als Wegbereiter und Bewahrer der jungen spanischen Demokratie in der Phase der *transición*, dem schwierigen Übergang von der Diktatur zur Demokratie, geschätzt. Die Fernsehbilder, als 1981 ein Oberstleutnant der *Guardia Civil*, einer paramilitärisch ausgerichteten Polizeieinheit, das Parlament stürmte, gingen um die ganze Welt. Als Oberbefehlshaber des Heeres stellte sich der König damals klar auf die Seite der Demokratie und verhinderte damit einen Militärputsch. Das trug ihm große Sympathien ein. Denn eingesetzt wurde er ja noch vom Diktator Francisco Franco (1892–1975) selbst. Dieser hatte den jungen König zu seinem Nachfolger bestimmt.

Die königliche Familie ist fast täglicher Gegenstand der *prensa rosa* (»rosa Presse«, Yellow Press) oder *prensa del corazón* (»Herzenspresse«). Dass sich die älteste Tochter des Königspaares nun von ihrem Mann getrennt hat und Prinzessin Letizia, bürgerliche Gattin des Thronfolgers Felipe, möglicherweise magersüchtig ist und sich kürzlich einer Nasenkorrektur unterzogen hat, das alles sind wichtige Themen. Felipe ist proklamierter Thronfolger, weil die spanische Erbfolge männliche Erben gegenüber weiblichen bevorzugt. Wenn deshalb die beiden Töchter des Prinzen noch ein Brüderchen bekommen, wird er sie in der Thronfolge überrunden. Es sei denn, die spanische Verfassung würde bis dahin geändert, wofür durchaus Chancen bestehen.

Was können Sie besser machen?

Natürlich können Sie mitlästern über die jüngste Schönheits-OP von Letizia, Princesa de Asturias (Prinzessin von Asturien), und darüber rätseln, ob sie eine *rubia del bote* oder *natural* ist, eine gefärbte oder echte Blondine. Das ist der Stoff, von dem die vielen und auflagestarken Gazetten wie »Pronto«

oder »¡Hola!« leben. Mit der richtigen politischen Diskussion über Sinn und Zweck der Monarchie sollten Sie sich allerdings lieber zurückhalten.

Das Gleiche gilt für das andere spanische Reizthema: den Stierkampf. Natürlich können Sie sagen, dass Sie selbst kein Fan dieses archaischen Schauspiels oder überzeugter Tierschützer sind. Das ist völlig in Ordnung. Es gibt auch in Spanien eine immer größer werdende Fraktion von Stierkampfgegnern und viele, gerade jüngere, Spanier haben ebenfalls nichts für die *corrida* übrig. Heute interessieren sich 70 Prozent der Spanier nicht mehr für *toros* und *toreros*. Wovor Sie sich hüten sollten, ist, die *aficionados* [afithjonados], die Anhänger des Stierkampfs, als Barbaren, Tierquäler und Brutalos anzusehen oder anzugreifen. In der spanischen Presse gibt es auch heute noch regelmäßige Stierkampfberichte, die sich mehr wie Theaterkritiken als Sportberichterstattung lesen. Für viele Fans hat Stierkampf Kultstatus. Sie sehen ihn als Teil der spanischen Kultur. Versuchen Sie lieber nicht, jemanden bekehren oder belehren zu wollen, der in dieser Tradition aufgewachsen ist.

Meiden Sie am besten kontroverse Themen, die die spanische Öffentlichkeit polarisieren, wie die *corrida* oder die Royals und die Monarchie als politisches Thema. Und vermeiden Sie auch historische Themen, deren Aufarbeitung in Spanien noch nicht sehr weit fortgeschritten ist. Vor allem das Thema Bürgerkrieg (1936–1939) und die anschließende, bis 1975 andauernde Diktatur des *Caudillo* (Führers) und *Generalísimo* (»Supergeneral«) Francisco Franco sind immer noch heikle Themen. (Siehe hierzu auch Kapitel 11 »Gute und weniger gute Gesprächsthemen«.) Hitler-Deutschland brachte es 1937 mit der Zerstörung der baskischen Stadt

Gernika durch die »Legion Condor« zu trauriger Berühmtheit. Pablo Picasso hat die Schrecken des Luftangriffs in seinem berühmten Gemälde *Guernica* in schwarzen, grauen und weißen Farbtönen eindringlich darstellte. Dieses Bild, das im *Museo Reina Sofía* in Madrid hängt, gilt bis heute als Anklage gegen den Krieg.

Picassos *Guernica* – ein monumentales Gemälde

Die gigantischen Maße des Gemäldes – es ist 3,49 x 7,77 Meter groß, das sind 27 Quadratmeter! – kommen daher, dass es 1937 für den spanischen Pavillon bei der Weltausstellung in Paris gemalt wurde. Picasso hatte dazu noch im Jahr 1936 von der republikanischen Regierung den Auftrag erhalten. Geplant war eigentlich das Thema »Maler und Modell«. Wegen der Bombardierung von Gernika aber änderte Picasso sein Thema. Der Maler selbst hat das Bild einer zukünftigen spanischen Republik vermacht. Es reiste durch Europa und blieb schließlich Jahrzehnte in New York, im Museum of Modern Art. Erst 1981, sechs Jahre nach Francos Tod, kam es zurück nach Spanien, das zwar immer noch nicht republikanisch, aber eine parlamentarische Monarchie und ein demokratischer Staat ist.

29 Flamenco, Flamenco

oder: Geklatscht wird hinterher

Es ist Lores und Heinrichs letztes Wochenende in Spanien.

»Also ich möcht eigentlich nicht nach Haus fahren, ohne dass wir so einen richtigen spanischen Flamenco-Abend erlebt haben«, sagt Lore beim Frühstück.

»Oh, da bist du aber in der falschen Ecke von Spanien. Wir sind hier in Alicante, Provinz Valencia. Der Flamenco gehört nach Andalusien.« Lena schenkt sich Kaffee nach.

»Ach so? Ich hab aber gestern ein Plakat gesehen, mit so einer rassigen Spanierin im roten Rüschenkleid drauf und mit diesen Klapperdingern in den Händen. Wie heißen die noch mal?«

»Kastagnetten, Mama.«

»Ja, genau! Hier gibt's schon auch so Flamenco-Shows. Des haben wir doch gestern im Tourist Office in der Stadt gesehen, stimmt's Heiner?«

Heinrich nickt. »Samstagabend. Wartet, ich hab doch den Prospekt in meine Sakkotasche gesteckt.«

»Tablao de Mari Carmen, da steht's.« Heinrich hat den Flyer gefunden und reicht ihn Lena. Heinrich sagt immer »Kamen« statt »Carmen«, aber Lena hat sich mittlerweile schon daran gewöhnt.

»Was, so eine Touri-Veranstaltung wollt ihr euch ansehen?« Jetzt ist Lena doch entsetzt. Lore und Heinrich aber nicken einmütig mit einem Gesichtsausdruck, den Lena zuletzt bei ihrer kleinen Nichte beobachten konnte, als sie sie fragte: »... und du willst diese ungesunde Schokolade wirklich essen?«

»Was kostet denn der Spaß? Show und Menü zusammen 69 Euro? Puh!«

»Da muss man kein Menü nehmen, wenn man ned will. Es gibt die Eintrittskarten auch nur mit Getränk, dann is es billiger.«

»35 Euro findest du billig?«

»Nein, nicht billig, aber billiger als mit Essen. Wer weiß, wann wir wieder mal nach Spanien kommen, wir sind ja auch nimmer die jüngsten. Geh doch mit, Lena, des schadet doch nix, wenn du dich auch mal mit der hiesigen Kultur beschäftigst. Oder?«

Eine typische Touristen-Veranstaltung ist ungefähr das Letzte, worauf Lena so richtig Lust hat. Aber ihre Eltern reisen ja schon bald wieder ab, und wenn sie so eine Freude damit haben, warum dann eigentlich nicht?

Lore besorgt die Karten, nur Show und Getränk, und am Samstagabend marschieren sie zu dritt aufgebrezelt in das Tablao de Mari Carmen, ein großes Lokal mit mehreren Galerien zum Sitzen und einer Holzbühne für die Flamenco-Aufführungen. Im Erdgeschoss befindet sich eine Bar und im Speisesaal stehen dunkel lackierte gusseiserne Säulen herum. An den Wänden hängen Fotos von berühmten Tänzern, Tänzerinnen und Sängern und, wie auf der Karte steht, Erinnerungsstücke von Künstlern, die bereits im Tablao aufgetreten sind.

»Schaut mal, was da auf der Speisekarte steht: *Rabo de toro*, Ochsenschwanz, gibt's hier. Es steht sogar auf Deutsch da«, entdeckt Lore beim Durchblättern der Karte.

»Habt ihr gesehen, dass wir heute richtig Glück haben mit der Anfangszeit?«, fragt Lena. »Von Montag bis Donnerstag gibt es nämlich nur eine Nachtshow, und die beginnt um 22:30 Uhr. Ein bisschen spät für euch, oder? Nur am Freitag und Samstag gibt es zwei Vorstellungen, um 21:30 Uhr die erste und die zweite um 24 Uhr.«

»Um Mitternacht?«, fragt Heinrich. »Das gibt's doch nicht! Wann ist die denn aus?«

»Um halb zwei Uhr morgens!« Lena bestellt Rotwein.

Das Lokal ist längst nicht ausverkauft, aber eine Busladung von Japanern hat die ärgsten Lücken in letzter Minute gestopft. Dann beginnt die Vorstellung.

»Des klingt ja fast arabisch«, flüstert Lore beim ersten Gesangsstück. »Was fehlt denn dem Mann, dass er gar so jammert?«

Dann kommen die Tänzerinnen in ihren wunderbaren Kleidern, weiß, orange und rot, sie stampfen den Rhythmus mit den Schuhen in den Holzboden und reißen das Publikum mit.

»Eine Leidenschaft is des«, kommentiert Lore. »Des gibt's bei uns ned.«

Der Stepptanz mit den genagelten Flamenco-Schuhen erreicht seinen Höhepunkt, das Publikum beklatscht die Solo-Einlage und nun übernehmen die anderen Tänzer und Sänger die Rhythmus-Sektion mit ihren Händen. Sie bilden zwei Gruppen, die abwechselnd mit und gegen den Haupttakt klatschen, dann das Tempo langsam steigern und ihr Klatschen immer weiter miteinander verzahnen, bis ein mitreißendes rhythmisches Stakkato entsteht, das das Publikum wieder zu einem Zwischenapplaus bewegt. Das Händeklatschen wird wieder langsamer, nun tanzt ein Paar zu den geklatschten Rhythmen, die so eingängig sind, dass ein paar

Touristen ihre Hände nicht mehr ruhig halten können, sondern mit einsetzen, erst zaghaft und dann immer mehr und lauter mitklatschen. Lena zuckt zusammen, als auch Lore und Heinrich sich in der Rhythmus-Abteilung versuchen.

»Des is schön!«, ruft Lore und klatscht mit erhobenen Armen mit.

Lena denkt, es ist der richtige Zeitpunkt, um sich ein wenig frisch zu machen, und verlässt kurz die Darbietung. Als sie zurückkommt, ist der Tisch, an dem sie gesessen haben, leer. Sie sieht sich um und entdeckt ihre Eltern draußen auf der Bühne. Ihre Mutter versucht gerade, die grazilen Armbewegungen einer der Tänzerinnen nachzuahmen und muss deutlich noch an ihrer Eleganz arbeiten. Heinrich hat es leichter: Er hält an seinem gestreckten Arm die Hand einer Tänzerin, die sich mit schwingenden Röcken um die eigene Achse dreht.

»Na, wie warn wir?«, fragt Lore, als sie atemlos zurück an den Tisch kommen.

»Umwerfend«, meint Lena.

»Findst du wirklich? Vielleicht meld ich mich daheim mal für so einen Flamenco-Kurs an. Des gibt's bei uns an der Volkshochschule. Die Frau Handmann, unsere Nachbarin, macht des auch. Und ich find, des war jetzt gar ned so schwer.«

Heinrich zupft Lena an Arm, weshalb sie mit ihrem Ohr näher zu seinem Kopf geht: »Ich hatte schon Angst, dass deine Mutter eifersüchtig wird, weil die rassige Spanierin mich gar so interessiert angeguckt hat. Ich glaube, der habe ich schon gefallen. Ich meine, sie war natürlich auch keine, die man gleich von der Bettkante schubsen würde.«

»Also Papa!«

Nach der Vorstellung trifft Lena Abi und Rafa auf der Plaza Mayor, die sie noch auf eine *caña* einladen. Ihre Eltern sind müde und möchten nach Hause.

»Aber mit dem Bus finden wir jetzt nicht allein heim«, meint Lore.

»Dann fahrt doch mit dem Taxi«, schlägt Lena vor. »Da vorne steht eines. Wollt ihr? Ihr wisst ja, wo ich wohne. Ich gebe euch meinen Schlüssel mit. Okay?«

Die beiden wünschen ihr noch viel Spaß und gehen zum Taxi. Heinrich öffnet die Beifahrertür, fragt den Fahrer, ob er frei sei, der nickt. »*Calle San Andrés, número ciento veinte* (120), sagt Heinrich, wie Lena es ihm vorgesagt hat. Der Fahrer nickt, macht aber keinerlei Anstalten, den Vordersitz von den herumfahrenden Straßenkarten, Comics und Taschenbüchern zu befreien. Außerdem ist der Sitz so weit nach vorne gefahren, dass kein erwachsener Mensch sich dort ohne extreme Akrobatik hineinquetschen könnte. Heinrich sieht den Fahrer an, der Fahrer sieht ihn an, als begreife er einfach nicht, warum Heinrich da in der Tür steht. Schließlich knallt Heinrich die Tür wieder zu und steigt hinten ein, wo Lore schon seit ein paar Minuten sitzt.

»Unverschämter Kerl«, schimpft Heinrich, »soll ich vielleicht seinen Beifahrersitz sauber machen?«

Als sie vor Lenas Haus ankommen, ist Heinrich immer noch sauer. Er bezahlt den Fahrpreis, den der Taxameter anzeigt und keinen Cent mehr. »Heiner, gibst du kein Trinkgeld?«, fragt Lore.

»Keinen Pfennig bekommt der von mir, so unfreundlich wie der war.«

Was ist da schiefgelaufen?

Mitklatschen beim Flamenco ist etwas, was eigentlich gar nicht geht. Das passt vielleicht zu einer »Fiesta mexicana« oder zum Rheinischen Karneval. Der Flamenco ist jedoch eine Kunstform, bei der nicht geschunkelt und auch nicht mitgeklatscht wird. Selbst die *olé*-Rufe kommen an den passenden Stellen meist von den Musikern selbst. Klatschen dürfen die Zuhörer am Ende, wenn es ihnen gefallen hat.

»Na, seid ihr gestern noch gut nach Hause gekommen?«, fragt Lena beim Frühstück ihre Mutter. Heinrich ist noch beim Rasieren.

»Ja, alles gut«, sagt Lore. »Aber dein Vater hätte sich bald mit dem Taxifahrer angelegt und hat ihm keinen Pfennig Trinkgeld gegeben.«

»Was war denn los? Hat er zu viel verlangt oder ist er Umwege gefahren?«

»Nein, nein, des war alles korrekt. Aber der ganze Vordersitz war total vermüllt, da lag alles mögliche Zeug herum. Da konnte man sich gar nicht hinsetzen.«

»Hm? Komisch«, meint Lena.

»Also ich bin hinten schon gut gesessen. Heinrich ist dann halt auch hinten eingestiegen, aber des hat ihn schon geärgert.«

Was können Sie besser machen?

Erstens: Steigen Sie hinten ein, wenn Sie in Spanien Taxi fahren. Vorne ist der Bereich des Fahrers, der Fahrgast sitzt immer hinten. Genauso unverschämt wie Heinrich den *taxista* fand, fand der wahrscheinlich ihn. Da hatte er extra den Sitz so weit nach vorne gefahren, damit seine Gäste hinten ausreichend Platz haben, und dann kommt so ein zu groß geratener *alemán* daher und würde am liebsten seine Beine dreifach falten, nur um sich vorne reinquetschen zu können. Und dann, nachdem er es nicht geschafft hat, sieht er ihn an wie einen Verbrecher. Als wäre das immer schon »sein« Platz gewesen. Und geizig war er außerdem, ließ sich das Wechselgeld bis auf den letzten Cent ausbezahlen. Gut, dass er nicht nur solche Kunden hat.

Zweitens: Das Klatschen ist beim Flamenco eine besondere Kunst – und das hört man eigentlich auch. Für spontanes Mitklatschen sind die Rhythmen zu kompliziert und teilweise gegenläufig zum Takt. Bei den *palmas*, dem rhythmischen Klatschen, werden die Hände wie ein Instrument eingesetzt. Es gibt die *palmas claras*, bei denen die Finger der einen Hand auf die Handfläche der anderen geschlagen werden, das ergibt einen hellen Klang, und die *palmas sordas*, die mit beiden Handflächen geschlagen werden und dumpfer klingen. Die *palmeros* (Musiker, die den Rhythmus klatschen) arbeiten entweder im Takt (*palmas a tiempo*) oder gegen den Takt (*a contratiempo*). Die gegenläufigen Schlagfolgen werden oft immer stärker miteinander verzahnt, was die Intensität und rhythmische Dichte steigert. Das klingt nicht nur ein bisschen kompliziert, es ist auch kompliziert. Und wer es nicht kann, der sollte es einfach bleiben lassen. Also, am besten nur Zuhören und Hände nur zum Beifallklatschen einsetzen, nicht zum Mitklatschen.

Heinrich setzt sich gerade an den Frühstückstisch, als es an der Tür klingelt. Lena geht öffnen. Lore und Heinrich hören, wie sie mit jemandem spricht. Als sie zurückkommt, hat sie Heinrichs Strickjacke in der Hand.

»Wo kommt die denn jetzt her?«, fragt er verblüfft.

»Der unverschämte *taxista* von gestern Abend hat sie vorbeigebracht. Du hattest sie bei ihm im Taxi liegen lassen.«

»Aber woher wusste der denn ...?«, stottert Heinrich, der den Verlust der Jacke noch nicht einmal bemerkt hatte.

»Er hat sich an die Adresse und das Haus erinnert, sagt er. Und dann hat er unten gefragt, in welchem Stock hier die Deutschen leben oder zu Besuch sind.«

»Des hat der bestimmt nur gmacht, weil der Heiner so nett war und ihm so viel Trinkgeld gegeben hat gestern Abend«, sagt Lore und zwinkert Lena zu.

Flamenco – Eleganz und Leidenschaft

Flamenco ist ein Spanienklischee ersten Ranges. Worum geht's beim Flamenco? Um das Gefühl natürlich, das eine, ganz große, und um viele kleinere, oft schmerzhafte. Und Flamenco klingt, wenn er nicht verkitscht ist, immer etwas eigenartig, seltsam und fremd. Gerade deshalb lässt er die wenigsten Menschen ganz kalt. Entweder man liebt ihn oder man hasst ihn.

Flamenco ist Seele und Technik. Er besteht aus drei Teilen: Dem *cante* (Gesang), *toque* (Spiel der Gitarre) und *baile* (Tanz). Die Rhythmus-Sektion übernehmen *cajón* (Schlaginstrument, »Rumbakiste«), *castañuelas* (Kastagnetten) und/oder die *palmeros* (Klatscher), die ihre Finger und Handflächen (*palmas*) wie ein Instrument einsetzen.

Es gibt zwei Haupt-Stilrichtungen: den *Flamenco Jondo* mit verschiedenen Liedformen wie *Bulería, Farruca, Soleá* oder *Tiento.* Er ist die »ernsthaftere« Variante, die tiefe Gefühle ausdrückt. Der *Flamenco Festero* oder *festliche Flamenco* ist die eher fröhliche Form. Dazu gehören *Sevillana, Rumba* oder *Tanguillo.*

Flamenco ist auch romantisch in dem Sinne, dass er dazu neigt, das Leben der *gitanos* [chitanos], der spanischen bzw. andalusischen Roma, zu verklären. In Wirklichkeit ist deren Leben nicht ganz so schön, wie es auf der Bühne scheint. Sie sind in der spanischen Gesellschaft marginalisiert und diskriminiert. Daran ändert auch nichts, dass berühmte *gitanos*, wie die legendäre La Singla oder Camarón de la Isla, Stars waren oder, wie heute Joaquín Cortés, weltberühmt und Spitzenverdiener sind.

Heute ist der Flamenco international. Die andalusischen Künstler haben den Flamenco in die Welt hinausgetragen und ihn mit anderen Musikrichtungen wie Jazz, Salsa, Bossa Nova oder Rock verschmolzen und kommerzialisiert. Das Gitarrenspiel entwickelte sich zu einer eigenständigen Kunstform, was vor allem ein Verdienst des Virtuosen Paco de Lucia ist.

Eine gute Flamencoaufführung zu sehen und nicht einer Touristenfalle auf den Leim zu gehen, ist gar nicht so leicht. Verlassen Sie sich mehr auf Veranstaltungstipps auf Plakaten und in der Zeitung als auf heiße Tipps von Hotelportiers, die oft entweder fürs Familiengeschäft oder auf Provision Kunden akquirieren. Gute Flamencogruppen spielen nicht immer im selben *Tablao* (Flamenco-Lokal), sondern wechseln die Auftrittsorte. Die gegenwärtige Heimat des Flamencos in Spanien bildet das Dreieck Sevilla – Cádiz – Jerez de la Frontera.

30 Hotel Mama

oder: ¿Vamos a salir juntos? – Zu dir oder zu mir?

»Was macht eigentlich Neus aus der Grafikabteilung in letzter Zeit so häufig bei uns?«, fragt Javi eines Tages seinen *colega alemán.*

»Sie hat ein Problem mit ihrem Rechner und hat mich gefragt, ob ich ihr da mal helfen kann«, antwortet Tom in Richtung gegenüberliegender Schreibtisch.

»Ach so?«, wundert Javi sich. »Ich dachte, die ist selbst total fit am Computer. Mich hat sie noch nie gefragt. Und seit Kurzem hat sie eine neue Frisur, stimmt's? Die hatte doch immer diesen blonden Pferdeschwanz, aber heute war sie total aufgebrezelt, als sie hier reinschwebte.«

»Hab ich gar nicht bemerkt«, sagt Tom ganz cool. » Aber jetzt, wo du's sagst. Heute hat sie mich sogar angefasst.«

»Wo?«

»Na, am Arm, beim Reden.«

»Darauf kannst du dir aber nichts einbilden, tut mir leid. Da muss ich dich jetzt enttäuschen. Das machen wir doch alle, ständig, und bei jedem. Das heißt gar nichts. Aber sie gefällt dir, oder?«

»Wer? Neus? Na ja, schon.«

»Dann geh doch mal mit ihr aus.«

»Das sagst du so locker. Kannst du mir auch sagen, wie ich das anstellen soll?«

»Ach, Tom, wirklich. Du gehst rüber, siehst dir ihren PC an und fragst, ob sie mit dir ausgeht. *Ligar*, anbändeln auf Spanisch, geht doch auch nicht anders als auf Deutsch, denke ich.«

Tom verdreht die Augen. Aber vor der Mittagspause geht er wirklich rüber in die Grafikabteilung. Und kommt kurz darauf beschwingt zurück.

»Und, hast du sie gefragt?«, will Javi wissen.

»Sie war schneller als ich«, grinst Tom und Javi klopft ihm anerkennend auf die Schulter. »Na siehst du«, sagt er, »die *españolas* sind eben emanzipiert. Wenn die sich etwas in den Kopf gesetzt haben, ziehen sie's durch.«

Um 20 Uhr holt Tom Neus von zu Hause ab. Sie öffnet ihm im kurzen schwarzen Kleid die Tür.

»Oh, hallo! Also äh, du siehst fantastisch aus! Das Kleid steht dir aber wirklich gut«, stottert Tom.

»Findest du? Das habe ich bei den *Rebajas* (Schlussverkauf) im Corte Inglés ganz billig gekauft.«*

Tom wundert sich über die große konservativ eingerichtete Wohnung. »Hier wohnst du also mit deiner Tochter?«

»Ja. Und mit meiner Mama, meinem Papa und meinem kleinen Bruder.«

»Ach«, sagt Tom, »immer noch Hotel Mama, was?« Er überlegt wieder einmal, wie alt Neus wohl ist. Ende zwanzig, vielleicht Anfang dreißig. »Ich bin ja schon mit zwanzig von zu Hause ausgezogen. Meine erste Studentenbude war super. Endlich frei!«

»Und deine Wäsche hast du wahrscheinlich am Wochenende zu Mami zum Waschen gebracht«, antwortet Neus etwas

* Auf Komplimente reagiert man in Spanien eher zurückhaltend und abwiegelnd. So wie man nicht prahlt, so stellt man sich auch nicht in den Vordergrund und sonnt sich in Komplimenten und Schmeicheleien. Vornehme Zurückhaltung und ein gewisses Understatement sind eher üblich.

schnippisch. »Also Bequemlichkeit ist nicht der Grund dafür, dass ich immer noch zu Hause wohne.«

»Ist es wegen deiner Tochter?«, fragt Tom.

»Nein, es ist schlicht eine Frage der Finanzen, wenn du verstehst, was ich meine. Wohnungen in Madrid sind sehr teuer.«

»Verdienst du denn nicht genug in der Firma, dass du dir eine eigene Wohnung leisten kannst?« Oh, das war jetzt ziemlich direkt gefragt.

»Wir jungen Angestellten in Spanien sind doch in der Mehrzahl *mileuristas*. Wir verdienen nicht viel mehr als *mil euros*, 1.000 Euro. Wie soll man damit eine eigene Wohnung finanzieren? Aber jetzt lass uns gehen und über angenehmere Dinge reden. Nutzen wir die Zeit, meine Eltern sind heute *canguros* für meine Tochter.«

»Wie, Kängurus?« Tom blickt nicht mehr durch.

»Sie sind mit Laura im Kino und spielen Babysitter.«

»Ach so, sie sitzen da mit deiner Kleinen im Beutel, stimmt's?« Tom grinst.

Es ist Freitagabend. Auf den Straßen und Plätzen ist Hochbetrieb, die Terrassencafés sind voll. Tom und Neus entdecken einen freien Tisch und setzen sich. Neus bestellt sich *una caña* und Tom *una cola*. Nanu, warum guckt ihn denn der Kellner so merkwürdig an? Tom sieht zu Neus. Sie hat rote Bäckchen bekommen. Seltsam. »Ist was?«, fragt Tom. Neus schüttelt den Kopf.

»Weißt du was?«, fragt Tom. »Ich habe gerade noch mal über die *mileuristas* nachgedacht. Wenn das stimmt und ich mich so umsehe, dann finde ich es schon erstaunlich, was ihr Spanier euch alles leisten könnt für eure *mil euros* oder auch ein bisschen mehr: Topkleidung« – er wirft noch einmal einen anerkennenden bis begehrlichen Blick auf Neus' Kleines Schwarzes mit dem raffinierten Dekolleté –, »*cafés, cañas, tapas* hier und *tapas* da ..., also, das sieht doch eher nach einem sorglosen Leben als nach schwieriger wirtschaftlichen Lage aus!«

Neus wirft ihm einen bösen Blick zu. Zum Glück kommt der Kellner und serviert *una caña y una coca-cola.*

Was ist da schiefgelaufen?

Toms Verdacht, Neus liege lieber faul in der sozialen und von ihren Eltern finanzierten Hängematte herum, als einen eigenen Hausstand zu gründen, ging schon mal gründlich an der Realität vorbei. Dass er dann quasi noch unterstellte, dass sie an ihrer Arbeitsstelle zu wenig verdiene, sei ihre eigene Schuld, und sie müsse sich nur eine andere, besser bezahlte Stelle suchen, war nicht nur uncharmant, sondern zeugte auch von einer Unkenntnis der aktuellen spanischen Lebens- und Arbeitsbedingungen. Das gilt auch für seine Interpretation, dass junge Spanier ihr Einkommen lieber in den gastronomischen Betrieben ausgeben als für eine eigene Wohnung zu bezahlen. Da musste Neus schon schlucken.

Es ist in der Tat nicht so, dass die jungen Spanier alle freiwillige Nesthocker wären. Niedriglöhne, teure Wohnungen und befristete Arbeitsverträge – sie heißen auch *contratos basura*, Müllverträge – erschweren den Auszug aus dem Elternhaus. Die Mehrheit der 18- bis 35-Jährigen kann sich gar nicht unabhängig machen, so sehr sie es auch möchte. Das wirtschaftliche Risiko und die Ungewissheit, ob sie eine feste Stelle und kontinuierliche Arbeit finden, sind zu groß. So müssen die meisten zu Hause bleiben, bis sie einen Partner haben, mit dem sie zusammenleben und ihr Leben gemeinsam finanzieren können.

Dass Tom dann auch noch beim Kellner unangenehm auffiel, als er *una cola* bestellte, machte auch nichts besser. Cola heißt im Spanischen »Schwanz«, weshalb man tunlichst eine *coca-cola* bestellen sollte.

Teures Wohnen

Das spanische Lohnniveau liegt weit unter dem unseren, d.h. Spanier verdienen in der Regel deutlich schlechter als wir in vergleichbaren Berufen und Positionen. Dennoch besitzen 84 % aller Spanier Wohneigentum. Das sind fast doppelt so viele wie bei uns. Immobilien sind in Spanien auch nicht billiger als in Deutschland, zumindest in den Ballungszentren nicht. Wie das geht? Das weiß eigentlich niemand so recht. Die meisten müssen jedenfalls weit mehr als die Hälfte ihres Einkommens fürs Wohnen, d.h. für das Abbezahlen eines Kredits ausgeben, während es in Deutschland nur etwa ein Drittel ist. Das lässt das Budget zum Leben und Konsumieren empfindlich schrumpfen, ändert aber (noch) nichts an der Tatsache, dass Spanien immer noch das Land mit der größten Kneipendichte in Europa ist.

Und wie geht es weiter?

Nach einer peinlich langen Schweigepause macht Tom noch einmal einen Versuch, das Gespräch wieder in Gang zu bringen.

»Ja, weißt du, ich frage mich eben, wie ihr Spanier das alles schafft. Finanzkrise, Immobilienkrise, Arbeitslosigkeit. Im Moment sind es doch um die 20 Prozent. Ist das nicht schrecklich?«

»Ja, das ist schrecklich. Finde ich auch.« Neus nimmt einen großen Schluck Bier. Hoffentlich spült sie damit ihren Ärger hinunter, für den sich Tom irgendwie verantwortlich fühlt, ohne genau zu wissen, weshalb. »Bei den jungen Leuten unter 25 sind es sogar 40 Prozent Arbeitslose. Kannst du dir das überhaupt vorstellen?«

Tom schüttelt den Kopf. »Nein, ich glaube nicht. Bekommst du denn eigentlich Kindergeld für Laura?«

»Kindergeld? Was ist das denn? Gibt es in Spanien nicht.* Dafür zahlen wir schon in der Vorschule Schulgeld. Und in der Schule dann die Bücher. Hast du eine Ahnung, was uns der Schulanfang für ein Kind kostet? Bis zu 500 Euro, wenn auch noch die Schuluniform dazukommt. Und das nicht einmal, sondern jedes Jahr wieder. Ganz ehrlich? Ich weiß selbst nicht, wie wir das schaffen mit unseren Gehältern. Klar, die Leute kaufen viel auf Kredit, darin sind die Spanier schon fast so gut wie die Amerikaner. Und die Familien helfen einander, wo es nur geht. Hey, jetzt ist aber Schluss mit diesen Themen, sonst vergeht mir noch der Appetit. Denn weißt du, was eigentlich das spanische Lebensmotto ist?«

»Essen und Trinken hält Leib und Seele zusammen?«

Neus schüttelt den Kopf. »Quatsch! Obwohl es natürlich stimmt.«

»Liebe geht durch den Magen?«

Sie lacht. »Also, wer denkt hier eigentlich ständig ans Essen? Ich würde sagen, unser Motto ist: *Carpe diem* – Nutze, oder besser noch: Genieße den Tag! Wir sind eben Südländer.

* Kinder zu haben ist in Spanien noch mehr Luxus als bei uns. Kindergeld gibt es nicht. Familien- wie Sozialbeihilfen nur für die Allerärmsten. Niedriglöhne und hohe Wohnungskosten sind auch nicht gerade förderlich, weshalb die Geburtenrate dramatisch gesunken ist. Paare, egal ob verheiratet oder nicht, haben entweder keine Zeit, weil beide berufstätig sind, oder kein Geld oder beides zusammen, um Kinder zu bekommen und großzuziehen. Kinderkrippe (*la guardería*), Vorschule, Schule, alles kostet Geld. Die zweimonatige Sommerpause in diesen Einrichtungen stellt Eltern zudem vor ein Riesenproblem, das nur mithilfe der Familie oder noch mehr Geld für private Kinderbetreuung gelöst werden kann. Ein Teufelskreis für Normalverdiener.

Mediterran, auch wenn das Mittelmeer 400 Kilometer von Madrid entfernt ist. Also: Was essen wir jetzt?«

Sie entscheiden sich für eine neu eröffnete stylishe Tapas-Bar, die ihnen eine Kollegin empfohlen hat. Neus entspannt sich beim Essen, es wird ein wirklich netter Abend. Beim *café* denkt Tom über den weiteren Verlauf des Abends nach. Die Frage »zu dir oder zu mir« stellt sich so natürlich nicht, denn Neus' Familie ist bestimmt längst vom Kinobesuch zurück, und ein mitternächtliches Zusammentreffen in der gemeinsamen Wohnung möchte Tom vermeiden.

Mit »Kommst du noch mit zu mir?« stellt Tom endlich die Frage, auf die Neus schon gewartet hat. Sie schenkt ihm ein zauberhaftes Lächeln, schüttelt aber energisch den Kopf.

»Darf ich dich nächsten Freitag zum Essen einladen?«, fragt Neus. »Ich kenne da ein kleines Restaurant in Chueca. Manolo, der Besitzer, ein alter Freund von mir, kocht hervorragend, du wirst es sehen. Jedes Gericht ein Gedicht.«

»Na gut, Einladung angenommen. Und jetzt?«

»Jetzt fahren wir nach Hause.«

»Äh, zu dir oder zu mir?«

»*Buenas noches*, Tom, *que duermas bien* [ke **duer**mas bjen], schlaf gut!«

31 *Moros y Cristianos* – Mauren und Christen

***oder:* Lena, die Spaßbremse**

»Was? 5 Uhr 20! Ich fass es nicht. Hallo Diego, Rafa, Abi, wann gehen wir denn endlich mal nach Hause? Wo wollt ihr denn jetzt noch hin? Machen denn in dieser Stadt die Kneipen niemals zu?« Lena seufzt und sieht demonstrativ auf ihre Armbanduhr.

Ihre Freunde lassen sich davon nicht beeindrucken.

»Nur noch hier rein«, sagt Abi. »Letzte Station, versprochen, aber das muss noch sein, sonst war es keine richtige Nacht, verstehst du? Außerdem wirst du jetzt gleich eine spanische Spezialität kennenlernen und dich fragen, wie du bisher ohne sie leben konntest.«

Lena hat tapfer durchgehalten. Als sie nach dem Abendessen mit ihren Freunden loszog, ging es erst mal durch die Kneipen in der Altstadt auf die *marcha*. Das bedeutet: Von Kneipe zu Kneipe ziehen und dabei unendlich viele Freunde und Bekannte treffen. Danach Abtanzen in der Disko, und nun hierher, in eine Bar mit weiß gekachelten Wänden und unromantischer Neonbeleuchtung, in der es angeblich diese besondere Leckerei gibt, die in den frühen Morgenstunden am allerbesten schmecken soll: *chocolate con churros* [tschoko**la**te kon **tschur**ros], heiße Schokolade mit Schmalzgebäck. Heiß, süß und fettig, so beschreibt Abi ihr diesen Genuss. Lena hat Durst und hätte gern eine Limonade. Sie bestellt beim Kellner: *una gaseosa y un churro*. Das nachgeschickte *por* *favor* (bitte) geht in Gebrüll und Gelächter unter.

»Was ist denn los?«, will Lena wissen, aber keiner ist in der Lage, ihr zu antworten.

»*El mínimo son seis*«, sagt der Kellner, der wie alle spanischen Kellner sein Lachen zu Hause lässt, wenn er seinen Dienst antritt. Ach so, mindestens sechs von diesen *churros* muss man bestellen. Und das ist so lustig?

»Du bist bestimmt der erste Mensch, der Limonade zu *churros** bestellt«, japst Rafa. »Mensch, Lena, wir werden unsere *alemanita* wirklich vermissen.«

»Wieso vermissen?«, fragt Diego, Lenas andalusischer *amigo/novio*, alarmiert. »Gehst du zurück nach Deutschland?«

»Ja, aber nur kurz«, sagt Lena. »Im Januar werde ich dann mit einer *ONG*** nach Mittelamerika gehen und dort in einem Kinderdorf arbeiten.«

* *Churros* werden aus Brandteig gemacht. Der Teig wird in langen Schlangen in heißes Fett gespritzt, ausgebacken und beim Herausnehmen in Stücke geschnitten. Es gibt die *churros* auf Jahrmärkten oder in speziellen *churrerías*, die nachmittags, abends und frühmorgens für die Nachtschwärmer geöffnet haben. Sie werden vor dem Verzehr in die *chocolate* eingetaucht, die deshalb so dick ist, weil sie aus geschmolzener Zartbitterschokolade gemacht wird. Es handelt sich dabei also nicht um Kakao und sie wird in Spanien auch nicht mit Sahne serviert – was bei der Kalorienbombe auch nicht mehr nötig ist. Statt *chocolate* können Sie die *churros* auch mit *café con leche* (Milchkaffee) bestellen. Das ist okay. Manchmal wird zusätzlich Wasser dazugereicht, für den Durst, aber keine Limonade.

** Eine *ONG* ist eine Nichtregierungsorganisation (NGO). In Spanien gibt es aktuell etwa 3.000 ONGs mit sozialer, politischer oder ökologischer Ausrichtung. Da Spanier englische Begriffe am liebsten ins Spanische übersetzen und die Abkürzungen daraus bilden, lesen sie sich immer ein bisschen anders als die uns bekannten. Die EU heißt in Spanien *Unión Europea*, abgekürzt *UE*. Die UNO heißt *ONU* (*Organización de las Naciones Unidas*) die USA heißen *EE.UU.* (*Estados Unidos*) – die Verdoppelung der Buchstaben steht für den Plural – und *SIDA* meint die Krankheit, die wir unter der Abkürzung AIDS kennen. Also: Nur nicht verwirren lassen!

»Wirklich?« Es klingt ein klein wenig enttäuscht.

Der Kellner bringt die warmen, mit Zucker bestreuten *churros* und für die anderen kleine Tassen mit dickflüssiger Schokolade.

»Oh, das ist aber nichts für Kalorienzähler, stimmt's?«, vermutet Lena.

»*El candidato tiene cien puntos*«, schreit Abi.

»Dafür essen wir dann nicht mehr viel zum Frühstück«, sagt Diego, und obwohl das für Lena nicht neu ist, sagt sie maximal noch halbwach »aha«, dann taucht sie einen ihrer *churros* in Diegos Tasse ein und sagt: »Gar nicht mal so schlecht.«

»Drei Wochen ist Lena nur noch hier«, sagt Rafa.

»Drei Wochen?«, fragt Diego. »Dann kannst du ja nach Campello mitfahren. Da gibt es nächstes Wochenende eine Riesen-Fiesta: *Moros y Cristianos*. Hast du so etwas schon mal gesehen, Lena?«

»Mauren und Christen? Also, wenn das etwas Fremdenfeindliches ist, dann habe ich da keine Lust hinzugehen.«

Protest von allen Seiten. Ein Spektakel sei das, mit historischem Hintergrund, aber ohne Feindseligkeiten. Umzüge, Musik, Feuerwerk, eine richtige Gaudi. Na ja, wenn das etwas Uriges und richtig Spanisches ist, dann wird Lena es sich nicht entgehen lassen. Zumal wenn Diego sie dazu einlädt.

Als es soweit ist, sagen Rafa und Abi allerdings ab. »Tut uns so leid, Lena, aber ich habe den achtzigsten Geburtstag von Rafas Opa ganz vergessen. Wir sind seit Monaten eingeladen, wir wären ja viel lieber nach Campello mitgefahren ...«

»Okay, okay«, unterbricht Lena den Wortschwall ihrer Freundin. »Ich muss los. Diego wartet schon unten im Auto.«

»*¡Feliz fiesta!*«, ruft Abi ihr hinterher.

Moros y Cristianos – Mauren und Christen: Spektakel mit historischem Hintergrund

Das ganze Jahr über finden diese Feiern statt. Sie sind vor allem an der spanischen Mittelmeerküste und auf Mallorca verbreitet und eine Touristenattraktion ersten Ranges. Rheinischer Karneval, Oktoberfest und Passionsspiele Oberammergau zusammen, nur eben spanisch und fußend auf wahren historischen Begebenheiten.

Fast 800 Jahre (711–1492) gab es muslimische Herrscher (Araber, Berber, »Mauren«) auf der Iberischen Halbinsel. Und fast genauso lange kämpften christliche Heere unzählige Schlachten zur Rückeroberung (*Reconquista*) der Gebiete von den Mauren. Daran erinnern die *Moros-y-Cristianos*-Feiern. Die eine Hälfte der Bewohner eines Festortes verkleidet sich als Mauren, die andere als Christen, und dann wird die Eroberung der Stadt (oder einer Burg, die, wenn es sein muss, auch aus Pappe sein kann) durch die *moros* und die Rückeroberung durch die *cristianos* nachgespielt. Am Ende siegen natürlich immer die Christen. Abgeschlossen war die *Reconquista* 1492 mit der Einnahme Granadas durch die Katholischen Könige Isabella von Kastilien und Ferdinand von Aragonien. Früher war es üblich, am Ende der Feiern eine arabisch gekleidete Pappfigur (*La Mahoma*) von der Burg zu werfen oder zu verbrennen. Das kommt heute nur noch selten vor. Dagegen werden Vertreter der arabischen Länder zu den *fiestas* eingeladen und die Pflege des arabischen Erbes in Spanien in den Vordergrund gerückt.

Viel historische Information sollte man allerdings nicht erwarten. Die Kostüme der Bruderschaften sind nicht authentisch, dafür aber prächtig bis karnevalesk. Krummsäbel und Hellebarden zerschneiden die Luft, Metall trifft scheppernd auf Metall, die Kettenhemden rasseln. Musikkapellen wetteifern und Menschenmengen jubeln ihren mitmarschierenden Verwandten und Nachbarn zu. Das farbenprächtigste und aufwendigste Spektakel findet im April in Alcoy bei Alicante statt, wo, der Legende nach, der Heilige Georg (*San Jorge*) auf den Zinnen der Burg erschien und den Christen zum Sieg verhalf. Auch der Patron Spaniens, der Apostel Jakobus (*Santiago*), soll bei der *Reconquista* säbelschwingend mitgeholfen haben und hat dafür den Ehrentitel *matamoros* (»Maurenschlächter«) erhalten. Der muslimische Heerführer al Mansur war da gnädiger. Bei der Zerstörung Santiago de Compostelas 997 verschonte er die Reliquien des Heiligen Santiago. Gott sei Dank. Sonst wäre Santiago heute nicht nach Rom und Jerusalem der dritte christliche Wallfahrtsort. Und »Ich bin dann mal weg«, den Bestseller von Hape Kerkeling, gäbe es dann auch nicht.

Campello liegt nur wenige Kilometer nördlich von Alicante und Lena und Diego sind bald dort, nur die Parksituation ist etwas schwierig. Es sieht so aus, als wäre das halbe Land nach Campello gekommen.

»Wenn wir früher aufgestanden wären, hätten wir die Landung der Mauren am Strand miterleben können«, sagt Diego. Das ist eine Spezialität von Campello, weil es eben an der Küste liegt.«

In der Stadt sind die Umzüge im vollen Gang und im Nu ist die Speicherkarte von Lenas Digitalkamera voll. Ihr Kopf dröhnt von den Trommlern und Flötenspielern, die nicht alle Virtuosen auf ihrem Instrument sind, aber dafür immer laut. Jemand reicht ihr eine *bota*, einen ledernen Weinschlauch, und obwohl sie ahnt, dass man das Trinken daraus wahrscheinlich können muss, versucht sie ihr Glück. Sie schafft es, dass der Strahl in ihrem Mund landet und nicht ihr gelbes Sommerkleid bekleckert, ist aber weniger erfolgreich beim gleichzeitigen Trinken und Schlucken und prustet eine satte Portion Rotwein Richtung Diego, der blitzschnell in Deckung geht. Der Rest landet doch auf ihrem Kleid. »Ruiniert«, denkt Lena.

»Ich kann bald nicht mehr stehen«, jammert sie nur wenig später. »Können wir uns nicht auf die Stühle am Straßenrand setzen?« Aber die sind alle belegt oder reserviert. Dafür haben die Leute Geld bezahlt. Irgendwann kann Lena jedenfalls keine Krummsäbel und auch keine christlichen Schwerter mehr sehen. Auf alles, was mit Schlachten, Marschmusik und Zebrakostümen mit Leopardenschwänzen zu tun hat, bekommt sie allmählich Ausschlag, und dass sie aussieht wie der Metzger am Schlachttag mit den Rotweinspuren am Dekolleté hellt ihre Laune auch nicht auf.

»Können wir dann mal gehen?«, fragt sie Diego schließlich, der sich immer noch köstlich zu amüsieren scheint. Und all seine Überredungsversuche stoppt sie mit einem einzigen kleinen Wort: *¡basta!*

Was ist schiefgelaufen?

Sie stolpern zurück zum Auto. Diego, gekränkt, nennt Lena eine *aguafiestas*, Spielverderberin und Spaßbremse. Sie fahren ans Meer, wo sich Lena ein billiges Strandkleid, blau-weiß geringelt, aber ohne Rotweinflecken kauft. An einem *chiringuito* [tschiringi**to**], einer Strandbar, trinken sie *café* und eine *copita*. Diego hofft, dass ein Cognac Lenas Nerven beruhigt.

»Wo ist denn euer arabisches Erbe heute?«, fragt Lena, immer noch mit einer Restwut in der Stimme.

»Na, in unseren Genen, würde ich sagen«, meint Diego. »Wir Andalusier sind doch sowieso halbe Araber. Und natürlich in unserer Sprache: *alcázar* (Palast), *azúcar* [a**thu**kar] (Zucker), *azafata* (Stewardess) – das sind alles Wörter aus dem Arabischen, die wir auch heute noch benutzen.«

»Wieso fangen die alle mit ›a‹ an?«

»Das ist der arabische Artikel ›al', den wir mit übernommen haben. Auch andere Wörter haben wir übernommen, *ojalá* [ocha**la**] (hoffentlich) zum Beispiel. Es kommt vom arabischen *Inchallah*, und das heißt ›so Gott oder Allah will‹.

Lena sieht Diego überrascht an: »Das habe ich gar nicht gewusst.«

Diego streicht mit dem Daumen über Lenas immer noch gerunzelte Stirn. »Sag mal, *alemanita*, geht's dir jetzt eigentlich wieder besser?«

Lena trinkt ihren Cognac aus und grinst ihn an. »Manchmal bin ich ein bisschen zu ernsthaft und zu kritisch. Typisch deutsch eben. Tut mir leid.«

»*¡Que va!*«, sagt Diego. »*No es nada.*« Ach was, das macht doch nichts!

Arabische Lehnwörter

Nach dem Wörterbuch der *Real Academia Española (RAE)* enthält das heutige Spanisch 1.285 Entlehnungen aus dem Arabischen, welches die maurischen Eroberer mit nach Spanien brachten. In vielen Lehnwörtern ist der arabische Artikel ›al‹ mit enthalten: *almohada* (Kissen), *aceite* (Öl), *aceituna* (Olive), *alfombra* (Teppich), und eben auch in *azúcar* (von arabisch *as-sukar*), der im Italienischen *zucchero* heißt, französisch *sucre*, englisch *sugar* und deutsch natürlich *Zucker*.

Was können Sie besser machen?

Bei vielen *fiestas*, Umzügen oder religiösen Prozessionen sollten Sie sich auf die Gleichung laut = schön von vornherein einstellen. Entweder es tönt ohrenbetäubender Lärm aus Lautsprechern oder es wird getrommelt, was die Felle hergeben. Wenn es Ihnen schwerfällt, dabei einfach ausgelassen mitzufeiern und wacker durchzustehen, auch wenn es den ganzen Tag und die ganze Nacht durchgeht, dann sollten Sie sich immer ein Hintertürchen für den Ausstieg freihalten oder sich die Umzüge im Fernsehen anschauen, wo sie die Lautstärke selbst regeln können. Spanier sind in der Regel *fiesta*-erprobt und haben vielfach eine andere Einstellung zu Krach und Halligalli. Einige Festbräuche in Spanien erscheinen uns seltsam und archaisch. Die *Semana Santa* (Karwoche) mit ihren Geißlern und Kapuzenmännern gehört dazu, die Trommler von Hellín, die Tomatenschlacht von Bunyol oder das Stiertreiben von Pamplona. Der spanische Festkalender ist ziemlich dicht gedrängt. Als Besucher haben Sie dabei nur zwei Möglichkeiten: Entweder Sie lassen sich mitreißen oder Sie meiden den Ort des Geschehens. Dazwischen gibt es nicht viel.

Die *bota*, der Weinschlauch, aus dem Lena getrunken hat, ist bei Straßenfesten besonders beliebt, weil mit seiner Hilfe viele aus einer »Flasche« trinken können, ohne dass sie den Ausguss mit dem Mund berühren müssen. Die feinere Variante ist der *porrón*, eine Glaskaraffe mit zwei Öffnungen. Was beide gemeinsam haben: Man muss schon einige Zeit üben, bis man ohne Zwischenfälle daraus Rotwein oder Sangría trinken kann. Wie man das anstellt? Den Kopf in den Nacken legen, *bota* oder *porrón* über Kopfhöhe heben und Richtung Mund neigen. Der Wein schießt jetzt in einem dünnen Strahl aus dem Trinkrohr und wird direkt mit dem Mund aufgenommen. Die Schwierigkeit besteht darin, die Mundöffnung genau zu treffen und die Flüssigkeit zu schlucken, ohne dabei den Mund zu schließen.

Diego startet noch einen Versuch, Lenas Laune wieder aufzubessern.

»Kennst du eigentlich die Geschichte von Boabdil, dem letzten Emir von Granada, der auch *el chico*, das Kind, genannt wurde oder *el Zogoibi*, der Unglückliche, weil er der war, der von den Christen besiegt wurde?«

Lena schüttelt den Kopf.

»Sein Vater war übrigens Abu l-Hasan Ali, genannt Muley Hacén. Nach ihm wurde unser höchster Berg in der Sierra Nevada, der Mulhacén, benannt, weil er sich gewünscht hatte, auf seinem Gipfel begraben zu werden. Der Sage nach liegt er auch dort oben und hat so seine geliebte Alhambra immer im Blick. Wusstest du das?«

»Nein, keine Ahnung. Hört sich aber interessant an. Wie hoch ist denn dieser Berg?«

»3.482 Meter. Also pass auf, es geht noch weiter mit der Geschichte. Als Boabdil, der Sohn des Muley Hacén, nach seiner Niederlage gegen die Christen aus Spanien fliehen musste – er wollte nach Fes in Marokko –, kam er auf einer Passhöhe an eine Stelle, von der er einen letzten Blick auf die wunderbare Stadt Granada werfen konnte. Dieser Ort heißt heute *El suspiro del moro* – Der Seufzer des Mauren*. Boabdil setzte sich dort nieder und seufzte nicht nur, er weinte sogar wie ein Schlosshund. Worauf ihn seine Mutter, die wohl eine rechte Furie war, anblaffte, er solle nicht wie ein Weib beweinen, was er zuvor nicht wie ein Mann habe verteidigen können. Damit meinte sie Granada, die Wunderbare, mit der roten Burg, die auf Arabisch Alhambra heißt.«

Diego sieht in Lenas friedliches Gesicht.

»Na, ist das nicht eine schöne Geschichte?«

»Ach ja«, seufzt Lena. »Wie weit ist es eigentlich von hier nach Granada?«

»350 Kilometer. In ein paar Stunden wären wir da. Sollen wir? *¿Vamos?*«

»*¡Pues sí, vamos!* – Na dann los!«

* Salman Rushdie hat diesen »letzten Seufzer« literarisch verarbeitet. Sein Roman »Des Mauren letzter Seufzer« (1996) beschreibt die Geschichte einer reichen christlichen Gewürzhändlerdynastie aus dem indischen Kerala durch das 20. Jahrhundert aus der Sicht ihres letzten Vertreters, Maroes Zogoiby.

32 ¡Feliz Navidad!

oder: Santa Claus, Niño Jesús, Reyes Magos & Co.

»Tom, hast du schon Lose für den *Sorteo de Navidad* gekauft?«, ruft Javi quer durchs ganze Großraumbüro.

»Weihnachtslotterie? In Deutschland hab ich noch nie was gewonnen, Spielen ist doch nur was für Doofe, die nicht rechnen können«, winkt Tom ab.

»Ja vielleicht bei euch in Deutschland, bei uns in Spanien ist das anders. Hier kennt jeder mindestens einen, der schon einmal ganz viel Geld gewonnen hat und hier gibt es keinen einzigen Menschen, der keine Lose für die Weihnachtslotterie kauft. Du musst auch mitmachen, denn wenn du kein Los hast, dann langweilst du dich doch während der Ziehung des *Gordo* nur.«

»*Gordo*?«, fragt Tom. »Der Dicke?«

»Ja, der dicke, fette Hauptgewinn der Lotterie.«

»Wann wird er denn gezogen?«

»Am 22. Dezember und dann sitzen wir alle drei Stunden lang wie die Bekloppten vor dem Kasten und bibbern vor Aufregung.«

»Sogar ihr coolen Typen hier aus der Firma?«

»Natürlich, was denkst du denn?«

Die Verkäufer an den Straßenecken rufen ihre Losnummern in letzter Zeit fast ohne Pausen aus, das hat Tom auch schon gemerkt. Beim Mittagessen erklärt ihm Javi, dass man mehrere Zehntellose (*décimos* [**de**thimos]) kauft. Ein ganzes

Los kostet immerhin stolze 200 Euro. Die Spanier scheinen alle irgendwie Lotterie-verrückt zu sein, denn beim Essen reden wieder mal alle durcheinander, jeder erzählt von seinen Glückszahlen, an welcher Straßenecke die Verkäufer mit den gewinnverdächtigsten Losnummern stehen und so fort. Tom schwirrt bald der Kopf. Schließlich sagt ihm noch ein Kollege, er solle nach Sort in Katalonien fahren. *Sort* bedeute Glück, und viele der Gewinnerlose kämen jedes Jahr genau von dort.

»Sind die denn alle verrückt geworden?«, denkt Tom. Aber kaum hat er seine ersten *décimos* in der Brieftasche stecken, natürlich bei verschiedenen Verkäufern gekauft, merkt er, wie ihn das Fieber packt. Und schließlich streicht auch er sich den 22. Dezember mit einem dicken roten X im Kalender an.

Sorteo de Navidad – die spanische Weihnachtslotterie

Die spanische Weihnachtslotterie ist wahrscheinlich die größte Lotterie der Welt und auch eine der ältesten. Es gibt sie seit 200 Jahren. Zwei Tage vor Heiligabend, am 22. Dezember, werden Gewinne von über 2,2 Milliarden Euro gezogen. Auf den Hauptpreis, *el Gordo* (der Dicke), entfiel 2006 ein Gewinn von 540 Millionen Euro. So viel Geld bekommt aber nie nur eine Person, denn die fünfstelligen Loszahlen werden in mehreren Serien aufgelegt. Es gibt dieselbe Nummer also mehrfach. Weil ein ganzes Los sehr teuer ist (200 Euro), kaufen die Leute außerdem Zehntellose für 20 Euro. Daher gibt es auf ein Glückslos immer mehrere Gewinner. Da Lose zudem häufig in Wettgemeinschaften gekauft werden, teilt sich der Gewinn noch weiter auf. Manchmal gewinnen ganze Dörfer oder Firmenbelegschaften pro Kopf einen sechsstelligen Eurobetrag. Es ist schon vorgekommen, dass es in der Folge örtlich zu einem dramatischen Anstieg der Immobilienpreise kam.

Die Ziehung der Gewinnlose wird im Fernsehen übertragen und dauert geschlagene drei Stunden. Sie folgt dem immer gleichen Ritual: Altmodisch dezent gekleidete Schüler aus dem Madrider *Colegio de San Ildefonso* treten vor die Kameras und singen die Nummern, die gezogenen werden. Das ist keine Show und kein Singwettbewerb, sondern klingt eher wie eine Litanei in einer katholischen Kirche. Dennoch sitzen alle Losbesitzer, also ca. 98 % aller Spanier, wie elektrisiert vor dem Fernsehgerät und fiebern mit. Die Gewinnchance für den *Gordo* liegt etwa bei 1 zu 85.000. Wer dann einen größeren Gewinn gemacht hat, erzählt vor laufenden Fernsehkameras haarklein, wann genau, wo genau und bei wem er sein Los gekauft hat, und verspricht, das ist Ehrensache, eine angemessene Spende für die *Niños de San Ildefonso*. Früher waren die Kinder dieser Schule alle Waisen. Heute stammen viele von ihnen aus ärmeren Familien. Sie können die Zuwendungen der Lottogewinner also gut brauchen.

Allmählich kommt tatsächlich auch in Madrid Weihnachtsstimmung auf, in den Geschäftsstraßen leuchten Lichterketten, *luces de Navidad*, und blinkende Sterne, und auf der Plaza Mayor ist seit Ende November ein *mercadillo de Navidad*, ein Weihnachtsmarkt, aufgebaut.

»Schade eigentlich, dass es überhaupt nicht nach Schnee aussieht«, sagt Tom. »Das kann ja noch kommen«, prophezeien ihm Javi, und die Kollegen bestätigen kopfnickend, dass das in Madrid wirklich passieren kann und Javi nicht nur geflunkert hat.

Von den Kollegen erfährt Tom, dass der 6. Dezember in Spanien Feiertag ist. Stimmt ja, Nikolaus, fast hätte er es vergessen, wahrscheinlich weil es draußen so mild ist. Er kauft am Vortag bei Lidl um die Ecke einen Schokoladen-Nikolaus in rotem Stanniolpapier und stellt ihn während der Mittagspause auf Neus' Schreibtisch.

Kurz darauf bekommt er eine E-Mail: *Gracias por el Santa Claus*. »Woher willst du wissen, dass er von mir ist?«, fragt Tom, als Neus ihn in seiner Abteilung besucht.

»Weil es bei uns keinen Santa Claus gibt und du ihn bei Lidl oder Aldi gekauft haben musst.«

»Wie, gibt es nicht? Morgen ist doch Feiertag.«

»Ja, morgen ist Feiertag, du *sabelotodo* (Schlauberger), nämlich Nationalfeiertag. *Día de la Constitución*, Tag der Verfassung.« Mit roten Ohren sieht Tom dabei zu, wie Neus den Santa Claus aus seiner raschelnden Verpackung befreit und genüsslich verspeist.

»Ach, übrigens: Fährst du Weihnachten nach Hause, zu deiner Familie?«

»Geht leider nicht«, sagt Tom. »Kein Urlaub, zu viel Arbeit, Deadline für das aktuelle Projekt ist der 2. Januar. Bis dahin bleibe ich hier. Sag mal, kannst du nicht vor Weihnachten die Betten einmal richtig aufschütteln?«

»*¿Ehhhh?*«

»In einem Märchen der *hermanos* Grimm, die kennst du bestimmt, heißt es, dass es erst dann richtig schneit, wenn die *señora* Holle dort oben die Daunenbetten ausschüttelt.«

»*¿Señora Olé?*« In Toms Gelächter hinein fragt Neus: »Sag mal, magst du die *Nochebuena* mit mir und meiner Familie feiern?«

»*Noche buena*, gute Nacht?«

»*Hombre*, das ist Heiligabend, der 24. Dezember. Willst du?«

»*Con mucho gusto*«, stammelt Tom. Er ist ganz gerührt. Und aufgeregt. Was man da wieder alles falsch machen kann!

Damit nichts schiefläuft

Damit sich Tom an seinem »großen Tag« in der Familie nicht zu sehr blamiert, lädt er rechtzeitig Javi zum Essen ein, dafür soll der ihm alle verfügbaren Tipps geben, was er als Gast in der *Nochebuena* tun darf und was nicht.

»Also«, doziert Javi. »An diesem Abend geht es richtig feierlich in den spanischen Familien zu. Die Wohnung wird herausgeputzt und festlich geschmückt, das beste Porzellan wird aufgedeckt und alle werfen sich so richtig in Schale. Aber so richtig, verstehst du?«

»Hm.«

»Das heißt, du wirst dich auch richtig in Schale werfen, ist das klar? Sonst bin ich als dein Nachhilfelehrer total blamiert.«

»Ja, klar, ich werfe mich in Schale, und dann?«

»Dann wird aufgetischt, aber so richtig. Da wirst du Augen machen, das kann ich dir versprechen. Natürlich mehrere Gänge, feinster Schinken als Vorspeise, dann einen gefüllten Truthahn oder Lammbraten oder sonst was Feines, Fisch, Meeresfrüchte, was der strapazierte Geldbeutel hergibt. Und dann natürlich *turrón* (Mandelnugat) und *mazapán* (Marzipan), Cognac, Sherry ...«

»Jetzt hör' aber auf oder warte wenigstens, bis der Kellner die Vorspeise gebracht hat«, protestiert Tom, aber es hilft nichts.

»Ich hab mal gelesen, die Familien geben so an die 100 Euro pro Person und Essen aus für diesen Tag. Nur fürs Essen. Kannst du dir das vorstellen? Das ist mehr als für die *lotería* und mehr als für die Weihnachtsgeschenke. Da siehst du mal, wo unsere Prioritäten liegen.«

»Macht ihr außer Essen sonst noch was an Weihnachten?«, fragt Tom.

»Na sicher: Um Mitternacht tragen alle ihre dicken Bäuche in die *misa del gallo* (Mitternachtsmesse). Und danach trifft man sich draußen, in den Dörfern auf der *Plaza Mayor* und singt Weihnachtslieder – die heißen bei uns *villancicos* [bijan**th**ikos] und sind sehr lustig – und manche tanzen auch dazu.«

»Und du verkohlst mich jetzt nicht?«

Javi schüttelt den Kopf. »Ich meine, es ändert sich ja alles, seit wir so richtig zu Europa, also zur EU gehören. Jetzt gibt es bei uns auch schon Weihnachtsbäume, und sogar echte, nicht nur solche aus Plastik, und allen möglichen Schnickschnack, den bei uns früher keiner kannte. Genauso der Weihnachtsmann, der *Santa Claus* oder *Papá Noel*, der ist aus dem Norden und aus Hollywood zu uns herübergeschwappt.«

Javi erzählt noch mehr, aber Tom kann gar nicht alles behalten. Und da kommt endlich auch der Kellner mit dem Essen. So viele Details! Na, es wird schon klappen.

Was ist trotzdem schiefgelaufen?

Am 24. erscheint Tom geschniegelt, fein gemacht und voll bepackt bei Neus' Eltern zum Festtagsschmaus. Er hat für alle ein Geschenk besorgt, die letzten Tage hat er dafür die Kaufhäuser abgeklappert. Und da steht er nun und weiß nicht, wohin damit. Das hat er vergessen, Javi zu fragen. Gibt es einen Baum, werden die Geschenke daruntergelegt?

Es gibt keinen Baum bei Neus' Eltern. Und es gibt auch keine Geschenke. Tom steht da wie ein begossener Pudel, als Neus ihm erklärt, ihre Familie sei sehr traditionell eingestellt in Bezug auf die Feiertage. Einen Baum hätten sie noch nie gehabt und die Geschenke brächten bei ihnen die Heiligen Drei Könige am 6. Januar. So, wie es in Spanien schon immer Brauch war.

Tom wird schwarz vor den Augen. Er hätte sich jetzt gern eine Tarnkappe übergezogen. Da kommt Neus' Töchterchen Laura und wirft begehrliche Blicke auf seine Päckchen.

»Okay.« Tom ergreift die Flucht nach vorne. »Dann hat das deutsche Christkind, *el Niño Jesus alemán*, da nicht richtig

Bescheid gewusst, und heute schon seine Geschenke für die Großen und Kleinen abgeliefert. Ihr dürft aber alle bis zum 6. Januar mit dem Auspacken warten.«

»*¡Mamáaaaaaaaaaaaaaa!*«, bettelt die kleine Laura und setzt den treuesten aller Kleine-Mädchen-Blicke auf.

»Na gut«, entscheidet die strenge Mama kurzerhand. »Wir machen dieses Jahr zu Ehren unseres Gastes eine Ausnahme. Es ist ja eine ganz besondere Nacht, eine *Nochebuena hispano-alemana*. Gut, dass ich das Geschenk für dich auch schon besorgt habe. Leider ist es nicht verpackt, das wollten die Heiligen Könige noch machen. Aber wenn du's auch so nimmst? Komm, ich stelle dich meinen Eltern vor. Übrigens: *¡Feliz Navidad, Tom!*«

»*¡Feliz Navidad!*«

Los Reyes Magos – die Heiligen Drei Könige

Spanische Kinder schreiben ihre Wunschliste nicht ans Christkind, sondern an die ehrenwerten Herren *Melchor, Gaspar* und *Baltasar*. Sie sind schließlich auch diejenigen, die die Geschenke bringen. Und das ist ja eigentlich logisch, denn nach der Bibel waren sie es, die Gold, Weihrauch und Myrrhe mitbrachten, während das Christkind, *el Niño Jesús*, in Windeln gewickelt in der Krippe lag, zwischen Ochs und Esel. Schon am Vorabend des Dreikönigtages, am 5. Januar, stellen die Kinder vor dem Schlafengehen ihre Schuhe vor die Zimmertür, dazu Wasser und Heu für die Kamele und etwas *turrón* zur Stärkung für die Weisen, die ja eine lange Reise hinter sich haben. Die Könige fahren in Schiffen übers Meer, landen in Küstenstädten an und ziehen dann auf Pferden oder Kamelen, mit Pagen und Helfern durch die Straßen, gekleidet in prächtige Gewänder und mit üppigen Perücken. Der Umzug heißt *cabalgata* [kawal**ga**ta]. Wie beim Karneval werden dabei viele Tonnen Bonbons an die Kinder verteilt. Am Morgen des 6. Januars stehen Geschenke vor der Tür, wenn die Kinder das ganze Jahr über brav waren. Wenn nicht, gibt es Kohle bzw. gefärbten Zucker.

Die Familie versammelt sich am *Reyes*-Tag zum letzten Mal während der Feiertage zu einem großen Festessen. Traditionell wird zum Nachtisch der *roscón de Reyes* [ros**kon** de **räi**es], ein Hefekranz mit kandierten Früchten, serviert. In den Teig ist eine kleine Überraschung eingebacken: ein Plastikfigürchen, das *haba* [**a**wa] heißt. Wer in seinem Stück auf die *haba* beißt, ist *rey* (König) für einen Tag und wird im neuen Jahr besonders viel Glück haben.

33 ¡Y próspero Año Nuevo!

oder: Ende gut, alles gut

»Schönen Gruß von Neus!«, schreit Javi morgens durchs Büro. Es ist der 28. Dezember. »Sie sagt, du sollst sie nicht mehr anrufen und sie auch nicht mehr besuchen. Sie legt keinen Wert mehr darauf, dich zu sehen.«

»Wieso das denn?« Tom zuckt zuerst zusammen, dann läuft sein Gesicht tomatenrot an. Wieso muss Javi eigentlich so brüllen?

»Sie sagt, du hättest dich an Weihnachten einfach zu blöd benommen.«

Hä? Tom versteht nur noch Bahnhof. Es war doch nett bei Neus, Laura und ihren Eltern. Das gibt's doch irgendwie gar nicht.

»Dabei hab ich mir so viel Mühe gegeben, dir alles, was wichtig ist, genau zu erklären. Ich hab dir doch gesagt, worauf du bei der spanischen Weihnacht achten musst«, regt Javi sich auf. »Wieso machst du dann doch wieder alles falsch, hm? Kommt da mit seinen Päckchen an am 24., wo doch jeder weiß, dass in Spanien die Heiligen Drei Könige die Geschenke bringen. Also weißt du, ich bin echt enttäuscht von dir. Alles umsonst, was man dir beibringen will!«

»Also, das geht jetzt wirklich zu weit!« Tom springt auf und geht mit gesenktem Kopf, wie ein Stier in der Arena, auf Javi los. Und der will sein Freund sein? Was sind das überhaupt für Geräusche in seinem Rücken? Es hört sich an wie Glucksen.

Als Tom sich umdreht, sieht er in die feixenden Gesichter seiner Kollegen. Und dann brüllt das ganze Büro: »*¡Inocente, inocente!*«

Tom ahnt, dass das so etwas wie »reingefallen« bedeuten könnte.

»Schon mal was von der *Inocentada* gehört, Tom?« Javi klopft ihm auf die Schulter. »War alles nur ein Scherz, Alter. Es ist alles gut. Am 28. Dezember veräppeln wir in Spanien unschuldige Leute, am liebsten aber unsere Promis aus Politik und Showbusiness. Gerade warst du das unschuldige Opfer. Tut mir leid, aber sieh's einfach wieder als Lektion in spanischer Landeskunde. Und jetzt lach endlich mit. Ich lade dich dafür auch mittags in die Bar ein, als Entschädigung.«

April, April – äh – Dezember, Dezember

Die *Inocentada* ist in den spanischsprachigen Ländern das Gegenstück zu unseren Aprilscherzen. Ihre Bedeutung ist etwas rätselhaft. Sie findet am 28. Dezember statt. Das ist im katholischen Kalender der »Tag der unschuldigen Kinder«, eine blutige Geschichte aus der Bibel, in der König Herodes die grausame Rolle des Kindermörders spielt. Irgendwann im Laufe der Jahrhunderte wurden die unschuldigen Kinder in die Unschuldigen umgedeutet, die an diesem Tag durch den Kakao gezogen werden. Das trifft in der spanischen Presse an diesem Tag vor allem die Politiker und Prominenten. Sie werden ziemlich auf die Schippe genommen und der Lächerlichkeit preisgegeben. Fast wie im Rheinischen Karneval. Am 1. April dagegen ist »tote Hose« in Spanien.

»Und was hat Neus dir wirklich von Weihnachten erzählt?« Tom ist immer noch misstrauisch.

»Dass ihr einen lustigen Abend verbracht habt, dass Laura dich wegen deiner Geschenke liebt, und Neus' Eltern meinten, als Schwiegersohn wärst du gar nicht so übel.«

»Ich glaube dir kein Wort mehr, du Ekel!«

Die ersten Töne der Starwars-Filmmusik kündigen eine SMS auf Toms Handy an. Sie kommt von Neus. Ob er Silvester mit ihr und ihren Freunden auf der Puerta del Sol feiern wolle. Treffpunkt: 23:45 Uhr am *oso**.

»Na, da schau an«, sagt Javi, der über Toms Schulter mitgelesen hat. »Läuft doch alles super. Wenn ihr um Mitternacht die *Glückstrauben* zusammen esst, kann euch beiden nichts mehr passieren, würde ich sagen.«

Tom reagiert gar nicht, so geschmeichelt fühlt er sich.

»Hast du eigentlich schon rote Unterwäsche für Neus gekauft?«, fragt Javi.

»Sag mal, spinnst du?«

»Ja, doch, kein Scherz! Die Trauben bringen Glück und die roten Dessous sorgen für das Feuer: *amor y pasión*, Liebe und Leidenschaft, du weißt schon. Aber nur, wenn Neus die Wäsche in der Silvesternacht trägt. Und, ganz wichtig: Du musst sie ihr geschenkt haben, sie darf sie nicht selbst gekauft haben!«

»Ich glaub dir kein Wort mehr.« Tom schiebt Javi weg. »Und meine Post geht dich auch nichts an.«

Was kann jetzt noch schiefgehen?

Am 31. hat Tom noch einmal so richtig Stress mit der neu entwickelten Software, die eigentlich am 2. Januar fertig sein

* Gemeint ist die Statue des Wappentiers von Madrid, *el oso y el madroño* (der Bär und der Erdbeerbaum), die an der Puerta del Sol, dem zentralen Platz in Madrid, unter dem Haus mit der überlebensgroßen *Tío Pepe*-Figur (Werbung einer bekannten Sherry-Marke) steht. Auf der Puerta del Sol befindet sich auch der *kilómetro cero*, der »Null-Kilometer«, das geografische Zentrum Spaniens, von dem aus die Landstraßen in alle Himmelsrichtungen ihren Ausgang nehmen.

und ausgeliefert werden soll. Mit zwei Kollegen hat er den ganzen Tag nach einem Fehler gesucht und ihn erst gegen 20 Uhr abends gefunden. Mann! Jetzt aber schnell nach Hause, auf dem Heimweg noch etwas einkaufen, essen, duschen, anziehen. Nach dem Essen setzt er sich noch kurz in den Sessel, schlägt die Zeitung auf und – schläft ein. Als er wieder wach wird, ist es 23 Uhr. Anziehen, raus aus dem Haus, rein in die U-Bahn.

»Hilfe, wo wollen die denn alle hin?« So voll ist die U-Bahn ja sonst nicht einmal zu den Stoßzeiten. Und es stimmt, was er befürchtet: Sie alle wollen zur Puerta del Sol, genau wie Tom.

»Ich kann es nicht mehr vor Mitternacht schaffen«, denkt er. »Und dann kann ich keine Glückstrauben mit Neus essen und dann haben wir kein Glück im Neuen Jahr und ich keine Chancen mehr bei meiner lieben, süßen, sexy, tollen, wunderbaren Super-Neus.«

Um fünf vor zwölf kommt er aus der Metro und irrt durch die Menschenmassen. Als er die Bären-Statue entdeckt und sich, fremde Rücken knuffend und rempelnd, einen Weg zu seinem Ziel bahnt, fangen die Glocken auf dem alten Postgebäude an zu schlagen: eins – zwei – drei – Tom zählt hektisch mit. Da, da ist Neus! Vier – fünf – sechs. Auch sie hat Tom entdeckt. Aber warum hat sie denn solche Hamsterbacken? Sieben – acht – neun. Die Trauben, klar! Als er endlich neben ihr steht, schiebt sie ihm schnell eine Traube in den Mund – zehn, und gleich noch eine – elf – und die letzte – zwölf.

»*¡Feliz año!*«, sagt sie und küsst ihn auf den Mund. Und sie sieht gar nicht böse aus, sondern einfach nur umwerfend.

»*¡Feliz año!* [**felith anjo**]«, nuschelt Tom zurück, lässt sein schon leicht zerknittertes Päckchen aus dem Dessousladen – mit Umtauschgarantie – unauffällig in der Jackentasche verschwinden, später, denkt er sich, schluckt die Trauben und küsst sie wieder.

Was können Sie besser machen?

Silvester, *Nochevieja* [notsche**w**j**e**cha] (»die alte Nacht«), feiert man entweder zu Hause und macht dann zum Jahreswechsel den Fernseher an, oder man geht hinaus ins Freie und feiert dort mit den anderen den Übergang ins neue Jahr. Die größte Silvesterparty findet, laut, bunt und schrill, auf der Puerta del Sol in Madrid statt und wird live im Fernsehen übertragen. Unzählige Feierfreudige treffen sich hier zum Jahresausklang, alle zur gleichen Zeit und viele an ein und demselben Treffpunkt. Man muss also für den Weg zum Platz und durchs Gewühl hindurch deutlich mehr Zeit einplanen als an jedem anderen Tag des Jahres. Tom hätte es fast verbaselt, wäre er nicht ein ausgemachter Glückspilz.

Um Mitternacht läuten die Glocken der Turmuhr des alten Postgebäudes an der Puerta del Sol das neue Jahr ein. Die Menschen vor Ort und die an den Bildschirmen stecken sich zu jedem Glockenschlag eine Weintraube in den Mund. Wer es schafft, entsprechend schnell zu kauen und zu schlucken, dem ist Glück und Gesundheit für das ganze neue Jahr sicher. Denn mit jeder Traube hat man einen Wunsch frei, den man nach oben schickt. Das Ohr des Universums ist in dieser Nacht riesengroß. Danach geht die eine Hälfte der Menschen in die Bars und Kneipen rund um die Puerta del Sol zum Weiterfeiern, die andere Hälfte zieht mit Freunden in den Park oder feiert auf öffentlichen Plätzen weiter. Man kann also einfach in die Menge eintauchen und sich von der ausgelassenen Stimmung treiben lassen.

Las doce uvas de la suerte – die zwölf Glückstrauben

Zwölf Trauben als Glücksbringer braucht jeder Spanier, jede Spanierin an Silvester. Sobald die Turmuhr an der Puerta del Sol in Madrid um Mitternacht zu schlagen beginnt, greifen alle zu ihren Trauben. Exakt mit jedem Glockenschlag muss eine Traube gegessen werden. Für alle, denen das zu schnell geht, gibt es seit Neuestem auch in Dosen verpackte Weintrauben: Genau zwölf Stück liegen geschält und ohne Kerne in einem Döschen. Es kostet stolze 2,50 Euro, aber das sollte einem Glück und Liebe für ein ganzes Jahr doch wert sein. Denn jede Verzögerung im Traubenessen führt zu einem ganzen Jahr Unglück.

Vor einigen Jahren wurde die Turmuhr von einem Schweizer Uhrmacher restauriert, der nichts wusste von den spanischen Silvesterbräuchen. Danach schlugen die Glocken schneller und die Spanier konnten die Trauben nicht mehr im Takt schlucken. Proteste und wütende Leserbriefe waren die Folge. Sogar von Erstickungsanfällen wurde berichtet. Der Schweizer musste noch einmal nachbessern und heute hat alles wieder seine Richtigkeit.

Böller werden in Spanien an Silvester eher nicht geschossen. Dafür gibt es tatsächlich den Brauch mit der roten Unterwäsche, die für ein erotisch erfolgreiches neues Jahr sorgen soll. Wichtiges Detail: Ist das kommende Jahr ein Schaltjahr, dann verspricht Rosa mehr Erfolg. Auf jeden Fall muss die Wäsche geschenkt, nicht selbst gekauft sein. Sonst gilt das nicht, da hat Javi nicht geflunkert.

Etwas Goldenes im Sektglas – Ring, Kettchen, Armband – soll für den erwünschten Wohlstand sorgen. Falls der *Gordo*, der Hauptgewinn der Lotterie, im alten Jahr nicht schon den Geldsegen gebracht hat.

Einige Kneipen und Plätze weiter – Tom ist sicher, dass er jetzt schon zu viel Alkohol erwischt hat und sich sein Zustand im Laufe der Nacht nicht mehr verbessern wird – steckt er die Hand in seine Jackentasche und fühlt ein Stück zerknittertes Geschenkpapier. Er hätte es beinahe vergessen: das Geschenk, das er für Neus gekauft und im Laden hat verpacken lassen.

»Neutral«, hat er gesagt, worauf die Verkäuferin ihm komplizenhaft zuzwinkerte. Er zieht das Päckchen heraus, starrt es noch ein bisschen unentschlossen an, dann fasst er sich ein Herz und streckt es Neus entgegen. »Für mich?«, fragt sie und strahlt ihn an. Sie beugt sich zu ihm und greift nach dem Goldpapierpäckchen. Da sieht Tom, dass etwas aus ihrem Ausschnitt blitzt: etwas Rotes, mit Spitzen. Wie jetzt? Woher hat Neus denn ...?

»*Año nuevo, vida nueva* (Neues Jahr, neues Leben)«, stimmt jemand direkt neben Toms Ohr ein Lied an und Tom denkt an seine kleinen und größeren Wünsche für das Neue Jahr. Er hat Neus gerade aus den Augen verloren, aber er ist sich sicher: Er wird sie schon wiederfinden.

Récords, récords ...

oder: Spanienwissen für Ihren Auftritt bei Günther Jauch

Spanien ist die Nummer eins im **Export von Olivenöl** (*aceite de oliva*). Ein Teil des spanischen Olivenöls wird nach Italien exportiert und dort unter italienischen Marken weiter vermarktet. 82 % der spanischen Olivenproduktion kommt übrigens aus der Provinz Jaén in Andalusien. Die Landschaft um Jaén sieht mit ihren endlosen Reihen von Olivenbäumen, die sich über Hügel um Hügel ziehen, aus wie mit dem Kamm gezogen. »Die gekämmte Landschaft«, so nannte der Schriftsteller Antonio Muñoz Molina seine Heimat.

Spanien steht seit 2004 auf Platz eins der Welt, was die Errichtung von **Windkraftanlagen** (*parques eólicos*) betrifft, und hat damit Deutschland überrundet. Windmühlen haben auf der Iberischen Halbinsel eine lange Tradition. Bekannt ist, dass schon der fahrende Ritter Don Quijote gegen Windmühlenflügel kämpfte, weil er sie für Bösewichter hielt.

Auch bei der **Solarenergie** (*energía solar*) legt Spanien zu. Unter den zehn weltweit größten kommerziellen Photovoltaikkraftwerken sind rund die Hälfte in Spanien am Netz. Die Liste der sogenannten Solargärten (*huertos solares*) führen die Kraftwerke in Beneixama (Alicante) und Jumilla (Murcia) an. Die beiden 2007 fertiggestellten Solarparks haben eine Nennleistung von 20 Megawatt und sind damit derzeit die größten Photovoltaikanlagen der Welt.

Auch wenn deutsche und japanische Autos bekannter sind: Spanien steht als **Autoproduzent** nach Deutschland und Frankreich an Platz drei in der EU und an Platz sieben weltweit.

Spanien ist an Platz zwei in der Welt, was die **Zahl der ausländischen Touristen** anbelangt. An erster Stelle steht Frankreich. Jährlich kommen über 55 Millionen Touristen nach Spanien, das ist mehr, als Spanien Einwohner hat. Hauptziele sind Katalonien (u.a. Barcelona und die Costa Brava), die Balearen (Mallorca, Menorca, Ibiza) Andalusien und die Kanarischen Inseln.

Spanien hat die größte **Rebanbaufläche** der Welt. Rund die Hälfte der spanischen Rebfläche darf die kontrollierte Herkunftsbezeichnung D.O. (*Denominación de origen*) tragen. Es gibt 150.000 Winzer und 5.000 *bodegas* (Weingüter). Spanien ist drittgrößter Weinproduzent der Welt, aber, wer hätte das gedacht, größter Weißweinproduzent. Der Rioja-Wein hat übrigens die treuesten Konsumenten in Europa. 55 % der Menschen, die ihn probieren, kaufen ihn wieder.

Spanien belegt seit vielen Jahren weltweit Platz eins bei den **Organspenden** für Transplantationen. Nummer zwei ist Österreich, Nummer drei Belgien.

Spanien und Italien sind weltweit die beiden Länder mit den meisten Kultur- und Naturdenkmälern, die als **UNESCO-Weltkulturerbe** verzeichnet sind. Ein stolzes historisches Erbe, das gepflegt werden will. Zu den meistbesuchten Baudenkmälern in Spanien gehören die Alhambra in Granada (über drei Millionen Besucher jährlich), die Mezquita in Córdoba – die beide Monumente gehören zum arabischen Erbe Spaniens – sowie die Kathedrale La Sagrada Familia von Antoni Gaudí in Barcelona.

Die spanische Küche stand lange Zeit im Schatten der französischen und italienischen. Damit ist es vorbei. Spanien hat mehr zu bieten als Paella und Gazpacho. Die spanische gilt international als die **innovativste Küche**. Berühmt sind baskische und katalanische Köche wie Ferran Adrià, der seine Kochkunst als Avantgarde- oder Molekularküche bezeichnet. Sein Drei-Sterne-Restaurant *El Bulli* gilt als eines der weltweit besten. Es bekommt jährlich 100.000 Reservierungsanfragen, bietet aber nicht einmal für ein Zehntel davon Platz. 2007 war Adrià sogar auf der Kunstausstellung documenta 12 vertreten.

Spanien ist mit knapp 80 % **Katholiken** eine der letzten christlichen Bastionen Europas. Die Statistiken zeigen aber, dass nur 18 % der Spanier regelmäßig die Messe besuchen, bei den Jüngeren, unter dreißig, sind es lediglich 14 %. Nur die Hälfte aller Paare lässt sich noch kirchlich trauen. Zwei Drittel der Bürger verweigern die Zahlung der Kirchensteuer, die in Spanien für die Mitglieder der Religionsgemeinschaften eine freiwillige Abgabe ist. Viele Spanier wollen aus der Kirche austreten, das ist aber ein sehr schwieriges und langwieriges Unterfangen. Weshalb es jetzt im linken Rathaus eines Madrider Vororts ein »Büro für den Glaubensabfall« gibt, das professionelle Hilfe anbietet – und heftigen Anfeindungen seitens der Kirche ausgesetzt ist.

Glossar

Ihr Erste-Hilfe-Köfferchen mit den wichtigsten Wörtern auf Spanisch. Mit Aussprachehilfe.

Die Lautschrift wurde für alle Wörter, die nicht so gesprochen werden, wie sie geschrieben werden, hinzugefügt. Wichtig: Der Akzent verändert nicht die Aussprache eines Vokals (á, é, í, ó, ú), sondern heißt nur, dass die Silbe mit dem Buchstaben mit Akzent betont wird. Die Betonung zeigen wir in der Lautschrift durch Fettdruck an. Das »th« in der Lautschrift ist das englische, gelispelte »th« wie z.B. in dem Wort »thin«.

adiós	Auf Wiedersehen! Ciao!
amigo / amiga	Freund/Freundin, im Sinne von Bekannte(r); Spanier haben meistens viele Freunde.
aperitivo	Aperitif, meint sowohl ein Getränk (Sherry, Wermut, Pastis ...) als auch eine Kleinigkeit zu Essen dazu, z.B. Oliven, Mandeln oder eine andere Tapa.
AVE [awe]	*Alta Velocidad Española*, spanischer Hochgeschwindigkeitszug
bar	Entspricht nicht einer deutschen Bar; *el bar* ist die schlichte Kneipe ums Eck, in der man vom Kaffee über Erfrischungsgetränke bis zum Alkohol so ziemlich alles bekommt. Außerdem gibt es dort auch kleine Snacks und Tapas. In ganz Spanien, vor allem aber in den Städten, gibt es eine Bar neben der anderen. *El bar* ist ein Treffpunkt und das Kommunikationszentrum der Spanier.

bar-restaurante	Von der Ausstattung besser als eine *bar*, aber nicht so gut wie ein Restaurant; bietet preiswertes Essen. Gut zu wissen: Es wird günstiger, wenn man am Tresen isst.
bocadillo [boka**di**jo]	Baguetteähnliches Weißbrot oder Brötchen mit Wurst, Schinken, Käse, Tortilla, Thunfisch oder anderen Fischsorten belegt. Dieser Imbiss ist im Vergleich zu den Tapas etwas sättigender und wird gerne als Zwischenmahlzeit gegessen.
bodega	Einfache, oft urige Weinschenke. Hier bekommt man Wein und Tapas zu günstigen Preisen.
botellón [bote**jon**], macrobotellón	Maxiflaschen Alkohol; beliebt bei jungen Leuten für Partys im Freien, bei denen es darum geht, Geld zu sparen und statt in einer Bar auf der Straße oder am Strand zu feiern. Kollateralschäden: u.a. herumliegende Kondome, weil die jungen Leute bis 30 meist noch daheim wohnen.
buenas noches [**bue**nas **no**tsches]	Guten Abend, auch: gute Nacht; Grußformel ab dem Abendessen (ca. ab 22 Uhr) bis zum Schlafengehen.
buenas tardes	Guten Tag, auch: guten Abend; Grußformel vom Mittagessen bis zum Abendessen (ab ca. 14 Uhr bis 22 Uhr).
buenos días	Guten Morgen, auch: guten Tag; Grußformel vom Aufstehen bis zum Mittagessen (bis ca. 14 Uhr).
caballeros [kawa**je**ros]	Aufschrift auf Herrentoiletten
café con leche [**ka**fe kon **le**tsche]	Milchkaffee: wenig Kaffee, viel Milch; in der großen Tasse oder im Glas serviert.
café cortado [ka**fe** kor**ta**do]	Espresso mit einem Schuss Milch.
café solo	Espresso, schwarz
cafetería	Lokal im Schnellimbiss- bzw. Mensastil, in dem man neben Getränken auch kleinere Mahlzeiten und Snacks bekommt.

caña [**ka**nja]	Kleines Glas Fassbier (0,2); nach Kaffee das Lieblingsgetränk der Spanier.
català [kata**la**], catalán [kata**lan**]	Katalanisch; zweite Amtssprache in Katalonien und auf den Balearen, einzige Amtssprache in Andorra.
champán [tscham**pan**], cava [**ka**wa]	Früher nannten Spanier jeden Sekt, auch den einheimischen, *champán*. Heute darf diese geschützte Herkunftsbezeichnung nur noch den französischen Champagner bezeichnen. In Katalonien hergestellter Schaumwein nach Champagnermethode heißt *cava*.
chocolate [tschoko**la**te]	Damit ist in Spanien sowohl die feste als auch die flüssige (Trink-)Schokolade gemeint. Besondere Spezialität: *chocolate con → churros*.
churros [**tschu**rros]	Schmalzkringel, die in heißes Fett gespritzt und ausgebacken werden. Es gibt sie auf allen Jahrmärkten und Volksfesten (*ferias, fiestas*) und, besonders beliebt, als *chocolate con churros*: Schmalzgebäck, das in dickflüssige heiße Schokolade getunkt wird. Üppig und gut.
¿Cómo está?	Wie geht es Ihnen?
¿Cómo estás?	Wie geht es dir?
Correos [kor**re**os]	spanische Post
derecha [de**re**tscha], Abk. dcha.	rechts
¿Diga?	Hallo? So meldet man sich in Spanien am Telefon; nicht mit dem Namen.
don / doña [**do**nja]	respektvolle Anredeform, die zusammen mit dem Vornamen verwendet wird: *don Alberto, doña Carmen*.
el gordo	»Der Dicke« – Hauptgewinn, v.a. bei der Weihnachtslotterie, deren Gewinnlose am 22. Dezember gezogen werden.
¡Encantado! / ¡Encantada!	Sehr erfreut! Wenn Sie ein Mann sind, sagen Sie *encantado*, sind Sie eine Frau, sagen Sie *encantada*, wenn Sie jemandem vorgestellt werden oder jemanden kennenlernen.

español [espa**njol**], castellano [kaste**ja**no]	Spanisch; gemeint ist die Sprache, die in allen spanischen Regionen Amtssprache ist; heißt auch »kastilisch«, weil ihr Ursprung in Kastilien, dem spanischen Kernland, liegt.
euskera [e_us**ke**ra], vasco [**bas**ko]	Baskisch; zweite Amtssprache im Baskenland; nicht mit dem Spanischen oder einer anderen europäischen Sprache verwandt.
flan	Karamellpudding; beliebte Nachspeise, häufig mit dem Zusatz *casero* (hausgemacht).
galego [ga**le**go], gallego [ga**je**go]	Galicisch; zweite Amtssprache in Galicien, im Nordwesten Spaniens; salopp gesagt eine Sprache zwischen Spanisch und Portugiesisch.
gracias [**gra**thjas]	Danke; die Antwort darauf heißt: *de nada*, keine Ursache.
grúa, coche grúa [**ko**tsche **gru**a]	Spanischer Abschleppdienst, Abschleppwagen; wörtlich: »Kran«.
guiri [**gi**ri]	»Touri«; lustige bis leicht abschätzige Bezeichnung für »Tourist«.
hasta luego [**as**ta **lue**go]	Bis dann!, Bis später!, Tschüss!
hola [**o**la]	Hallo!; saloppe Grußformel für jede Tageszeit.
hostal [os**tal**]	Spanische Hotelkategorie; meist sind *hostales* eher einfachere Hotels oder Pensionen, es gibt aber auch luxuriöse *hostales*; am besten auf die *** achten.
izquierda [ith**kjer**da], Abk. izda.	links
jerez [che**reth**]	Sherry; benannt nach seiner Heimatstadt Jerez de la Frontera in Andalusien.
La cuenta, por favor. [la **kuen**ta por fa**wor**]	Zahlen, bitte!, Die Rechnung, bitte!
mallorquí [major**ki**], mallorquín [major**kin**]	Mallorquinisch; Variante der katalanischen Sprache.
marisquería [mariskeria]	Restaurant mit der Spezialität Fisch und Meeresfrüchte.

mesón	Restaurant mit gehobener Ausstattung und regionalen Spezialitäten.
Navidad	Weihnachten; *¡Feliz Navidad!* [fe**lith** nawi**da**(d)], Frohe Weihnachten!
no	Nein; nicht. In Spanien sollten Sie im normalen gesellschaftlichen Umgang nie einfach Nein sagen. Immer in eine Entschuldigung verpacken und begründen: »Leider kann ich nicht zu deiner Party kommen, weil ich an dem Abend schon ...« Außer Sie wollen jemanden abwimmeln und grob loswerden. Dann genügt ein einfaches *no*. Sonst nicht.
Nochebuena [notsche**wue**na]	Heiligabend, 24. Dezember, wörtlich: die gute Nacht. Geschenke gibt es in Spanien traditionell erst am 6. Januar, dem Dreikönigstag.
Nochevieja [notsche**wje**cha]	Silvester, 31. Dezember; wörtlich: die alte Nacht.
novio / novia [**no**wio / **no**wia]	Fester Freund, feste Freundin (Verlobte, Braut), in Abgrenzung zu *amigo / amiga*.
palabrota	Schimpfwort, wörtlich: schlimmes Wort, auch *taco*.
¡Perdón!	Entschuldigung!
¡Perdona!	Entschuldige!
¡Perdone!	Entschuldigen Sie!
piso bajo [**pi**so **ba**cho], planta baja [**plan**ta **ba**cha]	Erdgeschoss
plancha [**plan**tscha]	Spanier lieben das Grillen »*a la plancha*«, d.h. Braten bei sehr hoher Temperatur zwischen 300 und 350° C. Auf einem Planchagerät, einer gas- oder strombetriebenen Grillplatte, lassen sich gut *gambas* (Garnelen), kleine Tintenfische, Champignons oder anderes Gemüse braten bzw. grillen.
¡por favor!	Bitte! Beste Möglichkeit, den Kellner an den Tisch zu rufen.

por separado	Getrennt (bezahlen); sollten Sie in Spanien am besten nicht machen. Besser ist eine gemeinsame Rechnung, die dann – ohne den Kellner damit zu behelligen – durch die anwesenden Personen geteilt wird.
porro	Haschisch-Zigarette
porrón	Typisch spanisches Trinkgefäß aus Glas mit zwei Öffnungen, gebräuchlich für Rotwein und dünnflüssige Sangría ohne Früchte. Dieses Gefäß erlaubt das Trinken, ohne die Trinköffnung mit den Lippen zu berühren, sodass mehrere Personen aus demselben Behältnis trinken können. Könner halten den *porrón* dabei mit gestrecktem Arm fast einen halben Meter vom Mund entfernt. Nicht zu verwechseln mit → *porro*!
postre	Dessert; heißt auch *sobremesa* (Nachtisch).
primero	Erster Gang eines Menüs; kann auch eine Suppe oder Vorspeise sein.
¡Que aproveche! [ke_apro**we**tsche], ¡Buen provecho! [buen pro**we**tscho]	Wohl bekomm's!, Guten Appetit!
¿Qué tal? [ke **tal**]	Wie geht's? (für die Anrede mit Du und Sie geeignet). Kurze Antwort: *bien* [bjen] (gut) oder *muy bien* [mui bjen] (sehr gut), unter Freunden auch *regular* (so lala). Gehört eigentlich mit zur Begrüßung.
RENFE [**ren**fe]	spanische Eisenbahngesellschaft
Reyes Magos [**räi**es **ma**gos]	Die Heiligen Drei Könige, sie bringen am Vorabend des 6. Januar traditionell die Geschenke für die Kinder.
segundo	zweiter Gang oder Hauptgericht eines Menüs
señor, señora, señorita [sen**jor**, sen**jo**ra, senjo**ri**ta]	Anredeformen mit dem Nachnamen: *señor García*, *señora Márquez*, *señorita López*; *señorita* hat keinen Beigeschmack wie das deutsche »Fräulein«.
sí	Ja; doch; auch beim Abheben am Telefon, dann so: *¿Síiiiiiiii?*

siesta	Damit ist nicht unbedingt ein Mittagsschläfchen gemeint, sondern die lange Mittagspause in Behörden und mittleren und kleinen Geschäften, die zwischen 14:30 und 16:30 Uhr, örtlich bis 17:00 Uhr, schließen.
tapa [**ta**pa]	Mini-Portion kalter oder warmer Speisen; die nächstgrößere Menge heißt *media ración* [**me**dja ra**thjon**], halbe Portion, dann *ración*. Jede Region, jedes Lokal bietet eine andere Auswahl von Tapas.
tinto de verano	Wörtlich: Sommerrotwein; Mischung aus Rotwein und Limonade, meist mit Eiswürfeln serviert; wird bevorzugt am späten Nachmittag/frühen Abend als Aperitif getrunken. NIE zum Essen.
tranquilo [tran**ki**lo]	Ruhig, cool; als Aufforderung: *¡Tranquilo!* (m) oder *¡Tranquila!* (f): Ganz ruhig!, Keine Aufregung!
turrón	Süßigkeit aus Mandeln, Zucker und Eiweiß; Mandelnugat, besonders zu Weihnachten beliebt.
usted [us**teth**]	Anredeform »Sie« (Singular), der Plural heißt *ustedes*; kommt ursprünglich von *vuestra merced* (Euer Gnaden).
uvas de la suerte	Glückstrauben, werden zum Jahreswechsel zu den zwölf Glockenschlägen um Mitternacht gegessen.
vale [**ba**le]	Spanisches Äquivalent zu »okay«; Frage: *¿Vale?* (Okay?) – Antwort: *¡Vale!* (Okay! Alles klar!)
valencià [balen**thia**], valenciano [balen**thia**no]	Valencianisch; zweite Amtssprache in der Region Valencia, Alicante; Variante des Katalanischen.

Unser amüsanter Wegweiser durch die Tücken und Stolperfallen der chinesischen Gesellschaft.

Anja Obst
**FETTNÄPFCHENFÜHRER CHINA
DER WINK MIT DEM HÜHNERFUSS**

ISBN 978-3-934918-54-2

FETTNÄPFCHENFÜHRER CHINA – DER WINK MIT DEM HÜHNERFUSS. China ist in aller Munde. Touristen, Geschäftsleute und Studenten fallen ein in das riesige Land - und nicht wenige dabei auch kräftig auf die Nase. Zum Beispiel, wenn sie sich jene putzen, herzhaft Hände schütteln oder sich selbst Bier nachschenken. Dass die Chinesen sich durch Drängeln, Rülpsen und Spucken offensichtlich nicht besser benehmen, ist etwas ganz anderes, denn ihr Verhalten ist völlig normal. Jedenfalls in China.
Das lernt auch Peter, ein junger Student aus Bremen. Ein halbes Jahr will er in Peking bleiben und muss dabei schnell einsehen, dass jeder Tag des chinesischen Alltags ein einziger Kampf ist.
Das Kaufen einer Heizung dauert Stunden, beim Frühlingsfest jagt ein Aberglaube den nächsten und der Verkehr ist eine reine Todesfalle. Dazu dann noch diese Sprache, bei der ein Wort wie das andere klingt! Wenn dann selbst ein entspannender Ausflug an die Große Mauer zum Eklat wird, geht doch sämtliche Lebensfreude verloren, oder?
Nein, auf keinen Fall! Denn Peter ist nicht nur zäh, sondern vor allem offen und wissbegierig. Schritt für Schritt erklimmt er seine ganz persönliche Chinesische Mauer und lernt in diesem halben Jahr nicht nur, wie die Chinesen ticken, sondern auch warum sie so ticken, wie sie ticken.

»Von Schadenfreude weit entfernt, ist der nun vorliegende Fettnäpfchen-Führer schlichtweg uneingeschränkt empfehlenswert und für schlappe € 10,95 schlichtweg ein Schnäppchen!«
(Michael Ruhland, Gesellschaft für Deutsch-Chinesische Freundschaft e.V.)

LITERATUR

Alles was Reisende über Genuss, Kultur und Lebensart wissen müssen. Mit Tipps zu Gastronomie, Umgangsformen und Sprache.

Heidi Jovanovic
GRIECHENLAND ERLEBEN - MEHR ALS SÄULEN UND SONNE

ISBN 978-3-934918-34-4

GRIECHENLAND ERLEBEN - MEHR ALS SÄULEN UND SONNE. Reste der Antike, Dauersonnenschein und Strände ziehen Touristen aus aller Welt alljährlich nach Griechenland. Nirgendwo lässt sich besser den Ursprüngen europäischer Kultur nachspüren und Sonne tanken. Aber Griechenland hat noch weit mehr zu bieten.

Ungeahnte Genüsse für Leib und Seele, die Vielfalt und Nuancen einer bezaubernden Landschaft, eine einzigartige Gegenwartskultur und eine bewunderswerte Wesens- und Lebensart werden in diesem Genuss- und Kulturführer beschrieben.

Ergänzt mit praktischen Tipps und Anregungen, umfangreichen Hilfen und Informationen wird der Leser hinter die ersten touristischen Eindrücke geführt und kann vielleicht erst dadurch eine Reise erleben, die einen wirklich bleibenden Eindruck hinterlassen wird.

Mit vielen Tipps der Autorin, zahlreichen Bildern und Illustrationen.

»[...] Der Autorin Heidi Jovanovic ist mit ›Griechenland erleben‹ ein Griechenlandbuch geglückt, an dem auch der erfahrene Griechenlandreisende seine Freude haben wird.«

(Buchtipp des Deutsch-Griechischen Vereins Mühlheim e.V.)

»Dieses Taschenbuch mit seinen umfangreichen Hilfen und Informationen sollte bei jeder Griechenlandreise griffbereit sein.«

(Deutsches Kontakt- und Informationszentrum Athen)

CONBOOK VERLAG
www.conbook-verlag.de

Wenn der Linksverkehr doch bloß die einzige Herausforderung wäre – amüsante Episoden über die Stolperfallen der britischen Gesellschaft.

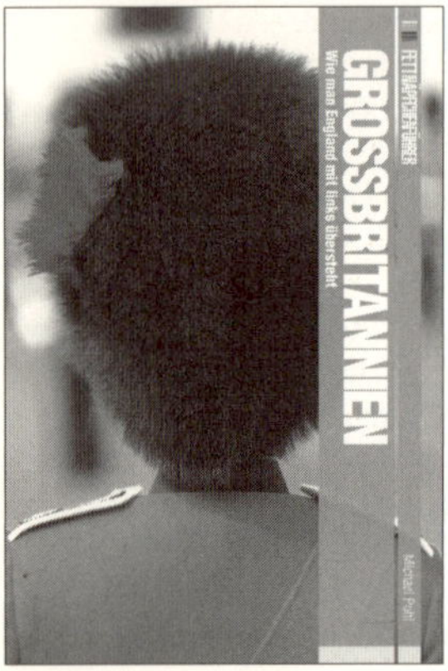

Michael Pohl
FETTNÄPFCHENFÜHRER GROSSBRITANNIEN – WIE MAN ENGLAND MIT LINKS ÜBERSTEHT

ISBN 978-3-934918-46-7

FETTNÄPFCHENFÜHRER GROSSBRITANNIEN – WIE MAN ENGLAND MIT LINKS ÜBERSTEHT. Was ist das bloß für ein Land, in dem die Telefonzellen rot sind und die Autos auf der linken Seite fahren? In dem man morgens fettige Würstchen isst und abends über viele Jahrzehnte um 23 Uhr aus der Kneipe geworfen wurde? Und in dem Popstars wie Robbie Williams und die Beatles genauso verehrt werden wie die königliche Familie?

In jedem Fall ist es ein Land, das manche Besonderheit bietet, wie der frisch gebackene Single Peter auf seiner ersten Reise durch Großbritannien feststellen muss. Denn mit dem Linksverkehr ist es im Vereinigten Königreich leider nicht getan: Schon der Pubbesuch wird zum Fiasko, wenn man nicht ein paar grundlegende Regeln beachtet. Autofahren ist ohnehin eine hohe Kunst. Und auch sprachlich gilt es so manche Feinheit zu berücksichtigen, um nicht in eines von so vielen britischen Fettnäpfchen zu treten.

Peter allerdings lässt auf seiner Reise durch England, Schottland und Wales keines davon aus. Hätte er dieses Buch bloß vorher gelesen...

»Autor Michael Pohl bewahrt Sie vor fatalen Fehlern im Land der Corgis und fettigen Frühstücks-Würstchen. Amüsant und sehr lehrreich.«
(Kathinka Eckardt, FOOD and TRAVEL)

»Herrlich witzig schildert der Autor anhand seines Helden, was man über British Lifestyle wissen sollte.«
(News Leben, Juni 2010)

CONBOOK VERLAG
www.conbook-verlag.de

Charmant-ironische Episoden über und quer durch die neuseeländische Gesellschaft.

Allen Falls
DER GERUPFTE KIWI - NEUSEELAND. FAST WIE IM RICHTIGEN PARADIES

ISBN 978-3-934918-49-8

DER GERUPFTE KIWI - NEUSEELAND. FAST WIE IM RICHTIGEN PARADIES. Aotearoa, wie der maoriphile Weltreisende Neuseeland fachmännisch gerne nennt, ist ein unbestritten schönes Land, das auf den ersten Blick tatsächlich wirklich einzigartig aussieht. Doch hält das Flair des kleinen Musterlandes am anderen Ende der Welt auch einer spontanen Nagelprobe stand? Was fördert wohl ein verschämter Blick unter den neuseeländischen Rasenteppich zutage?

Der lemmingartigen Begeisterung für das Land der Kiwis leicht überdrüssig, wagt Allen Falls einen kritischen, ironischen und sehr unterhaltsamen Blick auf Land und Leute, fördert dunkle Geheimnisse zutage und führt den Lesern eine Gesellschaft vor Augen, die viele unserer mühsam erarbeiteten wertdeutschen Errungenschaften so ganz und gar nicht nachvollziehen kann.

»Der gerupfte Kiwi« versteht sich als Episodenerzählung mit in sich weitgehend abgeschlossenen Kapiteln, die absichtlich immer wieder Fragen offen lassen und in locker er Folge diverse Auffälligkeiten des neuseeländischen Lebens beschreiben.

Soviel sei an dieser Stelle schon verraten: Genaugenommen ist auf dieser Doppelinsel alles eine einzige große Auffälligkeit.